AF252833

HENRI MOREAU

Sir Wilfrid Laurier

PREMIER MINISTRE DU CANADA

LIBRAIRIE PLON

SIR WILFRID LAURIER

> « Tant qu'il y aura des mères françaises, notre langue ne disparaîtra pas. »
>
> Wilfrid LAURIER.

DU MÊME AUTEUR

En préparation

Panama et Nicaragua. 1 vol.

PARIS. — TYP. PLON-NOURRIT ET Cie, 8, RUE GARANCIÈRE. — 3571.

HENRI MOREAU

SIR

WILFRID LAURIER

PREMIER MINISTRE DU CANADA

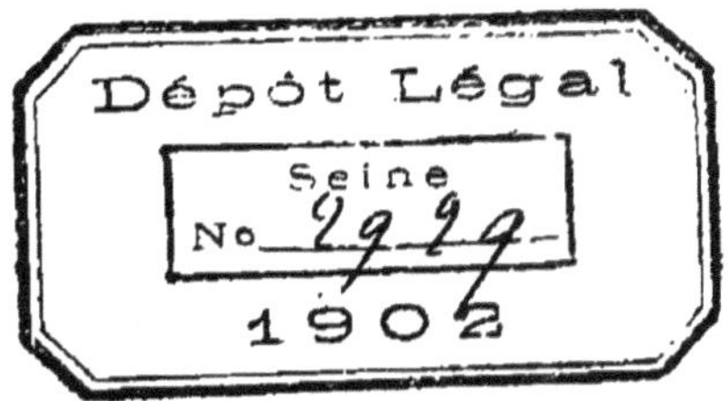

PARIS

LIBRAIRIE PLON

PLON-NOURRIT ET Cⁱᵉ, IMPRIMEURS-ÉDITEURS

8, RUE GARANCIÈRE — 6ᵉ

1902

Tous droits réservés

A SIR WILFRID LAURIER

En ces quelques lignes, juste et déférent hommage à l'imposante renommée d'une âme supérieure, se déroule la glorieuse ascension d'un nom qui compte parmi ceux que l'élite mondiale se fait honneur de citer ; d'un nom qui, popularisé par l'éloquence, n'a cessé de grandir avec le temps ; de votre nom, sir Wilfrid Laurier, devenu sur le sol de vos ancêtres le symbole des plus nobles facultés.

A vous mieux connaître, la France n'en estimera que davantage ceux de ses enfants dont la grandeur et le génie la ceignent d'une éclatante auréole en de lointains continents.

Toute plume s'élève à vous glorifier, tout homme se grandit à faire votre éloge, et vous honorer n'est en vérité que parler à votre égard le langage de la

a

postérité, qui, lorsqu'elle consacrera votre gloire, fera, sans conteste, une part égale à votre patriotisme et à votre éloquence.

Songez, Monsieur, que la France d'aujourd'hui, libre et républicaine, ne saurait être tenue pour responsable des vilenies de l'autocrate potentat que fut jadis le Roi-Soleil. Songez que le sang qui coule dans vos veines est également celui qui se meut dans les nôtres ; songez que, sur les rives du Saint-Laurent, la France règne dans tous les cœurs comme dans toutes les mémoires et que tout Canadien

> Au seul nom de France
> Sent encor poindre en lui quelque vague espérance[1].

Ajoutez à cela l'attrait qu'évoque à nos yeux le plus beau fleuron de l'éloquence canadienne, joint au poids d'une séduction personnelle, qui nous est doublement chère, et vous comprendrez alors sans peine l'ardente sympathie que nous nous sentons au cœur en présence des puissantes paroles que suggèrent vos fécondes pensées.

Soyez orgueilleux, Monsieur, d'une œuvre que la France attentive ne saurait méconnaître ; soyez-en justement fier, car, s'il en est peu qui aspirent à l'atteindre, il en est moins qui l'égalent et moins encore qui la surpassent.

1. Fréchette.

En votre pays, l'un des plus beaux du monde, en votre patrie canadienne, notre race, concevant une grandiose espérance, cherchait pour son patriotisme un guide, pour son éloquence un maître; mais, espoir suprême de ses destinées, la Providence veillait, qui, vous discernant et vous élevant, vous a par deux fois déjà jugé digne de l'être.

Au seuil du vingtième siècle, sir Wilfrid Laurier, vous ouvrez à la race canadienne-française les portes de l'avenir et de l'espérance. L'Angleterre vous observe, la France vous comprend, vous admire et vous remercie.

Henri Moreau.

Paris, 25 juillet 1902.

PRÉFACE

Toute nation éprouve intimement le désir d'attacher ses regards sur l'image de ses grands serviteurs; de là cet empressement à rechercher les origines des grands citoyens, à recueillir leurs impressions de jeunesse et à mettre en lumière les faits qui les éclairent et les facultés qui les caractérisent.

« C'est un des traits particuliers de notre époque — a dit M. Camille Doucet — que le goût très vif qui, fût-ce au prix de quelques indiscrétions, nous porte tous à pénétrer dans la connaissance de certains esprits d'élite. »

De cet ordre d'idées, sont nées ces quelques pages retraçant les hautes vertus morales d'un homme dont la vie publique, actuellement liée à chacun des grands événements politiques canadiens, résume dans une seule destinée l'existence même du Canada contemporain.

Ce citoyen, égal aux plus grands, a fortifié son

pays vis-à-vis de lui-même et vis-à-vis de l'Univer.
Peu d'hommes ont en effet reçu des dons plus appr
priés à leur tâche que ce pionnier dont les jour
d'erreur sont encore à découvrir, dont les jours d
gloire ne sont plus à compter. « Ce pionnier serait-i
un prophète[1]? » Peut-être. Quoi qu'il en soit, si
Wilfrid Laurier, dépositaire des espérances d
toute une race, a fixé à jamais ses traits dans l'histoire, et gravé pour toujours son souvenir dans no:
cœurs. Faire apprécier une existence qui ne comporte ni orgueilleux espoir, ni calcul égoïste, n
préoccupation mesquine, telle est notre tâche. Ini-
tier deux Frances aux sentiments et aux aspirations
d'un caractère élevé dont chaque pensée, aussi bier
que chaque action, respire un généreux parfun
d'honneur, de patriotisme et d'intégrité — telle es
notre espérance.

Dans cette étude consacrée au prestige d'une
conscience inexorable et d'une inflexible loyauté
rehaussées d'une extrême bienveillance, sir Wilfric
Laurier apparaîtra comme un être exceptionnel
comme une idéale figure qu'on se plairait à façonne
en rêve sans prétendre à l'espoir de la rencontre
ici-bas. Et pourtant, si extraordinaire que cela sem
ble être, le peuple canadien possède en sir Wilfric
Laurier un homme réunissant cet ensemble de facul
tés incomparables qui constituent une personnalit
puissante, un premier ministre détenant cet assem

1. *Le Premier du Canada*, par Paul Hamelle.

blage si rare des qualités supérieures et dominantes qui créent la popularité du citoyen, les succès de l'orateur et précisent la valeur de l'homme d'État.

Pénétrer ce masque énergique et grave sous lequel germent des desseins nobles aujourd'hui; puissants demain, si la nécessité s'en faisait sentir; décrire cette vie dont chaque étape est un enseignement digne d'être un exemple; propager cette œuvre toute de sincérité, toute de conciliation du Premier Canadien, c'est maintenir au plus haut les croyances et les traditions de la race française, c'est faire respecter aux yeux de l'Univers cette branche cadette qui, sur le sol américain, s'en réclame avec orgueil.

De nombreuses citations, dues aux amis personnels et politiques de sir Wilfrid Laurier, se trouvent disséminées dans cette étude; elles mettent le lecteur à même de comparer des jugements divers. Ils concordent d'ailleurs par le respect et l'enthousiasme qui en découlent invariablement.

A tous sans exception, sir Wilfrid Laurier inspire dans toute son envolée le triple sentiment d'admiration, de reconnaissance et de confiant espoir.

SIR WILFRID LAURIER

SA CARRIÈRE

« La vie est une action et quel
qu'en soit le prix, l'exercice de
notre énergie suffit pour nous
satisfaire parce qu'il est l'accomplissement des lois de notre Être.»
THIERS.

L'intérêt que le monde social et diplomatique prend
au spectacle d'une énergie qui s'annonce virile, se révèle
tenace et se démasque puissante, d'une volonté qui surgit militante et se déploie de même, d'une suprématie
qui s'impose sans artifices, les deux premières races du
monde l'ont instinctivement et à juste raison ressenti
lorsque sir Wilfrid Laurier a pris en main les rênes du
gouvernement canadien.

A ce patriote de cœur et de talent, qui, du fait de sa
politique persévérante, énergique et réfléchie, a pu assurer à sa patrie un rang conforme à son orgueil, un rôle
digne de ses espérances ; à ce citoyen grand par la pensée
qui conçoit, par la volonté qui décrète, par l'activité qui
réalise, le Canada doit une reconnaissance légitime
autant qu'absolue ; à ce loyaliste convaincu, l'Angleterre
doit son respect ; à ce Canadien-Français, dont la vigilance veille aux destinées d'une nation sœur, la France
doit son estime, son admiration et mieux encore sa gratitude.

1

Le 1ᵉʳ juillet 1867 marquait dans l'existence du Canada une date solennelle et décisive, prélude d'une ère nouvelle pour ce pays que le drapeau de nos pères a cessé d'ombrager, mais où le nom de France n'a jamais cessé d'être aimé.

Depuis lors son histoire comporte deux périodes. L'une, que le célèbre Canadien-Français Sir Georges Cartier frappait à son effigie, a pris fin avant que se lève la première aurore du siècle qui nous contemple. L'autre suit son cours à l'heure actuelle, et, coïncidence frappante autant que significative, c'est encore un Canadien-Français, sir Wilfrid Laurier qui, effaçant toute compétition, ne laissant place à aucune autre réputation, domine cette seconde phase historique et lui imprime son cachet distinctif.

Cette prédominance du génie latin, qui, sur l'autre bord de l'Atlantique, escorte, avec la complicité silencieuse de la Providence, la marche inflexible des années, est, en vérité, bien faite pour tenir en haleine les ardeurs du patriotisme canadien qu'il émeut d'une puissante émulation et entraine avec confiance et sérénité vers le plus noble des horizons.

* * *

Au sein des brumes du Saint-Laurent et de ses affluents, en ce pays anglais où subsistent les traditions, les usages et la langue de nos ancêtres, attendant patiemment que l'heure du pas décisif ait sonné, la race canadienne-française. toute imprégnée de l'esprit latin qui l'anime, s'éveille graduellement.

Prolifique et laborieuse, tenace et combative, elle marche vers l'accomplissement de sa destinée et devance peu à peu l'élément anglo-saxon. Son expansion progressive à travers les vicissitudes et les multiples géné-

rations que comporte un siècle et demi est à la fois
l'irrécusable témoin de son édifiante énergie et l'image
saisissante de sa future grandeur.

* * *

C'est dans l'un de ces hameaux disséminés sur le sol
de la province de Québec, à Saint-Lin, village paisible et
modeste, que naissait le 20 novembre 1841, un enfant que
la Providence destinait à mettre hors pair un nom qui,
s'identifiant avec l'histoire du Canada, devait être à lui
seul une gloire, une puissance, et plus même encore, le
drapeau d'une race et l'orgueil d'une nation.

* * *

Wilfrid Laurier, fils de Carolus Laurier, arpenteur,
était issu d'une famille de vieille roche française immi-
grée depuis 1660 sur ce sol américain où la France
a tenu tant de place et l'Angleterre accompli de si
grandes choses.

Vivant sans éclat, ses parents jouissaient d'une grande
considération. La bonne renommée leur tenait lieu de
richesse.

Carolus Laurier léguait à son fils un nom respecté
aussi bien qu'estimé; ce dernier devait le rendre glorieux et populaire.

Esprit précoce, né avec tous les moyens d'arriver, cet
héritier d'un nom qu'il devait élever si haut, entrait
dans la vie muni de tous les dons d'une nature privilégiée.

Placé à l'âge de 13 ans au collège de l'Assomption, il
fit ses études dans cet établissement.

Ses aptitudes littéraires s'y manifestaient rapidement.
Il se faisait bientôt remarquer par sa facilité de parole

et le développement progressif de ses facultés dans l'ar
oratoire.

Celui qui devait être plus tard un artisan de la pensée, un maître dans l'art de bien dire, ressentait les premiers tressaillements d'une vocation qui s'affirmait de
jour en jour.

En raison de ses qualités natives, Wilfrid Laurier se
trouvait être au collège l'orateur populaire et le rédacteur habituel des suppliques; il se rendait fréquemment
à la cour de l'Assomption afin d'y entendre plaider ou
d'y écouter les politiciens en tournée.

Enfant affable, élève studieux, il se recommandait par
tous les dons qui peuvent éveiller la sympathie, se carac-
térisant par cette politesse, cette délicatesse, ce tact des
convenances qui n'ont fait que se développer avec l'âge.

Ses études terminées, il vint à Montréal étudier le
droit sous la tutelle de M. Rodolphe Laflamme, député de
Jacques Cartier. Il devait s'y instruire des premiers
éléments de la politique.

Jeune homme habituellement réservé et silencieux, à
la physionomie pensive et souvent grave, à l'esprit
méditatif, ses goûts studieux le prédisposaient à une vie
d'étudiant sérieux. Sa santé délicate contribuait également à lui faire aimer la solitude et à le tenir éloigné
des distractions de son âge.

D'une humeur quelque peu mélancolique, il se sentait
attiré par un goût très vif vers la littérature qui devait
passionner sa jeunesse et annoblir sa carrière.

Au cours de son noviciat d'avocat, il se livrait avec
ardeur à une lecture et un travail assidus; il étendait et
multipliait ainsi ses études, ouvrait son esprit, ajoutait
tous les jours à ses connaissances et démêlait les aspirations confuses de son intelligence. Cette gymnastique
du cerveau, à laquelle il s'adonnait sans trêve, ne pouvait manquer d'assouplir les ressorts de son esprit; les

réflexions de cette jeune imagination se développaient, ses opinions prenaient corps, s'affermissaient et se fixaient sous l'influence continue de ses méditations.

En 1864, il obtenait à l'université Mac-Gill de Montréal le grade de docteur en droit; admis au barreau, la même année, il allait, deux ans plus tard, exercer sa profession à Arthabaska, où quelques années devaient amplement suffire à faire valoir son talent oratoire.

Le 13 mai 1868, Wilfrid Laurier épousait une jeune fille de grand cœur, Mlle Lafontaine. Il donnait à sa vie une compagne dont la conformité de goûts et de nobles qualités était un sûr garant d'une heureuse intimité de cœur et d'esprit. M. J.-S. Willinson, du *Toronto Globe*, en traçait en 1890 le portrait suivant : « Madame Laurier possède une foule des qualités qui composent le caractère de son illustre mari. On retrouve chez elle le même accueil amical sans affectation, la même distinction, la bonté naturelle et la courtoisie sympathique qui mettent immédiatement à son aise le visiteur le plus timide et qui ne sont pas moins remarquables dans ses relations avec le monde social et diplomatique. Il existe aussi chez cette femme si aimable, si bonne et si admirable, un esprit de réflexion et de domination sur elle-même, qui en ferait une femme forte et courageuse aux moments difficiles de la vie. On comprend immédiatement que le cercle de famille occupe son cœur et sa pensée, mais on reconnaît instinctivement chez elle un tact, une grâce, une énergie naturelle, qui lui permettront de remplir dignement le poste le plus élevé auquel la fortune peut l'appeler, et, quel que soit le poids des soucis et des responsabilités que l'avenir réserve à M. Laurier, sa femme ne manquera jamais de l'encourager, de le stimuler et de le fortifier. »

Mme Laurier fut toujours, en effet, une de ces « femmes que l'histoire ignore; bien qu'elles y collaborent en inspirant ceux qui la font ».

Arthabaska ! Que de réminiscences, que de souvenirs s'attachent à ce nom, à cette retraite que sir Wilfrid Laurier affectionne toujours pour y avoir entièrement goûté les joies de l'intimité familiale, les délices de l'existence dépouillée de tout cérémonial.

* * *

L'avocat Laurier avait hardiment pris sa place parmi l'élite des jeunes ; il était au seuil de la gloire, il allait bientôt y prendre son libre essor.

Dans cette carrière oratoire, aux émulations généreuses, « première arène ouverte aux talents jaloux de se faire connaître », il acquérait en peu de temps une enviable prépondérance.

Mais, bien que ses aptitudes dussent lui assurer dans l'avenir un des premiers rangs, c'était sur un théâtre plus élevé, lui ouvrant les perspectives de la célébrité, que M. Laurier songeait à jouer un rôle.

Menant de front les plaidoiries et le journalisme, il prenait la direction du *Défricheur* aux lieu et place de M. Eric Dorion, « l'Enfant Terrible », qui venait de mourir. Il lui était alors possible d'énoncer, de soutenir et de défendre sa pensée sur des questions traitées en toute loyauté.

N'étant point de ceux qui consentent à borner leur horizon, il cherchait l'avenir au delà de sa profession, et cultivait avec ténacité toutes les forces intellectuelles dont l'avait gratifié la Providence.

Il trempait ainsi son âme pour l'action future, et puisait, dans cette incessante préoccupation morale nourrie d'un travail constant, les notions que devait, plus tard, utiliser l'homme politique devenu avec le temps « un parfait modèle d'éducation parlementaire ».

Il possédait une forte teinte de maturité avant l'heure, ce jeune homme aux traits émaciés par le travail et la réflexion, qui semblait conscient du rôle qu'il était appelé à jouer, de la puissance que devait plus tard atteindre sa parole dans cette lice politique semée d'embûches et de péripéties toujours nouvelles.

Dans son tête à tête quotidien avec le public, cet esprit méthodique, prompt à s'enflammer pour toutes les nobles causes, témoignait d'une intelligence ouverte à toutes les grandes questions, « les pénétrant sans s'y empêtrer », les élucidant et les disséquant avec une maîtrise qui décelait la marque d'un talent déjà solide. Il y faisait montre de ces idées maîtresses qui, éclairant les discussions, inspirent généralement les solutions.

Au milieu de cette existence, toute d'étude, il se signalait par ses opinions chères au groupe libéral.

« Le passé brillant de ce parti devait nécessairement entraîner M. Laurier de ce côté-là. De plus, il s'était inspiré, depuis plusieurs années, de Macaulay, de Fox et de Bright. Il avait fait de ces hommes ses modèles. Les combats pour la liberté civile et religieuse l'avaient passionné. »

Tous ceux qui l'approchaient, à cette époque, ne doutaient pas qu'il n'y eût, dans ce jeune homme, l'étoffe d'un maître prochain de la tribune.

Ses écrits révélaient déjà les judicieuses qualités qui devaient être la marque de ses travaux ultérieurs; aspirant à s'exprimer avec éloquence, il attachait une première importance aux mérites du style.

Avocat brillant et recherché, ses plaidoiries lui fournissaient l'occasion de se signaler et lui attiraient rapidement l'admiration de ses concitoyens.

Dans sa « confiance d'homme qui sent croître ses forces, qui a hâte de prendre possession de la vie », il fixait et captait l'attention du public.

Ainsi connu, et par surcroît très populaire, peu de temps devait suffire pour substituer les responsabilités de la représentation nationale aux plaidoyers et aux batailles du journalisme.

Doué d'une forte raison, favorisé d'une brillante parole, l'éloquence allait être pour lui l'avenue de la Chambre des communes; il y était d'ailleurs admirablement préparé, la politique ayant été l'objet principal de ses études et de son examen. Il n'avait rien négligé pour en approfondir les différentes institutions; il était en mesure de se distinguer.

Ses aspirations dès lors orientées, il se présentait comme candidat à la Législature de Québec; aux élections de 1871, il était élu avec une majorité de 1000 voix. Éclatant début qui d'un trait le prédestinait à des succès plus grands encore.

Le jeune homme, sur lequel se portaient ainsi les regards et la faveur des Canadiens-Français, n'avait à cette époque que trente ans.

Une période de féconde préparation, jointe à une merveilleuse puissance de travail, avait transformé le jeune avocat en un homme politique, dont l'opinion et les jugements devaient, avant peu, prédominer.

M. Laurier arrivait au Parlement ayant pour arme la double force qu'est l'éloquence au service de la puissance d'esprit. Il n'avait eu qu'à vouloir pour y exceller.

A un âge où on ne donne ordinairement que des espérances, il siégeait à la Chambre de Québec; il y faisait ses premières armes dans l'opposition comme adversaire du ministère Chauveau.

« Ceux qui fréquentaient les galeries de la Chambre, à Québec, se rappellent bien encore aujourd'hui ce jeune député placé sur les dernières banquettes de l'opposition, toujours vêtu du frac noir, à l'air réservé, occupé à écrire ou à étudier, ou bien suivant avec attention les diverses péripéties d'une joute entre des orateurs tels que les Cartier, les Holton, les Joly, les Fournier. Avant tout observateur, M. Laurier ne pouvait que tirer profit de ce contact. »

Le talent du jeune orateur, la rectitude de son esprit, son indépendance de jugement, l'estime qui s'attachait à son caractère, laissaient pressentir de rapides succès dans une carrière qu'il devait brillamment parcourir.

Déjà sont visibles dans ses discours les qualités essentielles de l'éloquence; déjà il sait enchaîner les idées de logique et naturelle façon, les développer, les exposer avec autant de clarté que d'agrément.

Son premier discours dirigé contre le gouvernement lui donnait l'occasion d'essayer ses forces et de gagner ses éperons. Il indiquait très nettement ses vues en ces termes :

Les honorables députés qui ont proposé l'adresse ont fait, de la situation du pays, le tableau le plus attrayant. Ils se sont complu à étaler sous nos yeux ce qu'ils ont pompeusement appelé nos richesses, notre prospérité, notre bonheur. Le Canada est un vrai pays de cocagne; tout y est pour le mieux dans le meilleur des mondes, et nous n'avons qu'à rendre grâce à la Providence et au ministère.

Ce tableau est-il bien l'expression de la vérité? Je ne saurais accepter cette manière de voir. On dit que nous sommes riches et prospères. Le sommes-nous vraiment? Interrogez toutes les classes de la société, le négociant, le banquier, le marchand, l'homme des professions libérales, l'agriculteur, le simple artisan, et partout, sans exception, vous constaterez une gêne, un malaise, un état de souffrance et de langueur dénotant qu'il y a un mal quelque part.... Voilà la vérité! Voilà la véritable situation! Aveugle qui ne la voit pas! Coupable qui, la voyant, ne l'avoue pas.... C'est pour nous, nous surtout Canadiens d'origine française, un devoir de créer une industrie nationale.

Et, remuant profondément l'âme de ses auditeurs, il traçait la ligne de conduite de la race canadienne-française au travers des luttes et des rivalités séculaires, faisant toucher du doigt les causes de sa faiblesse et laissant, de même, entrevoir les espérances de sa grandeur :

Nous sommes environnés d'une race forte et vigoureuse, d'une activité dévorante qui a pris l'univers entier pour champ de travail.

Je suis jaloux, en tant que Canadien-Français, de nous voir éternellement devancés par nos compatriotes d'origine britannique. Nous sommes obligés d'avouer que, jusqu'ici, nous avons été laissés en arrière. Nous pouvons l'avouer et l'avouer sans honte, parce que le fait s'explique par des raisons politiques qui n'accusent chez nous aucune infériorité.... Mais les temps sont changés et le moment est venu d'entrer en lice avec eux. Nos pères, jadis, ont été ennemis ; ils se sont fait, durant des siècles, des guerres sanglantes. Nous, leurs descendants, réunis sous le même drapeau, nous n'aurons plus d'autres combats que ceux d'une généreuse émulation pour nous vaincre mutuellement dans le commerce, dans l'industrie, dans les sciences et les arts de la paix.

Dans sa péroraison se trouvaient la meilleure des leçons et le plus utile des conseils.

Nous, au contraire, nous ne savons que flatter nos préjugés et notre amour-propre ; jamais nous n'aurons le courage d'avouer que nous ne sommes pas parfaits, mais qu'il y a chez nous quelque chose à faire. Je reconnais qu'il peut y avoir, au fond de cette conduite, une pensée ou plutôt un excès d'amour patriotique. Mais ce n'est pas là un patriotisme de bon aloi, et ce n'est pas le mien. Mon patriotisme, à moi, consistera plutôt à dire à mon pays de dures vérités, qui contribueront à le réveiller de sa léthargie et à

le faire entrer enfin dans la voie du véritable progrès et de
la véritable prospérité.

Ce discours, très goûté de tous, fournit à la Chambre
l'occasion de faire une ovation superbe à ce talent tout
spontanément éclos en pleine lumière.

Ce fut, au sortir de la séance, à qui féliciterait le jeune
orateur et lui transmettrait les plus flatteurs témoignages.
« La popularité le conviait de suite ; il était contraint de
répondre à sa prompte invitation. » Cette harangue eut
un grand succès de presse ; on couvrit M. Laurier de
fleurs et, de tous côtés, l'opinion salua cette brillante
recrue parlementaire, étoile naissante du parti libéral.

Il montrait, d'un unanime aveu, que ses talents s'élè-
vecraient à la hauteur des plus délicates fonctions et que
le hasard ne serait pour rien dans sa rapide fortune.

Cette même année, il conquit à nouveau l'admiration
générale dans un discours « remarquable de forme et de
fond » sur une question qui avait déjà donné lieu à de
longues controverses : l'abolition du double mandat.

Avec la marque indélébile du talent qui grandit à vue
d'œil au feu de la discussion, il laissa clairement entendre son opinion sur la dualité des mandats législatifs :

La ligne de conduite, adoptée par le gouvernement sur la
question à l'ordre du jour, justifie pleinement le reproche
que je lui adressais naguère de n'oser aborder franchement
la situation du pays.... Certes, il est bien d'affirmer, de proclamer, de défendre les droits, les prérogatives du peuple.
Sur ce terrain, je ne céderai jamais le pas à qui que ce
soit. Il n'est personne dans cette Chambre qui ait un plus
profond respect que moi pour les droits et les prérogatives
du peuple ; il n'est personne qui en surveille, d'un œil plus
jaloux l'intact dépôt.... La liberté du peuple n'est pas illimitée, la liberté du peuple a pour borne naturelle le droit
de la société.

Et quelle haute et sereine raison dans cette éloquente dissertation sur l'étendue des droits du peuple et l'étendue des droits de la société :

Si l'homme était un être parfait, si la notion du juste et de l'injuste était toujours tellement claire, tellement lumineuse, que toute aberration chez lui fût impossible, alors je dirais : « Laissons au peuple une liberté absolue ; laissons-le, sans formuler aucune règle, choisir lui-même, dans chaque cas isolé, les principes qui devront guider sa conduite.... » Mais s'il en était ainsi, si telle était l'heureuse condition de l'humanité, alors nous n'aurions plus besoin ni de constitution, ni de lois.... Le Ministère oublie qu'il est des principes d'éternelle vérité et d'immuable justice, qu'il ne peut jamais être permis à un peuple de violer impunément.

M. Laurier terminait ainsi :

C'est un fait historique que la forme fédérative n'a été adoptée que pour conserver à Québec cette position exceptionnelle et unique qu'elle occupait sur le continent américain. Cette position, je suis jaloux de la conserver intacte, et je dis avec le poète :

Mon verre n'est pas grand, mais je bois dans mon verre.

Avec le simple mandat, j'ai la garantie que les droits et privilèges de Québec seront conservés, respectés et que sa position lui sera maintenue ; avec le double mandat, ces droits et privilèges me paraissent dans un danger perpétuel.

Enfin, je dirai toute ma pensée : avec le simple mandat, Québec est Québec ; avec le double mandat, ce n'est plus qu'un appendice d'Ottawa.

Il avait parlé en grand orateur, avec cette véhémence que donne l'accent de la conviction et qu'accompagne une sérénité exempte de hâte et de trouble. Son discours mit le ministère conservateur à deux doigts de sa perte.

M. Rodolphe Lemieux, qui considérait déjà à cette

époque M. Laurier comme l'un des astres les plus brillants de la jeune génération libérale, le décrit en cès termes: « Voici Laurier, il se présente, impassible, dans une sorte de recueillement. Sa voix harmonieuse, son geste élégant et sobre pacifient les esprits. Aucun incident ne trouble son sang-froid. En face du péril, il va jusqu'au bout de sa pensée. Partout on sent le calme d'un esprit qui se possède. La pose de l'orateur est classique et, de toute sa personne, se dégage un air plein de dignité et de noblesse. La voix est claire, le langage est élevé, la diction pure et le style délicat, exquis. L'éloquence jaillit de lui, naturellement, sans efforts, limpide et chantante au départ comme l'eau d'une source dans les bois. Ce n'est pas cette éloquence qui, semblable à l'eau d'un torrent impétueux, mousse et bondit sur les rochers avec une voix qui semble entrecoupée par la colère.

« L'éloquence de Laurier est contenue, noble et persuasive ; ses discours sont toujours clairs, corrects, étudiés et la phrase en est élégante et châtiée.

« Laurier s'élève parfois vers des sphères inconnues aux autres orateurs et que son génie oratoire seul lui permet d'atteindre. Laurier est avant tout et par-dessus tout un orateur parlementaire. »

*　*　*

Aux élections fédérales de 1873, M. Mac Kensie, libéral, avait fait au pays un appel victorieux.
. La réputation ascendante du jeune député étant parvenue à ses oreilles, il l'avait engagé à représenter sa propre division électorale à Ottawa.

M. Laurier avait accédé à cette proposition et l'année 1874 le trouvait au Parlement fédéral représentant le comté d'Arthabaska qui avait vu naître et progresser sa fortune politique. Il entrait de plein-pied dans la grande

politique, dans la politique transcendante. Transporté là
sur un théâtre plus vaste, ses facultés devaient y trouver un horizon agrandi. M. Laurier, dans son génie d'orateur et d'homme d'Etat, avait pour destinée d'y person-
nifier l'éloquence au service du patriotisme.

Il fut chargé de répondre au discours du Trône et mit
le sceau à sa réputation en s'acquittant de cette tâche
avec une maîtrise telle que son discours prit les proportions d'une éclatante manifestation libérale.

M. J. D. Edgar, publiciste anglo-canadien, écrivait à ce
sujet : « Ceux qui, le 30 mars 1874, assistaient aux débats
sur l'adresse en réponse aux discours du Trône, furent
témoin d'une joute oratoire mémorable. Thomas Moss
proposait la motion ; Wilfrid Laurier l'appuyait. L'auditoire ne fut pas déçu dans son attente. Si le discours de
M. Moss fut un splendide effort oratoire, l'éloquence
charmeresse de M. Laurier n'en captiva pas moins, dans
sa langue maternelle, tous ses auditeurs. »

Au cours de 1874, il prononçait contre l'expulsion de
Riel un merveilleux discours dont les considérations
élevées forcèrent l'admiration générale ; puissante harangue conçue par un de ces talents de premier ordre qui
relèvent invariablement les sujets traités par la magie
de l'éloquence.

Jamais dans une atmosphère aussi surchauffée, cause
plus juste ne fut défendue par un meilleur défenseur.

Louis Riel, le chef des métis, avait été élu député de la
Chambre des Communes par le comté de Provencher. Il
avait secrètement prêté serment et se trouvait à Ottawa.

La Chambre et le pays se trouvaient dans un état
d'excitation difficile à décrire. Des actes de violence
étaient à prévoir dont il eût été malaisé de mesurer l'importance. La tempête couvait. Le mot d'émeute se devi-
nait dans toutes les bouches.

Dicté par un sentiment de crainte que rien ne semblait

justifier, un mandat d'arrestation avait été émis contre Riel, considéré comme rebelle.

La situation ne laissait pas que d'être très inquiétante pour le nouveau gouvernement Mac Kensie ; elle était également des plus dangereuses pour la tranquillité publique, car, en raison des promesses d'amnistie faites par Mgr Taché au nom du récent gouvernement de Sir John Mac Donald, les Canadiens-Français d'Ottawa et de Hull étaient unanimement décidés, si, le cas échéant, Riel prenait son siège, à le protéger contre l'hostilité du gouvernement. M. Mac Kensie Bowell avait présenté une motion demandant l'expulsion de Riel ; M. Holton avait, en revanche, proposé de différer toute décision jusqu'à ce que le comité, désigné pour s'enquérir de la teneur des promesses faites à Riel, eût déposé son rapport.

Affirmant avec énergie sa fidélité au droit, M. Laurier voulut sauver Riel par esprit de justice.

Avec une généreuse loyauté et de pathétiques accents susceptibles d'émouvoir et de vaincre il exposa, dans un éloquent langage approprié aux circonstances, les considérations diverses pour lesquelles la Chambre des Communes devait repousser la proposition Bowell, à son avis éminemment injuste.

Bien que ces débats aient été prolongés au delà des limites de la patience humaine, je me permettrai cependant de mettre à l'épreuve l'indulgence de la Chambre.... Je n'ai aucun parti pris sur la question qui nous est soumise. Contre le député de Provencher (M. Riel) individuellement, je n'ai pas la moindre prévention ; je n'ai, d'autre part, aucune prédisposition en sa faveur. Je ne lui ai jamais parlé, je ne l'ai jamais vu, je n'ai jamais eu avec lui aucune relation, soit directement, soit indirectement.... Il y eut un temps où la procédure était plus simple qu'aujourd'hui, où la volonté seule d'un homme était suffisante pour enlever à un autre homme sa liberté, sa propriété, son honneur et tout ce qui fait aimer la vie. Mais depuis les jours de la Grande Charte, un homme n'a pu être dépouillé de sa liberté, de sa propriété ou de son honneur.

Et rappelant le Parlement au respect de la justice avec cette hauteur et cette sobriété de langage qui conviennent aux grandes causes :

Nous avons bien le pouvoir, mais avons-nous le droit de mettre arbitrairement de côté ces règles qui sont la sécurité de la société et du citoyen? Si la Chambre l'oublie aujourd'hui, elle obtiendra peut-être une satisfaction passagère, mais elle créera un précédent qui sera un danger perpétuel pour notre Constitution et qui, à l'avenir, servira de prétexte aux plus criantes injustices. Je rappelle à la Chambre qu'il n'est pas de pratique plus dangereuse que d'essayer de violer la loi pour obtenir un résultat, quelque désirable qu'il soit. Je suis partisan de l'amnistie pour plusieurs raisons..., et pour cette autre encore que tous les actes, dont M. Riel est accusé, sont des actes purement politiques.... On a voulu dire encore que M. Riel n'était qu'un rebelle. Comment a-t-on pu tenir un pareil langage? Quel acte de rébellion a-t-il commis? A-t-il jamais arboré d'autre étendard que l'étendard national? A-t-il jamais proclamé une autre autorité que l'autorité souveraine de la Reine? Non, jamais.... Qu'il me soit permis, avant de m'asseoir, de me résumer d'un seul mot.... Adopter cette motion serait établir un précédent qui serait un danger perpétuel pour nos libres institutions.

Cet appel à la conciliation de grande allure oratoire, où nulle trace de déclamation, nulle emphase n'étaient visibles, paraissait inspiré par la justice elle-même. Bien fait pour lui concilier de profondes sympathies, il produisit, au surplus, une profonde impression, juste hommage au talent de l'orateur aussi bien qu'au caractère de l'homme politique.

L'amendement Holton, unique solution pratique et compatible avec le droit des gens, fut adopté ; la magnanime intervention de M. Laurier avait été efficace.

De 1874 à 1877, M. Laurier prit rarement la parole à la Chambre des Communes; ce n'est qu'à de rares intervalles qu'il affirma son talent.

A Québec, en 1877, il remporta un de ses plus grands succès de « hustings » lors de son fameux discours sur le libéralisme politique.

M. Achille Larue, président du « Club Canadien », l'avait invité « à jeter une nouvelle lumière sur les principes qui dirigeaient le parti libéral et le but que ses chefs avaient en vue ». M. Laurier se fit un devoir d'accepter et prit la parole, le 26 juin, dans une conférence qui eut un extraordinaire retentissement.

Dans ce discours légitimé par l'opinion publique elle-même, il s'éleva au premier rang des dialecticiens et fit la lumière dans tous les esprits attentifs.

Je ne saurais cacher, dit-il, que j'ai accepté, avec un certain sentiment de plaisir, l'offre qui m'a été faite de venir exposer quelles sont les doctrines du parti libéral et ce que comporte ce mot de « libéralisme » pour les libéraux de la province de Québec.... Je sais que, pour certains de nos compatriotes, le parti libéral est un parti composé d'hommes à intentions droites peut-être, mais victimes et dupes de principes par lesquels ils sont conduits inconsciemment, mais fatalement à la révolution. Je sais enfin que pour une autre partie, non pas la moins considérable peut-être, de notre peuple, le libéralisme est une forme nouvelle du mal, une hérésie portant avec elle sa propre condamnation.

Il n'est ni inutile ni intempestif de combattre les préjugés qui se dressent partout entre nous et l'opinion publique ; il n'est ni inutile ni intempestif de définir nettement notre position telle qu'elle est. Et quand nous nous serons fait

connaître tels que nous sommes, quand nous aurons fait
connaître nos principes tels qu'ils sont, nous aurons, je
crois, obtenu un double résultat.

Le premier sera d'amener à nous tous les amis de la
liberté, tous ceux qui, avant comme après 1837, ont travaillé
pour nous obtenir le gouvernement responsable, le gouvernement du peuple par le peuple, et qui, cette forme de gouvernement établie, se sont éloignés de nous par crainte que
nous ne fussions ce que l'on nous représentait, par crainte
que la réalisation des idées qu'on nous attribuait n'amenât
la destruction du gouvernement qu'ils avaient eu tant de
peine à établir.

Dans une élocution mesurée, il prônait les mérites
incomparables de ce libéralisme qui a donné à l'Angleterre des siècles de prospérité.

L'art suprême de gouverner est de guider et diriger, en
les contrôlant, ces aspirations de l'humanité. Les Anglais
possèdent cet art au suprême degré. Aussi voyez l'œuvre
du grand parti libéral anglais. Que de réformes il a opé-
rées, que d'abus il a fait disparaître, sans secousse, sans
perturbation, sans violence!

... Qu'y a-t-il de plus beau que l'histoire du parti libéral
anglais de ce siècle? Au début, c'est Fox, le sage, le généreux Fox, défendant la cause des opprimés partout où il y
a des opprimés. Un peu plus tard, c'est O' Connell, le grand
O' Connell, revendiquant et obtenant pour ses coreligion-
naires les droits et les privilèges des sujets anglais.

... Je m'adresse à tous mes compatriotes indistinctement
et je leur dis : Nous sommes un peuple heureux et libre;
et nous sommes heureux et libres, grâce aux institutions
libérales qui nous régissent, institutions que nous devons
aux efforts de nos pères et à la sagesse de la mère patrie.

La politique du parti libéral est de protéger les institutions, de les défendre et de les propager, et, sous l'empire
de ces institutions, de développer les ressources latentes de
notre pays. Telle est la politique du parti libéral; il n'y en
a pas d'autre.

Devant cet auditoire composé de tout ce que Québec comptait d'hommes intelligents et cultivés, le triomphe de l'orateur fut sans précédent[1].

Un homme politique, présent à cette conférence, a rappelé depuis que « lorsque M. Laurier se leva pour parler devant cet immense auditoire, il devint d'une pâleur mortelle. Ses amis purent croire un instant qu'il était malade. Chacun exprimait ses craintes à voix basse. Puis, pendant plusieurs instants d'un silence absolu, orateur et auditoire se mesurèrent du regard. L'orateur prononça ses premières phrases avec un calme mesuré, mais on sentait dans sa voix un tremblement qu'il pouvait à peine dissimuler. Ses yeux regardaient bravement la foule. Il cherchait à connaître les dispositions de son auditoire. Puis il vit le regard de simple curiosité disparaître du visage de ses auditeurs pour faire place à un bienveillant intérêt et l'enthousiasme illuminer plusieurs figures. La voix de l'orateur ne trembla plus, le courage et la confiance lui revinrent ; et, lorsqu'il eut prononcé la dernière phrase de l'éloquente péroraison de ce superbe discours, de l'avis de tous il était plus qu'un politique, plus qu'un brillant orateur. Il s'était révélé penseur profond, érudit, lettré, passé maître dans l'art oratoire le plus persuasif ».

Tout désignait M. Laurier pour un premier rôle. C'est alors qu'il fut appelé à faire partie du cabinet Mac Kensie comme ministre du Revenu de l'Intérieur.

La guerre que les conservateurs lui firent à cette occasion dans le comité d'Arthabaska est restée légendaire. Profitant de la crise qui sévissait alors par toute l'Amérique, et exploitant le cri de protection lancé par sir John Mac Donald, les bleus québecquois se ruèrent

---

1. Une brochure relatant l'extraordinaire retentissement de cette réunion libérale fut à cette époque publiée à Québec sous la direction de M. Hector Fabre. Voir à l'appendice : *le Libéralisme politique.*

contre M. Laurier, et, après une bataille désespérée où sa popularité fut en proie à des assauts incessants, il dut succomber sous l'infime majorité de 17 voix obtenue par son adversaire.

La carrière parlementaire de M. Laurier se trouvait ainsi interrompue lorsque MM. Hector Fabre[1] et Langelier vinrent à Arthabaska le prévenir que M. Thibeaudeau était disposé à s'effacer devant lui et à lui céder immédiatement son siège à Québec-Est.

Les électeurs sanctionnaient bientôt à l'unanimité cette haute marque d'intérêt et de confiance; le jeune ministre prenait une revanche éclatante.

Aux élections de septembre 1878, les libéraux étaient écrasés et sir John Mac Donald revenait au pouvoir à la tête d'une énorme majorité et avec un programme nettement protectionniste particulièrement à l'encontre des États-Unis. Pour les besoins de la cause, la plate-forme conservatrice avait été dénommée programme de « politique nationale ». C'est à cette époque que se rapporte l'anecdote suivante que nous devons à M. Rodolphe Lemieux, partisan dévoué et admirateur enthousiaste du jeune ministre libéral : « Les partis se livraient une guerre sans merci. Les libéraux voulaient conserver le terrain chèrement acquis, et les conservateurs, peu habitués aux régions glacées de l'opposition, menaient un bruit d'enfer afin de reprendre le pouvoir qu'ils avaient, d'ailleurs, toujours considéré comme leur propriété et leur chose. Mon père habitait alors Trois-Rivières, pays foncièrement tory, et il avait été chargé d'une partie de l'organisation de ce district. J'étais moi-même bien jeune à cette époque, je commençais mes études et la politique me passionnait déjà. Je me rappelle cette grande assemblée qui eut lieu dans une des salles de l'ancien collège

---

1. M. Hector Fabre aujourd'hui commissaire général du Canada en France. Voir Appendice.

où nous résidions alors, et à laquelle plusieurs personnes furent appelées à prendre la parole. Je serais bien embarrassé de vous donner les noms de ces orateurs. Vers le milieu de l'assemblée arriva un nouveau personnage, qui fut vivement acclamé, à qui on livra passage avec respect. Il fut, d'ailleurs, immédiatement appelé à la tribune. Celui-là, je ne l'oublierai jamais. C'était un homme de taille élevée, à la chevelure abondante et bouclée, aux traits délicats et à l'expression intelligente. Sa figure était noble et pensive, son geste gracieux, sa voix forte. Il parla pendant une heure environ, tenant tout l'auditoire sous le charme de son éloquence. J'appris alors que cet orateur n'était autre que Wilfrid Laurier. »

Et M. R. Lemieux ajoute : « Sa noble et sympathique physionomie, son œil plein d'intelligence, à la fois calme et pénétrant, la bonté de son sourire, frappent tous ceux qui l'aperçoivent. On se sent en présence d'un grand caractère, d'un sage, d'un esprit d'élite, épris du Beau, du Juste et du Vrai. »

Quelques années avaient suffi pour faire de M. Laurier un conseiller nécessaire du parti libéral, un des premiers orateurs de la Chambre des Communes, un politicien mûri, reconnaissant dans le libre échange la véritable politique du progrès commercial pour le Canada ; il en suivait, d'ailleurs, les progrès sans impatience, comptant sur la force des choses pour en démontrer la nécessité et en imposer l'application.

Il était déjà de plein-pied avec tout ce que contenait de supérieur la Chambre des Communes. La gravité bien connue de son caractère octroyait à son opinion un poids considérable; la juste compréhension des questions sociales lui avait rapidement donné une autorité prépondérante. Sa conférence politique de Québec, devenue le code du libéralisme canadien, l'avait nettement imposé.

On s'accordait à rendre pleine justice aux idées sous l'empire desquelles agissait cet esprit réfléchi dans le sentiment clair et net des conditions d'un régime appelé, suivant ses convictions, à s'imposer tôt ou tard au Canada. La sagesse ne lui interdisait aucunement cette espérance.

Le fascinant orateur, qui devait un jour rétrécir l'horizon du parti conservateur, faisait, en combattant, œuvre de fondation; il servait puissamment sa cause par cet esprit de suite et de résolution procédant d'une pensée des plus graves et des plus nobles : la gloire de sa patrie. Cette unique et suprème ambition, nourrie sans trêve dans son cœur et son intelligence, devait le conduire au triomphe étonnant de 1896, triomphe justement considéré comme l'un des plus beaux titres de noblesse de la race canadienne française et dont ses annales n'offrent aucun autre exemple.

En mars 1880, la députation canadienne était en deuil : M. Holton, l'un des vétérans et des hommes les plus distingués du Parlement, venait de mourir. M. Mac Kensie, chef de l'opposition, suffoqué par l'émotion, dut s'arrêter dans l'éloge de son vieil ami. M. Laurier prit sa place et, comme tous les orateurs vraiment dignes de ce nom, il émut profondément en dignifiant son dernier adieu d'une impressionnante éloquence.

En face de cette immense douleur, de cette calamité nationale, s'il m'était permis d'exprimer mes sentiments personnels, je dirais qu'il n'est personne ici qui ait plus que moi raison de regretter la mort de M. Holton.... Ceux qui étaient assez heureux pour jouir de son amitié savent que ses vertus privées égalaient ses vertus publiques....

... Maintenant il n'est plus... Son nom était vénéré partout en notre province de Québec et surtout au Canada où l'on parle français. Mais nous l'avons perdu et notre perte est irréparable.

De ces phrases simples et saisissantes qui ne sont que le « bruit harmonieux de sa pensée », M. Laurier élève les cœurs, il fortifie, il édifie, avec un art qui lui fait le plus grand honneur.

L'élévation qu'il ressent et dont il empreint ce qu'il énonce caractérise nettement cette haute personnalité qui semble, en certaines occasions, plus qu'humaine et qui prend parfois aux yeux de ses auditeurs l'apparence et les proportions d'une figure symbolique.

En novembre 1880, un grand banquet fut offert à M. Louis Fréchette. Le plus éloquent des poètes français d'Amérique venait d'être couronné par l'Académie française.

Toute la haute société de Québec, sans distinction de nationalité, y assistait; tous les lettrés y étaient présents.

Appelé à porter un toast à l'Académie française, l'honorable Wilfrid Laurier le fit en traits sobres et forts et de la façon la plus heureuse :

Comme vous l'a dit notre président, j'ai maintenant l'honneur de vous proposer un toast à l'Académie française. En vous priant de boire à cette santé, je ne crois pas être appelé à vous parler du corps savant, du centre de toutes les gloires, du législateur de la langue, de l'arbitre suprême en matière littéraire; je ne crois pas être enfin appelé à vous parler de l'Académie française telle que nous la connaissons. L'Académie existe, et c'est assez. Il est inutile de rien dire de plus, son histoire nous suffit. Je voudrais seulement rappeler à votre mémoire l'acte généreux par lequel l'Académie française, mettant de côté les statuts positifs qui la régissent pour n'écouter que la voix du sang, reconnaissait à notre poète, M. Fréchette, la qualité de Français, et l'admettait, lui, sujet anglais, à prendre part aux concours ouverts, d'après les règlements de l'Académie, aux seuls citoyens français.

Quel est celui qui a pu lire sans émotion le compte rendu

de cette séance mémorable pour nous, où M. Fréchette a été couronné? Quel est celui qui a pu sans émotion, revoir par la pensée cette foule composée de toutes les illustrations de la France contemporaine, cherchant avidement à saisir les traits de ce frère d'Outre-mer, que l'Académie offrait à leur sympathie et à leur admiration?... Messieurs, vous m'en êtes témoins, n'est-il pas vrai, que la blessure laissée par cette guerre cruelle au cœur des enfants de la Vieille France n'est pas plus douloureuse que la blessure laissée au cœur des enfants de la Nouvelle France....

... Aujourd'hui, après un siècle écoulé, l'Académie française nous donne le droit de cité dans la République des lettres françaises et elle proclame à la face du monde que non seulement la langue française est encore parmi nous, mais qu'elle est digne de l'Académie.... C'est là, messieurs, la pensée qui a présidé à cette réunion. Ceux qui sont, ce soir, assemblés autour de cette table, sont ici pour rendre hommage au talent poétique de M. Fréchette, pour affirmer qu'ils apprécient les lettres, pour affirmer qu'ils apprécient surtout cette incomparable langue française que M. Fréchette sait parler à l'égal de ceux qui la parlent le mieux en France, au témoignage de l'Académie.

Messieurs, j'ai encore une fois l'honneur de vous proposer la santé de l'Académie française.

Toute l'éloquence que distille la phrase élégante de M. Laurier se retrouve dans ce discours où il précise, avec un rare bonheur d'expressions, son admiration pour une langue dont il a lui-même butiné le miel.

Le 29 mars 1881, M. Édward Blake, alors au premier rang de la politique du jour, en sa qualité de chef du parti libéral, était à Montréal l'objet d'une grande ovation. Toute la jeunesse française et anglaise donnait en son honneur un banquet à l'hôtel Windsor. A cette fête, dont l'éclat attestait l'importance et la renommée de M. Blake, se pressaient une foule de députés, hommes politiques et citoyens éminents. M. Laurier, qui suivait politiquement le sillage de M. Blake et participait au mouvement ascendant de sa carrière politique, eut à répondre au magistral discours de ce dernier.

Il s'acquitta de sa tâche, par une harangue au caractère essentiellement patriotique, et que traversait un grand souffle libéral.

Son langage portait un double cachet de chaleur communicative et de haute raison.

Il est peu de circonstances dans ma vie — dit-il — où j'ai éprouvé autant de réelle satisfaction qu'en m'asseyant ce soir à cette table.... Jeunes gens des clubs libéraux de Montréal, jeunes Canadiens anglais, jeunes Canadiens français, vous tous, les organisateurs de cette démonstration, il est peut-être malséant de ma part de vous offrir des remerciements. Je ne saurais résister cependant au plaisir de le faire.... Le parti qui nous a gouvernés presque sans interruption depuis vingt-cinq ans a oublié ces grandes vérités. Il a gouverné en faisant appel à la cupidité, en faisant passer les intérêts personnels avant les intérêts généraux. La politique de cette province a été dirigée non pas en vue de cet intérêt public qui, seul, doit être l'étoile polaire du vrai patriote, mais en vue de l'intérêt de chacun.

Soutenu de ton et d'inspiration, ce discours, où de très hautes pensées s'alliaient au patriotisme, qui ne pardonne aucune faute, se concluait ainsi :

Nous avons l'ambition légitime de triompher et de voir M. Blake à la tête de ce pays, mais si nous l'espérons, ce n'est pas pour le profit individuel que chacun de nous pourrait en retirer, c'est pour le bien du pays tout entier.... On se rappelle avec émotion l'héroïsme de ceux qui sont morts sur les champs de bataille simplement pour l'honneur de leur pays. On se rappelle avec émotion cette dernière charge exécutée à Reichshoffen par les cuirassiers de Mac-Mahon, marchant à une mort certaine et pourtant inutile, mais c'était un dernier sacrifice à la fortune de la France.

Eh quoi! si le soldat donne sa vie pour son pays, est-ce trop exiger du citoyen qu'il sacrifie quelques avantages matériels pour rester fidèle à ce qu'il croit être la cause de son pays?

Quant à nous, encore une fois, nos chefs n'ont rien à nous offrir individuellement et nous n'en attendons rien. Nos adversaires peuvent l'ignorer, mais nous savons ce que vaut le noble orgueil d'être honorable à ses propres yeux; nous savons ce que vaut le fier plaisir de ne rien devoir qu'à soi-même, d'être patriote de fait comme de nom.

L'homme inaccessible aux calculs de la politique ou de l'intérêt surgit de cette éloquente péroraison avec une vigueur et un relief admirables; d'un bout à l'autre la supériorité du bon sens se greffe sur un esprit politique précis et ferme qui

> Nous exhausse le cœur pour mieux nous émouvoir.

Défenseur inflexible de la droiture politique, son talent ne paraît jamais au-dessous d'un sujet quelle qu'en soit l'importance; il s'élève sans efforts avec une belle sérénité intellectuelle sans que cela puisse nous étonner, car

> Le vrai patriotisme dilate les cœurs, élargit les pensées.

Aux élections fédérales de 1882, M. Laurier était réélu député de Québec-Est.

En juin 1884 M. Blake se rendait à Knowlton à une manifestation libérale; M. Laurier, son lieutenant en toutes circonstances par la parole et par les actes, y prononçait une harangue contre le gouvernement.

Le mois suivant, il prenait la parole à la Chambre des

Communes dans des circonstances solennelles. Les volontaires fédéraux revenaient de la campagne du Nord-Ouest, qui, après avoir plusieurs mois de durée, coûtait au pays du sang et des millions. M. Blake avait formulé contre le gouvernement un écrasant « indictment », l'accusant d'être le véritable provocateur, le véritable auteur de l'insurrection.

M. Laurier prenait également la parole; dans un long et courageux discours, il flétrissait la conduite du gouvernement.

Toute cause juste trouve en lui un ardent défenseur. Quelles nobles protestations ne fait-il pas entendre contre l'autoritarisme de sir John Mac Donald, contre la violation de droit, et les abus de toutes sortes commis par l'administration au pouvoir!

Sa grande et généreuse voix défend la liberté des Métis et revendique leurs droits.

Quelle justesse incisive dans ses paroles! Quelle émotion en rehausse la véhémente indignation et s'y révèle en traits admirables!

Le gouvernement fait à Louis Riel un procès qui décidera de sa vie ou de sa mort; mais je suppose que ce n'est pas le sang de cet homme qu'il veut. Je suppose que, s'il a quelque chose en vue, c'est avant tout l'application de la justice britannique....

... Je répète que les hommes, qui font à Louis Riel un procès dont sa vie ou sa mort dépendent, ne désirent pas son sang, qu'ils veulent seulement que la justice suive son cours; et si, parmi les nombreux documents qui ont été supprimés ou qui n'ont pas été soumis à cette Chambre, il y a quoique ce soit qui puisse aider à la défense de Riel, il est de leur devoir de les produire. S'ils tenaient à l'écart la moindre chose susceptible d'aider à la défense de Riel, je les accuserais d'avoir participé à son assassinat.... Je suis d'origine française, et j'avoue que si je ne devais agir que selon la voix du sang qui coule dans mes veines, je

serais indiscutablement en faveur des insurgés ; mais, par-
dessus tout, je prétends à ce qui est droit, juste et loyal....

Et M. Laurier termine son discours par un appel à la
justice qui revêt un caractère à la fois de profondeur,
d'éloquence et de mélancolie et nous fait pénétrer jusqu'aux plus intimes replis d'une intransigeante conscience.

Je dis : rendez justice à ces hommes, accordez-leur
leurs droits, traitez-les comme vous avez traité le peuple
du bas Canada depuis quarante ans, et bientôt vous aurez
le contentement, la paix et l'harmonie dans toute l'étendue
de ces territoires où règnent aujourd'hui la discorde, la
haine et la guerre au détriment du pays.

Ce sont bien là les expressions de l'âme généreuse qui
devait dire plus tard : « Je n'aspire pour ma part à un
autre idéal dans ma vie politique qu'à réaliser les vertus
qui caractérisent une carrière intègre, c'est-à-dire la probité, l'honneur, le désintéressement, le dévouement au
devoir, et au-dessus de tout la défense instinctive des
faibles et des opprimés ».

Trois mois se passent.

Dans l'affaire Riel, le gouvernement anglais est
demeuré inexorable. Le représentant britannique possédait, cependant, dans toute leur étendue, les prérogatives
du pardon, mais il avait résisté à toutes les objurgations.
De son côté, le cabinet Mac Donald n'avait tenu aucun
compte des considérations invoquées en faveur du métis
canadien.

Le 16 novembre 1885, à 8 h. 20 du matin, le sombre
drame de Regina s'exécute. Riel est pendu dans la
caserne de la police à cheval.

Lorsqu'on lui annonce que l'heure suprême est arrivée,

il ne pâlit point et c'est d'un ton calme qu'il répond pendant le service.

« Pitié, Jésus ! » furent les derniers mots qui sortirent de sa bouche. Il mourut sans se débattre. Cet homme avait ainsi connu les variations les plus extrêmes de la destinée.

Cette mort infligeait une cruelle blessure aux sentiments des Canadiens-Français.

Le ministère conservateur donnait, de ce fait, la preuve la plus manifeste de son accablante omnipotence, car l'exécution de Riel était une victoire pour la province d'Ontario, une défaite et une humiliation pour la province de Québec.

Elle éveillait l'animosité séculaire et rallumait toutes les passions de deux races rendues de ce fait plus irritables et plus ardentes que jamais. L'opinion publique s'exaltait, l'agitation canadienne prenait une rapide extension. L'effervescence était à son comble dans la province de Québec. Le 22 novembre, une réunion monstre avait lieu au Champ de Mars de Montréal.

C'était un meeting d'ardentes récriminations contre l'inhumaine politique du parti Mac Donald. L'irritation était extrême au sein du peuple canadien et la légitime colère de la majorité des esprits perçait dans un mouvement d'indignation générale.

Ce jour-là, où tous se pressaient pour l'entendre, M. Laurier — s'adressant aux couches profondes de la nation — prononçait une philippique enflammée contre cette exécution qui n'avait, à vrai dire, dépendu que d'un calcul électoral. Aux yeux du loyal et excellent orateur, le seul coupable était, sans conteste, le gouvernement conservateur, qui avait délibérément poussé les métis au désespoir et à la révolte.

« Le cœur ému et le sang agité par ce sombre drame, il stigmatisait et flétrissait devant l'histoire et la postérité ceux dont le cœur était atrophié et l'esprit borné par de vulgaires intérêts matériels. »

Son discours, véritable acte d'accusation contre le ministère, exprimait à merveille les sentiments qui grondaient et bouillonnaient dans l'âme de ses auditeurs.

Jamais triomphe ne fut aussi complet que le sien, jamais l'opinion ne fut aussi unanime à le confesser.

En mars 1886, il prononçait au Parlement un nouveau réquisitoire contre le ministère conservateur. L'exécution de Louis Riel en était le sujet.

Son discours fut un succès d'éloquence ; l'orateur libéral s'y imposait par surcroît comme l'interprète de toute une race, formulant dans un magnifique langage l'arrêt de la conscience publique :

Puisque personne de l'autre côté de la Chambre — dit-il — n'a le courage de continuer le débat, je vais accomplir moi-même ce devoir.

Les volontaires avaient un douloureux devoir à remplir, et ils l'ont rempli d'une manière qui fait honneur à eux-mêmes et au pays. Cependant, il est permis de croire que lorsque le soldat est sous les armes, il a encore un cœur et une intelligence ; il est permis de croire que ceux qui combattaient au Nord-Ouest, le printemps dernier, avaient les mêmes sentiments et les mêmes idées qu'éprouvait un grand soldat, un grand roi, le roi Henri IV de France, lorsque, durant de longues années, il combattait ses sujets rebelles. Quand il frappait quelqu'un de son épée, il avait l'habitude de crier : « Le Roi te frappe, que Dieu te guérisse. » Il est permis de croire, peut-être que nos soldats, quand ils étouffaient la rébellion, étaient animés du même esprit et priaient Dieu de guérir les blessures qu'il était de leur devoir d'infliger. Ils croyaient qu'on ne devait pas verser plus de sang qu'ils n'étaient obligés d'en verser eux-mêmes. Le gouvernement, lui, a pensé que le sang répandu par les soldats ne suffisait pas et qu'une autre victime devait être sacrifiée.

Le jugement de l'histoire, le jugement de la postérité, de cette postérité à laquelle nos adversaires font maintenant appel, a rangé au nombre des meurtres judiciaires, l'exécution de l'amiral Byng. Et je ne crains pas de prédire que l'histoire rendra un jugement semblable dans la cause qui nous occupe, car il en a été de même chaque fois qu'un gouvernement a voulu appliquer la loi avec une rigueur implacable, lorsque tout le monde demandait de pardonner. Dans la province où je vis, et surtout parmi ceux auxquels je suis lié par une commune origine, l'exécution de Louis Riel a été universellement regardée comme le sacrifice d'une vie humaine, non pour satisfaire l'implacable justice, mais à des idées de vengeance et à des passions haineuses.

Et impatient de disculper sa race de toute calomnie, il ajoutait :

Je revendique cette justice pour mes concitoyens d'origine française, qu'on ne peut trouver, nulle part ailleurs, sous le soleil, une race plus docile, plus calme, plus soumise aux lois.

Je revendique cette justice pour mes concitoyens d'origine française et j'en appelle au témoignage de tous ceux qui les connaissent et qui ont vécu au milieu d'eux, pour dire que, s'ils ont commis des fautes, ils n'ont jamais du moins caché, protégé et encouragé le crime.

Il est vrai que, dans la présente occasion, ils ont montré une vive sympathie pour l'infortuné, mort sur l'échafaud le 16 novembre dernier. Mais cela n'était pas dû aux préférences nationales ou aux préjugés de races, si vous voulez leur donner ce nom.

Ils n'ont pas été plus aveuglés par les préjugés de races que ne l'a été la presse étrangère qui a blâmé l'exécution de Riel. La presse américaine, la presse anglaise, la presse française presque sans exception, ont considéré l'exécution de Riel comme un acte injuste, inexcusable, contre les idées de notre époque.

Et constatant qu'en dépit de tout l'Angleterre porterait dans l'avenir des siècles la responsabilité de cet attentat commis contre l'humanité.

Des cœurs froids ont dit que l'exécution de celui que ses amis regardaient comme un insensé ne justifiait pas l'explosion de sentiments dont Québec a été le théâtre lors de la mort de Riel. Je ne suis pas de cette opinion. A notre époque, au point de civilisation où nous sommes parvenus, la vie humaine la plus humble a sa valeur et a droit à la protection des conseillers de la nation. Il y a quelques années, l'Angleterre envoya une expédition, dépensa des millions, répandit le sang de quelques-uns de ses meilleurs soldats, dans l'unique but de délivrer quelques prisonniers d'entre les mains du roi d'Abyssinie.

Il en est de même ici; la vie d'un simple sujet de Sa Majesté a sa valeur et ne doit pas être traitée légèrement. S'il y a des membres de cette Chambre qui pensent que l'exécution de Riel n'était pas justifiable, que dans les circonstances cela n'était pas judicieux, que cela était injuste, je dis qu'ils ont le droit de porter une accusation contre le gouvernement devant l'opinion publique, et si cette accusation est portée et que le gouvernement soit appelé à y répondre, on doit s'attendre à ce que des gens surgiront qui prendront une part plus vive au débat.

Parvenu au terme de son discours, le grand orateur canadien-français laissait tomber ces paroles :

Si le gouvernement avait pris les mêmes peines pour faire le bien qu'il a prises pour punir le mal, jamais il n'eût eu besoin de prouver à ce peuple que la loi ne saurait être impunément violée, parce que jamais la loi n'aurait été violée en rien. Tandis qu'aujourd'hui, pour ne rien dire de ceux qui ont perdu la vie, nos prisons regorgent d'hommes qui, désespérant de jamais obtenir justice par la paix, ont cherché à l'obtenir par la guerre, d'hommes qui désespérant de jamais être traités comme des hommes libres, ont préféré courir à la mort plutôt que de se voir

traités en esclaves. Ah, ces hommes ont cruellement souf·
fert... ils souffrent encore, mais patience ! leurs sacrifices ne
resteront pas sans récompense. Leur chef est dans la tombe ;
ils sont eux-mêmes dans les fers, mais du fond de leurs
cachots, déjà ils peuvent voir se lever sur leur pays,

> L'aurore de cette justice, l'aurore de cette liberté,

qu'ils ont réclamées en vain, mais pour lesquelles ils ne se
sont pas battus en vain.... Oui, leur martyre a préparé le
triomphe de leur pays ! Ils sont dans les fers aujourd'hui ;
mais les droits pour lesquels ils se sont battus sont
reconnus.... Oui, je le répète encore, leur martyre a préparé
le triomphe de leur pays et ce seul fait nous prouve qu'il y
avait là cause suffisante, indépendamment de toute autre,
pour se montrer clément et pour celui qui est mort et pour
ceux qui survivent !

Une longue agitation suivit ce discours, qui reçut un
hommage unanime comme effort extraordinaire d'éloquence, de précision et de clarté.

C'est au lendemain de ce réquisitoire que la presse
anglaise du Dominion lui décernait le surnom de « silver-
tongued Laurier — Laurier à la langue d'argent ».

M. Laurier est, sans aucun doute, un grand orateur
d'une compétence parfaite et sans nulle trace de pédan-
terie. « Sa verve est sans déclamation, ses traits sont
sans recherche, ses images sans pompe. »

Ses harangues sont essentiellement imprégnées de
cette triple puissance de l'intérêt, de la vigueur et de
l'inspiration.

La déduction est chez lui lucide et persuasive, elle
accroît ainsi les avantages d'une phrase à la fin sévère et
brillante.

Ses discours, où la pensée et l'expression, animées d'un
souffle identique, s'harmonisent agréablement, semblent
réunir la perfection de l'étude et l'envolée de l'improvi-
sation ; nombre de sentences remarquables s'y enchâs-

sent, où l'ampleur du langage et la fermeté du dessin atteignent souvent à la plus haute éloquence.

Il convient de reproduire ici quelques opinions de notabilités canadiennes sur M. Laurier.

Elles mettent en évidence sa chaleureuse tendresse de cœur et son sincère enthousiasme pour tout ce qui réconforte et élève les âmes.

Elles sont autant d'hommages rendus à une éloquence dont l'art et le fini portent au fond des consciences les grandes idées morales et les grands courants de patriotisme.

Au lendemain de son discours sur Louis Riel, M. Blake, chef du parti libéral, lui rend, de sa parole autorisée, ce témoignage flatteur : « Non content d'avoir, depuis de longues années et dans sa propre langue, remporté la palme de l'éloquence parlementaire, mon honorable ami nous a enlevé la nôtre ; il vient de prononcer un discours qui, à mon humble jugement, mérite ce compliment, car je crois être vrai en déclarant que c'est le plus beau discours parlementaire qui ait été prononcé dans le parlement du Canada, depuis la Confédération. »

M. Tarte, aujourd'hui ministre, proclamait hautement son admiration pour M. Laurier au moment où ce dernier prononçait un discours en l'honneur du cinquantenaire du Collège de l'Assomption.

« Il a fait un discours — écrivait M. Tarte dans le *Canadien* — qui, dans n'importe quel pays du monde, placerait son auteur au premier rang de maître de la langue française. M. Laurier n'est vraiment hors de pair que dans l'éloquence étudiée, policée, qui fait les délices des auditoires triés sur le volet. Les clameurs violentes de la foule le laissent froid et indifférent; il s'enivre d'un amphithéâtre garni de lettrés. »

Dans son inaltérable admiration, M. Rodolphe Lemieux excelle à le dépeindre. « En présence de son imposante

stature — dit-il — à la vue de son geste plein de noblesse
et d'entraînement, en écoutant cette logique claire,
honnête, frappante et exprimée dans un langage vraiment attique, l'on se sent en présence d'un homme d'État
de haute distinction qui concentre en lui toutes les
puissances de l'art oratoire et devant qui les préjugés se
dissipent comme par enchantement. Je n'exagère pas en
disant que Laurier apparaît, en ce moment, au-dessus
des masses comme un astre national que tout Canadien
aime à admirer avec orgueil et enthousiasme. »

M. Rodolphe Lemieux décrit ainsi M. Laurier au Parlement :

« N'est pas « debater », qui veut à la Chambre des
Communes. Pour être écouté dans le Parlement, il ne
suffit pas de posséder cette éloquence qui émeut et pas-
sionne les masses, et tel, dont la voix et l'action ont
maintes fois électrisé la foule et soulevé des applaudissements frénétiques, sera à peine remarqué de la députation. Combien d'hommes doués de talents remarquables,
habiles et retors dans la discussion, ont misérablement
échoué, lorsqu'il leur a fallu prendre part à un débat
devant la Chambre! Pour être orateur parlementaire,
dans le sens que l'on donne à ce nom, il faut apporter à
la discussion, outre une voix agréable et un style châtié,
une rare faculté d'organisation, un esprit très pratique et
une grande connaissance des faits. M. Laurier possède
ces qualités, et il suffit de l'avoir entendu une fois pour
ne plus être étonné de ce qu'il ait pris rang comme premier « debater » du Parlement. Nul ne sait aussi bien
exprimer dans une langue correcte et souple ce qu'il
veut dire; nul ne parle avec autant d'autorité. Partisans
ou adversaires avouent qu'il parle en homme d'État,
non pour l'effet (quoique sa parole soit une musique), mais
pour un résultat réel. Chez lui, chaque parole est pesée et
correspond à une résolution inflexible. Énonce-t-il un

principe, une idée, qu'il ne lasse pas d'y revenir ; il faut voir avec quelle habileté et quelles ressources il atteint son but. La phrase harmonieuse, le geste sobre et méthodique, tout chez Laurier porte le cachet de l'originalité de son caractère.

« Quoique la Chambre des Communes, ajoute M. R. Lemieux, soit le théâtre où M. Laurier ait le plus déployé ses grandes aptitudes, il doit une grande partie de sa popularité à ses succès de « husting ».

« Qui ne se rappelle cette fameuse joute oratoire de Longueuil, lors de l'élection de M. Prefontaine, le 30 juillet 1886 ! M. Laurier parlait avant M. Chapleau, il est vrai, mais il eut le talent de détruire d'avance chacun des arguments de son adversaire. Il me semble encore le voir se tournant vers le secrétaire d'État et lui lançant cette foudroyante apostrophe : « Vous parlerez après moi, « mais je sais ce que vous direz et vous réponds dès « maintenant. Je connais depuis longtemps le circuit que « le boulet rivé à vos pieds vous permet de parcourir. » Fox, le grand Fox, n'eût pas caractérisé d'un trait plus mordant la position humiliante dans laquelle se trouvait alors M. Chapleau. »

M. Donoso, publiciste canadien, a fait connaître cet autre trait de M. Laurier : « Pendant les élections locales de 1886, il y eut une grande assemblée des électeurs anglais de Megantic. Le fanatisme avait fait son œuvre ; les Orangistes, au moyen de la question Riel, avaient soulevé les préjugés de l'élément protestant contre nous. Un de nos amis terminait son discours, quand un Orangiste de l'endroit, véritable forcené, s'écria avec rage : « On n'a pas parlé de Riel, et on n'osera pas en parler ». Des cris s'élevèrent, des vociférations éclatèrent de toutes parts. Laurier répondit simplement : « *I will* (je « vais le faire) ». Et, s'insinuant habilement dans leur esprit par un appel à la loyauté britannique, leur rappelant l'esprit de tolérance et de justice qui doit animer tous les citoyens d'un pays mixte, il leur raconta les détails de cette sombre tragédie du Nord-Ouest.

« Quelqu'un nous disait que cette foule hostile courba la tête, pas entièrement convaincue, mais domptée, subjuguée, par le courage de l'homme et l'éloquence de l'orateur. »

M. Ulric Barthe, grand admirateur de M. Laurier, a tracé de lui ce portrait très vivant : « Une telle éloquence force l'admiration. Les principes présentés de cette façon perdent de leur austérité. Plus l'orateur ainsi doué dit de dures vérités, plus il est applaudi; plus il flagelle, plus on l'admire. Il débute en 1871 par un réquisitoire absolument pessimiste; on l'élève aux nues, on dit : « Voilà un homme! » D'un bond, il arrive au cabinet fédéral, puis au commandement en chef des forces libérales. Il jette le sang des victimes de 1885 à la face des ministres, et, le lendemain, la presse ministérielle le baptise *the silver-tongued* Laurier! Il va répéter au cœur d'Ontario le langage qu'il tient à ses propres compatriotes sur les questions les plus brûlantes, et les protestants l'acclament; un journal de Londres le proclame au rang des premiers hommes d'État de l'empire. Ce sont là des coups d'ailes d'aigle et c'est ainsi que procède M. Laurier. »

Tels sont les témoignages qui caractérisent son talent dans tout son éclat et dans toute sa profondeur, talent où dominent à l'envi trois puissances : la raison, la justice et l'humanité. Il empreint son langage de la pureté, de la noblesse et de l'élégance de la langue française, et c'est là, sans contredit, la parure de cet esprit puissant.

En décembre 1886, M. Laurier fit un voyage politique en Ontario. Ses adversaires avaient, en effet, laissé entendre qu'il n'oserait renouveler dans cette province le langage qu'il avait tenu en Québec au sujet de la rébellion des Métis. M. Laurier saisit la première occasion de relever ce défi et se rendit à Toronto pour y plaider, avec la vraie noblesse qui émane de l'accomplissement du devoir, la cause de l'humanité.

Ce sont de ces actes qui, reflétant la probité d'une ardente conviction, surpassent de cent coudées tous talents et succès oratoires.

Assisté de M. Blake, M. Laurier prononça, le 10 décembre 1886, dans le Pavillon de l'horticulture, une harangue politique qui eut le don de captiver ceux qui furent à même de l'entendre.

L'assistance se composait de tout Toronto. La salle était comble. Les conservateurs s'y trouvaient en grand nombre. Le fauteuil de la présidence était occupé par M. W. D. Grégory, président du Club des Jeunes Libéraux.

L'initiative humanitaire et intelligente de l'orateur canadien-français, son courage et son éloquence alliés à sa haute dignité morale étaient bien faits pour séduire ses adversaires, car ils soulignaient, dans leur conception première, la grandeur des efforts à entreprendre et des progrès à réaliser.

En cette ville sainte de l'Orangisme, la Mecque du Nationalisme, les plus résolus parmi ceux-là mêmes qui ne partageaient pas ses opinions ne purent dissimuler leur admiration.

Pas un mot de son discours, tout entier consacré à célébrer les avantages de l'entente cordiale des deux races, qui ne condamnât sans ambages la politique gouvernementale et ne réclamât le *fair play* britannique, seul obstacle à la mésintelligence inévitable, à la rupture éventuelle et au conflit final.

C'est toujours avec une certaine émotion, dit-il, que je me présente devant un auditoire anglais. C'est une impression dont je ne puis me défendre, car j'ai toujours conscience du désavantage qu'il y a à m'exprimer dans une langue qui n'est pas ma langue maternelle. Cette crainte, il est vrai, est atténuée en ce moment par le plaisir et l'honneur de prendre la parole devant un auditoire de cette grande cité de Toronto, à laquelle on est unanime à accorder la palme pour la culture intellectuelle au Canada.... Depuis plusieurs mois, la presse conservatrice de cette province, et en particulier de cette ville, s'est appliquée à répandre au loin, à répéter sur tous les tons qu'il y a dans la race française au Canada un vieux levain de rébellion en fermentation constante ; que les Canadiens-Français sont loin d'être unanimement loyaux à la Constitution ; qu'ils ne savent se soumettre à leurs devoirs de citoyens de ce pays qu'autant que cela s'accorde avec leurs intérêts et concorde avec leurs préjugés ; et l'on me permettra bien de faire allusion à ma propre personne en cette circonstance ; ne suis-je pas moi-même représenté, tous les jours, comme un traître et un rebelle ?

Et M. Laurier de remercier les jeunes libéraux de Toronto, d'applaudir à leur pensée de lui avoir fourni l'occasion de réduire à néant les insinuations calomnieuses et de répondre aux machinations de l'intrigue et de la malveillance.

Je suis Canadien-Français, mais avant tout je suis Canadien, il existe donc entre nous des intérêts communs sur lesquels nous sommes unis.... Comme Canadiens nous avons des liens locaux et nationaux qui nous unissent.... Voilà les sentiments de la race à laquelle j'appartiens, et, en les exprimant, je sens que je suis fidèle à mon sang, fidèle au Canada, fidèle à l'Angleterre.... J'appartiens à l'école de ces hommes qui remplissent de leurs noms les pages de l'histoire d'Angleterre et qui ont toujours su affronter les puissants chaque fois qu'il s'est agi d'obtenir justice pour les humbles.... Tant que j'aurai un souffle de vie, surtout tant que j'occuperai un siège au Parlement, chaque fois que je verrai des hommes foulés aux pieds, fussent-ils Français, Celtes, Anglo-Saxons, je défendrai leur cause de toutes les forces de mon être....

Je ne puis m'attendre à être approuvé par tout le monde, mais je m'adresse à tout Anglais, à tout homme ne portant pas seulement un nom anglais, mais ayant un cœur anglais dans la poitrine; est-il parmi eux un seul homme prêt à condamner une rébellion simplement parce que c'est une rébellion? N'est-ce pas un fait que l'histoire d'Angleterre est remplie de rébellions? Il n'y a pas une race qui ait fait autant que la race anglaise pour la cause des libertés humaines, et pourquoi cette Angleterre, qui est aujourd'hui si grande, a-t-elle grandi, sinon parce que jamais un enfant de l'Angleterre n'a voulu se soumettre à la tyrannie.... Vous me direz que ces pauvres Métis à demi sauvages ne peuvent être comparés aux héros de l'histoire d'Angleterre. Eh bien! soit, il n'y a pas de comparaison possible entre ces deux classes d'hommes. Mais, messieurs, l'esprit de liberté n'est pas absolument le résultat de la culture intellectuelle. On le trouve chez le plus humble des hommes. Et, si humble que soit son rang, tout homme à qui on refuse justice a droit à la justice.... Ils se sont révoltés sans plan apparent, sans ordre de campagne. La raison de leur insurrection est assez simple, la voici : c'est que le plus petit vermisseau qui rampe sur la terre se redresse et cherche à mordre le pied qui l'écrase, et c'est pour cela que j'affirme que la culpabilité de cette insurrection ne retombe pas tant sur ces hommes que sur ceux qui l'ont provoquée. Je dis que c'est le gouvernement qui est responsable.

M. Laurier termine son discours avec une robuste énergie et une prééminente autorité qui a, depuis, reçu des événements la plus éclatante justification.

C'est la pensée inspiratrice d'une impeccable justice qui frémit sous ses paroles et les agite d'un souffle véhément; c'est au bruit d'innombrables applaudissements qu'il illumine sa péroraison de tous les feux de son prestigieux talent.

Chacun doit agir selon la dictée de sa conscience. Eh bien! messieurs, convaincu comme je le suis que ces hommes étaient dans leur droit, qu'ils défendaient leurs justes droits, qu'ils avaient été poussés au crime par le gouvernement, j'ai, comme toujours, exprimé mes convictions dans un langage aussi franc et aussi énergique qu'il était en mon pouvoir de le faire. Je sais que j'ai été une cause de scandale pour la phalange des journalistes bleus qui se sont torturé le cerveau pour en tirer de longues phrases d'indignation et de mépris qu'ils m'ont impitoyablement lancées à la face. Ma patrie n'est pas seulement la province de Québec où je suis né, elle s'étend encore à toutes les parties de ce continent où flotte le drapeau britannique. Mes compatriotes ne sont pas seulement ceux de descendance française. Non, je reconnais pour mes compatriotes et pour mes frères tous ceux qui, sur ce continent, vivent à l'ombre et sous la protection du drapeau britannique, quelles que soient leur race et leur croyance. Et vous conviendrez certainement avec moi qu'il est dans les desseins de Dieu que tous les peuples, sans distinction de race et de religion, qui vivent à l'ombre et sous la protection du drapeau britannique, doivent être égaux devant la loi, et quand nous voyons un gouvernement maltraiter un pauvre peuple simplement parce qu'il est pauvre et ignorant, nous devons ressentir l'injure et l'injustice. Quand nous voyons un gouvernement violer ainsi les desseins de la Divinité, il est du devoir de tout bon citoyen de résister à cette violation et de la combattre par tous les moyens constitutionnels en son pouvoir.

Cette argumentation était si convaincante qu'elle arrachait des hommages aux plus hostiles, des applaudissements aux plus rebelles. On y sentait vibrer cette éloquence de la raison, la seule immuable, surtout lorsque l'effort d'une intransigeante conscience ajoute encore à sa puissance, de cette raison « qui ne s'arrête pas aux mots d'ordre et aux formules de parti, mais qui considère l'esprit et les besoins des peuples ».

Ce discours précisait, une fois de plus, le haut objectif de cet esprit d'élite ouvert à toutes les initiatives généreuses et son invariable décision de prêter en toute circonstance son appui à la cause de la Légalité ; il laissait également entrevoir cette magnanime ambition d'une noble existence : un inaltérable attachement à la défense des faibles.

Les trois primordiales qualités politiques, le talent, le courage et la passion du bien public, se concertaient pour assigner un rang glorieux à M. Laurier, prédestiné à bientôt devenir un privilégié de la scène publique : « l'homme d'une période de l'histoire », le représentant d'une politique.

* * *

Aux élections fédérales du 22 février 1887, le gouvernement conservateur obtenait une majorité de 45 voix. M. Laurier, qui inspirait une confiance absolue, était réélu avec une forte majorité.

Il prononçait, quelques mois après, un vigoureux plaidoyer en faveur des Irlandais.

Par deux fois déjà, en 1882 et en 1886, la Chambre des Communes avait voté des adresses à la Reine en faveur de l'Irlande dans sa lutte pour le « self-government ».

Le 21 avril, une résolution de protestation était votée contre le « bill de coercition ».

C'est à ce sujet que M. Laurier fit entendre des paroles émues, exprimant les vœux de l'union momentanée de tous les députés irlandais, des Canadiens-Français et du parti libéral tout entier. Il s'exprime en ces termes :

Que le gouvernement anglais traite le peuple irlandais comme il a traité le peuple canadien ! Qu'il ait confiance dans le peuple irlandais comme il a eu confiance dans le peuple canadien !

Qu'il s'adresse aux cœurs, à la reconnaissance, aux plus

nobles sentiments de ce peuple ; qu'il relâche l'étreinte dans laquelle il enserre maintenant ce malheureux pays, qu'il lui accorde une certaine autonomie, qu'il rétablisse le Parlement à College Green, et j'ose dire que ce profond mécontentement, créé par des siècles d'agression, disparaîtra en quelques années. J'ose dire qu'après cela l'union entre l'Angleterre et l'Irlande deviendra plus étroite qu'elle ne le fut jamais.

L'heure sonnait, où le soin de maintenir les traditions du parti libéral et d'en faire triompher les doctrines, allait échoir à M. Laurier.

Fatigué par une lutte sans trêve ni merci, miné par la maladie, M. Blake offrit, vers la fin de la session fédérale, sa démission de chef du parti libéral.

Il désignait, comme à même de le remplacer, M. Laurier en qui il avait discerné les qualités propres à remplir toutes les fonctions, si grandes fussent-elles.

M. Laurier avait, en effet, tous les droits à occuper le premier rang dans son parti.

La passion qu'il avait apportée de longue date à toutes les questions qui intéressaient la force, la grandeur et le bien-être du Canada, sa conception claire et pratique de la politique nécessaire à son pays, son dévouement infatigable aux idées libérales, le désignaient d'emblée aux suffrages et aux espérances des libéraux.

A un *caucus* tenu lors de la retraite de M. Ed. Blake, M. Laurier fut choisi comme « leader » par le parti libéral canadien.

La proposition fut faite par sir Richard Cartwright et fut appuyée par M. Mills. Tous les libéraux acclamèrent ce choix à une exception près, celle de M. Laurier en personne. Il lui fallut certainement une conviction bien forte pour le décider à un acte aussi peu conforme à sa modestie et à son désir habituel de s'effacer.

« Peu de gens en dehors du parti libéral, — a écrit à

ce sujet M. J. S. Willison, — savent combien M. Laurier
a lutté contre la proposition de l'élever au poste de chef
du parti libéral. Il ne convoite pas les honneurs. Il ne
s'est jamais adressé à qui que ce soit pour obtenir des
emplois, des avantages et des préférences. Il possédait
la confiance de ses amis, une place honorable dans leurs
conseils, il vivait suivant ses goûts et ses moyens. Il ne
voulait pas envisager sérieusement la proposition qu'on
lui faisait de changer tout cela, de dépasser la limite de
son ambition, de se consacrer entièrement à la politique
et d'accumuler sur ses épaules les fardeaux et les responsabilités qui avaient brisé Alexander Mac Kensie
dans la force de l'âge, qui avaient terrassé la forte constitution et l'intelligence d'élite d'Edward Blake. M. Laurier connaissait les services rendus au Canada par
M. Blake et M. Mac Kensie, — car ils n'eurent pas de plus
loyal partisan que lui. La présence même de M. Blake,
sa voix magnifique retentissant encore dans la Chambre
des Communes, l'enthousiasme pour les ressources
merveilleuses du grand chef comme tacticien parlementaire, encore vivace dans le cœur de ses partisans, — car
nulle part M. Blake n'était plus maître de son parti que
dans l'arène parlementaire, — M. Laurier voyait tout
cela. — On peut facilement comprendre que M. Laurier
ait · repoussé, comme ne méritant pas un moment de
considération, l'idée qu'il pouvait occuper le poste de
chef que ses amis le priaient d'accepter. Mais la demande
fut réitérée avec une persistance et une unanimité toujours croissantes, et M. Laurier céda, mais avec l'espoir
qu'on ne lui demanderait qu'un service temporaire dans
la haute position à laquelle il n'avait jamais aspiré, et
qui n'était pas le véritable but de son cœur et de son
ambition. Mais longtemps avant qu'il eût complété sa
première session comme successeur d'Edward Blake, il
n'y eut pas une voix sur les banquettes de l'opposition

qui ne parlàt avec enthousiasme de sa patience, de sa prudence, de son courage et de sa sagacité; pas un homme parmi les libéraux des Communes qui ne fût son ami et son partisan dévoué. »

L'unanimité des libéraux anglais, en cette circonstance, est, — d'après M. R. Lemieux, — une réponse éloquente aux accusations de fanatisme et de bigoterie portées contre eux. L'opposition, par ce choix, a proclamé à la face du monde que, dans les rangs du parti de la réforme, le nom de la province où l'on est né, non plus que le nationalité ou la religion dont on se réclame, ne sont considérés comme un obstacle à l'avancement.

« Cet acte seul, nous dit M. David, démontre non seulement la liberté et l'esprit de justice des libéraux anglais, mais encore la popularité et le mérite de M. Laurier. Un grand parti qui renferme tant d'hommes de talent ne se serait pas incliné devant un Canadien-Français médiocre et incapable de faire honneur à une position élevée. »

M. Laurier connaissait à fond les opinions et les intentions de M. Blake. Il lui succédait porté par son seul mérite au commandement. Son succès ne se réclamait d'aucun caprice de la fortune, il l'avait conquis de haute lutte, sans concession et sans atténuation. C'était un véritable succès pour la prépondérance française au Parlement; en raison de la profonde sympathie existant entre le grand orateur libéral et la race franco-canadienne, l'influence de cette dernière ne pouvait, dès lors, que s'accroître.

Esprit exact et mesuré, inspirant l'estime par son irréprochable probité politique, doublée d'une impeccable dignité morale, il arrivait, chose rare, — presque unique, — sans effort et sans intrigue, grâce à sa valeur, à son éloquence et à son prestige.

Le talent qu'il déployait, l'importance de ses services,

l'autorité croissante acquise au sein de son parti, avaient surabondamment suffi pour l'imposer.

L'assentiment des membres du groupe libéral était consacré par la volonté souveraine d'une race.

Le 2 août, la province de Québec fêtait l'élévation politique de son enfant ; un grand banquet était organisé à Somerset où les admirateurs du « futur premier ministre du Dominion » se réunirent par milliers. On comptait sur l'estrade au moins deux cents sénateurs, députés fédéraux et provinciaux, journalistes, etc.

Le discours-programme de M. Laurier, d'une clarté et d'une lucidité extrêmes, fut accueilli avec un enthousiasme extraordinaire. Particulièrement remarqué en ce sens que l'orateur y donnait la préférence à l'union douanière britannique sur l'union douanière américaine, les traits généraux s'en détachaient en termes catégoriques. M. Laurier eut rarement l'occasion de donner plus complètement sa mesure.

A une époque où la loyauté de la province de Québec était vivement suspectée par ses détracteurs, les déclarations du grand orateur libéral, interprète autorisé de la race canadienne-française, tenaient lieu de plateforme politique pour l'avenir.

Voici en quels termes M. Laurier laisse pressentir sa ligne de conduite future et entrelace habilement, à cet effet, les vues générales aux faits caractéristiques.

Je vous dois des remerciements pour l'accueil que vous me faites aujourd'hui. Je remercie tout le monde d'être venu, je remercie mes amis d'avoir pris l'initiative de cette magnifique démonstration, et j'exprime aussi mes remerciements à mes amis du comté d'Arthabaska, spécialement pour l'adresse qu'ils m'ont présentée. En 1877, — je n'ai de reproches à faire à personne, — chacun a cru faire son devoir, mais je dis sans hésitation aux électeurs du comté d'Arthabaska que, lorsqu'ils m'ont repoussé en 1877, et

qu'ils m'ont fait l'honneur unique d'être appelé à représenter ce que je crois être la circonscription la plus patriotique,
la circonscription de Québec-Est, ils m'ont peut-être rendu
service.

Mes amis, tous vous me félicitez du choix qui a été fait de
ma personne pour guider désormais, le parti libéral du Canada.
Vous m'en félicitez, messieurs.... Mais la perte de M. Blake
est une perte irréparable pour le parti qu'il dirigeait avec
tant de sagesse, de grandeur et d'éclat, irréparable pour le
parti qui le suivait avec tant de dévouement et d'affection,
irréparable pour le pays auquel il donnait sa grande intelligence, sa santé, son temps.... Sans doute, messieurs, je
suis homme, et les hommes ont leurs sympathies et leurs
préférences. Mais je dirai comme le poète latin : « *Homo sum
et humani nihil a me alienum puto*. Je suis homme et rien
de ce qui est humain ne doit m'être étranger. » Je suis
Canadien-Français et j'ai tout l'orgueil de ma race, mais
tous les droits de la Constitution anglaise me sont aussi
chers que ceux de ma race — et si l'occasion se présentait
jamais que les droits de nos frères séparés fussent assail-
lis, je les défendrais avec autant d'énergie et de conviction
qne je défendrais les droits de ma propre race.... Canadiens-
Français, je vous demande une chose. C'est que tout en
vous souvenant que moi, Canadien-Français, j'ai été élu
chef du parti libéral, vous ne perdiez pas de vue que les
limites de notre patrie ne sont pas confinées à la province
de Québec, mais qu'elles s'étendent à tout le territoire du
Canada et que c'est là notre patrie où flotte le drapeau
britannique en Amérique. Je vous demande de vous en
souvenir pour vous rappeler que votre devoir est simplement et avant tout d'être Canadiens.

Et après avoir développé son programme de paix et de
prospérité, M. Laurier termine ainsi, avec le naturel
parfait et l'art achevé qui lui sont coutumiers.

J'affirme, à mes compatriotes de toute race et de toute
origine, qu'il est temps de mettre fin à une politique qui
n'a d'autre but que le triomphe d'un parti et qui sacrifie les

intérêts les plus sacrés de ce pays au triomphe de ce parti.... Pour ma part, aussi longtemps que j'occuperai une place dans la confiance de mon parti ; aussi longtemps que j'occuperai un siège dans la législature de mon pays ; aussi longtemps que, par la parole et par l'exemple, je pourrai prêcher cette doctrine, je consacrerai ma vie politique à répandre parmi mes compatriotes l'amour des institutions nationales.

L'œuvre est grande, je le sais, et je n'ose espérer pouvoir la mener à bonne fin moi-même ; je n'ose espérer qu'il me sera donné de lui faire faire un pas, mais au moins l'œuvre est digne de nos efforts. Et, pour ma part, quand arrivera l'heure du repos suprême, quand mes yeux se fermeront pour toujours, si je puis me rendre ce témoignage, ce simple témoignage d'avoir contribué à guérir une seule blessure patriotique dans le cœur d'un seul de mes compatriotes, d'avoir ainsi devancé, si peu que ce soit, la cause de l'union, de la concorde et de l'harmonie entre les citoyens du Dominion, alors, messieurs, je croirai que ma vie n'aura pas été tout à fait inutile.

Est-il chose plus belle que l'éloquence lorsqu'à l'instar de M. Laurier, l'homme qui s'en inspire brûle des saintes ardeurs du patriotisme !

Rarement, de par la noblesse de ses pensées et la profondeur de ses convictions, langage fut plus digne de respect.

Homme supérieur dans toutes les manifestations de son activité parlementaire, sa parole crie la conviction et force l'âme de l'auditeur à s'harmoniser avec la sienne ; par la force des déductions et surtout par cette compétence qui « naît de l'intelligence et vient du labeur » elle impose l'idée qu'elle émet, elle incruste les conclusions qu'elle défend. Le retentissement de ce dernier discours fut immense dans le pays. Il mérite de n'en pas avoir un moindre dans l'histoire du Canada.

« Avant tout et par-dessus tout, — écrivait en 1889

l'un de ses admirateurs, — notre chef combat les préjugés dissolvants de race et de croyances. Il prêche la culture d'un esprit de fraternité et de nationalité canadiennes, sur les bases de l'éternelle justice et de l'égalité des droits, sur les principes fondamentaux de la liberté civile et religieuse. De plus il exige la mise en pratique de ces principes par les différentes majorités provinciales, en y ajoutant la tolérance, la bienveillance et, mieux encore la générosité de la part du fort à l'égard du faible, Son programme est seul à même d'assurer le maintien de la confédération mise en danger par un régime qui a trop duré. Il porte en soi l'assurance du triomphe, car il est appuyé sur l'opinion publique affirmée par les représentants autorisés des provinces. Comment, d'ailleurs, ce programme ne recevrait-il pas la sanction populaire, lorsqu'il est formulé par un chef comme M. Laurier, que tous les Canadiens admirent, honorent et respectent? Les conservateurs eux-mêmes sont forcés de s'incliner devant les talents et le prestige de ce grand orateur. La presse anglaise, et plus particulièrement celle d'Ontario, n'en parle jamais sans un enthousiasme sincère. »

Le départ d'un homme tel que M. Blake, ayant fixé les grandes lignes du programme libéral, était sans conteste une grande perte pour l'opposition.

M. Laurier, qui lui succédait, avait, il est vrai, pris une large part à la formation du groupe libéral. Sans avoir jamais ambitionné le poste de chef de parti, il devait, du jour où la destinée l'y plaçait, prendre son rôle à cœur et se montrer chef aussi dévoué qu'il avait été partisan fidèle.

Parlementaire éminent et tacticien habile, c'était un chef fait pour exercer le commandement et porter sans faiblir toutes les responsabilités ; par la droiture de son jugement, par l'ascendant de son attitude imposante, exempte d'emphase, il groupait ses partisans et relevait son parti de ses défaillances; puis, sonnant le ralliement et relevant tous les courages, il réunissait en un faisceau compact toutes les forces libérales.

Puissant et infatigable orateur, il grandissait d'une manière continue et allait se révéler par degrés dans son rôle de guide de l'opposition. L'homme était assez fort pour en supporter le fardeau; le seul patriote, prêt à recueillir cet héritage, était assez grand pour ne point le répudier. Dès lors, il s'employait de toutes ses forces à remplir la mission qui lui incombait et, dans sa préoccupation dominante d'assurer le triomphe final d'une politique bienfaisante, il donnait l'exemple d'une activité sans bornes.

Dans la mesure qu'on était en droit d'attendre de lui, il a marqué de son empreinte — profonde et inoubliable — l'histoire du Canada. Pour faire ressortir le rôle qu'il allait jouer à partir de 1887, il faudrait en vérité dérouler l'historique complet du parti libéral. En décrire les diverses phases, c'est en quelque sorte retracer la biographie de M. Wilfrid Laurier.

De tels hommes, libres d'esprit, indépendants de caractère, ne guidant leur vie que sur les lumières de leur conscience, sont au nombre des plus précieuses ressources d'un pays, d'une cause et d'un régime. Avec la réputation du plus intègre des politiciens, du plus laborieux des députés, du plus consciencieux des libéraux, il apportait au service de son parti les hautes qualités de l'homme d'État, une éloquence maîtrisant tous les sujets, un sentiment très noble d'un but très élevé, une clairvoyance avisée, une honnêteté ne devant jamais transiger avec le devoir patriotique.

Donner à son œuvre toute la perfection, dont il était capable, était le problème qui devait désormais absorber la plus grande part de son activité. Ce grand citoyen devait être en effet un chef incomparable pour l'opposition, lui donnant d'utiles exhortations, l'éclairant sans répit de ses conseils ; il allait l'unifier, la rassembler dans ses mains, la façonner pour ainsi dire à sa convenance.

Dans ses aspirations à réaliser pleinement les espérances de ses partisans, nous allons le voir, de 1887 à 1902, contribuer grandement à l'honneur de son nom, au réveil de sa race, à la grandeur de sa patrie.

Ces quinze années de vie politique portent évidemment et en toute occasion la marque d'une abnégation parfaite. Véritable homme de bien, austère dans sa vie privée, remarquable dans sa vie publique, Wilfrid Laurier a pour trait constant d'être désintéressé jusqu'au scrupule, n'ayant d'autre pensée que celle du bien public et pour règle suprême que de servir les intérêts d'une communauté ethnique qui n'a jamais abdiqué sa foi dans ses destinées à venir.

Ce poste de chef de parti l'a, sans contredit, porté au développement complet de ses propres facultés. A vivre ainsi, constamment sur la brèche, il a fait preuve de tact autant que d'habileté et, dans le sillage de son bon renom et de son prestige, ses brillantes qualités, fortes de son patrimoine moral et du génie de sa race, se sont manifestées avec éclat.

Le parti libéral, pressentant ses actes à venir dans ses actions passées, plaçait avec sûreté ses espérances dans ce Canadien-Français mis en lumière par ses gages manifestes au libéralisme et prêt en toute circonstance à toute espèce de dévouement.

*
* *

Dans son désir de reprendre, avec la grande République américaine, les relations de réciprocité inaugurées par le traité Elgin, l'opposition, ayant M. Laurier pour chef, adoptait, en 1888, comme article primordial de son programme commercial et douanier, le renouvellement avec les États-Unis d'un traité de réciprocité établi sur les bases les plus larges.

La politique coloniale, inaugurée par sir John Mac Donald était, en effet, devenue impopulaire ; le parti conservateur s'en était considérablement ressenti aux élections dernières, d'où sa majorité était sortie fort réduite.

« Les fermiers d'Ontario et de Québec se plaignaient de la situation de l'agriculture ; les immenses étendues du nord-ouest demeuraient incultes ; la classe populaire était mécontente des prix excessifs qu'il fallait payer pour les produits les plus nécessaires ; loin de désarmer, les États-Unis accentuaient leur autorité fiscale ; le malaise général se traduisait par un accroissement de l'émigration vers les États de la République américaine, émigration dont, en l'absence de tout recensement récent, on ignorait l'étendue[1]. »

Le parti libéral, conformément à ses traditions de libéralisme politique, admettait l'entrée en franchise, au Canada, des produits américains ; la stricte application de ce régime était condamnée par tous les industriels canadiens, mais cette concession étant la condition *sine qua non* posée par les États-Unis pour la réalisation d'un arrangement nouveau, le groupe de M. Laurier prétendait que la réciprocité illimitée ne saurait avoir de conséquences désastreuses pour des industries soutenues artificiellement depuis la mise en pratique de la politique nationale.

Cette même année, sir Richard Cartwright soutint à la Chambre des Communes une proposition comportant

----

1. *Le développement du Canada*, par O. Festy.

une adhésion à la réciprocité illimitée et à l'urgence de la
reprise des négociations avec le cabinet de Washington.
C'était préconiser, au profit du Canada, cette politique
du libre-échange, règle du système commercial anglais,
et dont l'influence prépondérante sur le développement
économique de l'Angleterre est digne de considération.

Après que les nombreux arguments à l'appui de la
thèse libérale eurent été présentés et longuement discutés, M. Laurier, en présence de la résistance élevée
par les prétentions et les préjugés nés de l'esprit de
parti, résuma le débat dans un vibrant morceau d'éloquence canadienne.

Par d'explicites et concluantes déclarations, il déga-
geait nettement les idées libérales les unes des autres, et,
sur cette question passionnante entre toutes, faisait
entendre un remarquable discours.

Le présent débat, depuis qu'il est commencé, a été caractérisé, chez nos honorables collègues de l'autre côté de la
Chambre, par une particularité qui se retrouve dans tous
leurs discours... la cause de la Réforme en butte à l'accu
sation de déloyauté. On serait tenté de rétorquer l'accusation et de démontrer que la loyauté de ces apôtres du monopole qui crient plus fort que les autres aujourd'hui ne
repose guère sur autre chose que sur un mobile égoïste,
sordide, qui leur fait voir, dans la réforme proposée, la fin
d'un état de choses qui désole le pays et enrichit une poignée d'individus. On serait tenté de démontrer que le cri
de loyauté a toujours été, est encore et sera toujours le
dernier refuge, l'argument suprême de cette vieille graine
de Tories qui se croit créée de toute éternité pour gouverner,
et qui, par une longue habitude du pouvoir, en est arrivée à
se mettre en tête qu'on ne peut lui enlever, sans faire acte
de haute trahison, le patronage, les places, les subsides,
les monopoles — car c'est là tout le gouvernement à ses
yeux. Je ne mettrai pas en doute la sincérité de quelques-
uns de ces prophètes de malheur qui, chaque fois que ce

jeune pays veut faire un pas en avant, ne manquent jamais d'y voir un danger pour le maintien du lien britannique et qui n'ont pas appris à être plus sages et plus courageux par l'expérience de la longue série de leurs sinistres prédictions restées sans accomplissement.

Je ne m'arrêterai pas à entamer une discussion stérile avec ces apôtres du monopole ou ces Tories enracinés pour lesquels le grand objet, les fins suprêmes de la politique, se résument en la jouissance des pots-de-vin officiels, et dont toute la loyauté vient du ventre.

Cette apostrophe hardie, d'un homme dont chaque discours est une page des annales canadiennes, dont chaque dissertation politique est un enseignement moral ou une leçon patriotique, révélait une puissante maîtrise. Son expressive ironie scrutait l'iniquité, en dévoilait les abus et les flagellait sans répit de sarcasmes précis. Et dans une netteté incisive, le chef du parti libéral faisait spontanément ressortir qu'

....Il ne suffit pas pour être prospère d'être à l'abri du paupérisme et de la famine. Un peuple ferme, robuste, énergique et actif a droit, sur ce continent, d'aspirer à plus que cela. La vérité n'est pas qu'il y a chez nous rareté de produits, mais au contraire qu'avec une abondance de ces richesses naturelles les débouchés manquent pour l'excédent de ce qui est consommé sur place. La vérité est que notre production manufacturière est restreinte aux demandes locales très limitées et, en conséquence, bien au-dessous de la capacité productive de notre population. Le peuple de ce pays a le droit d'espérer que tout enfant né sur ce sol y trouve, lorsqu'il sera devenu homme, du travail aussi bien payé qu'il serait à même de l'obtenir au delà de la frontière.... Je dis que le sentiment dominant dans le pays est un sentiment de mécontentement. La cause de cet état d'esprit est double; elle est en même temps d'ordre politique et d'ordre économique. Au point de vue politique on ne saurait douter d'une chose : c'est que le mécontentement qui prévaut dans les esprits est dû pour une bonne part à la manière dont la confédération a été imposée à certaines sections du pays et aussi à l'abus qu'on a fait du régime fédératif.... L'amendement proposé par le gouvernement n'est pas logique. Quel est donc l'objet de cet amendement? C'est de conserver la politique nationale intacte dans toute son intégrité.... Pourquoi les beaux résultats que devait donner la politique nationale ne se sont-ils pas réalisés? Parce que les agitateurs de 1877-1878 avaient complètement perdu de vue que l'industrie moderne ne peut progresser et grandir dans un marché limité. Il faut à l'industrie moderne un vaste champ pour qu'elle puisse prospérer....

Et après l'énumération de ces idées pratiques et saines, M. Laurier termine par cette péroraison vigoureuse :

J'en appelle à tous ceux qui croient que les conditions économiques actuelles du Canada sont fausses et dangereuses.... Je demande à tous leur appui dans la tâche que nous avons entreprise. Nos adversaires, en cette occasion, se servent de leur vieille arme, l'injure. Ils nous traitent de déloyaux, de traîtres et d'annexionnistes. Ces invectives ne nous effraient pas. Elles ne sont que le prélude de celles qu'ils nous réservent. Ils feront aussi appel à tous les préjugés qui peuvent exister chez le peuple contre une telle politique. Ils dénatureront les plus nobles sentiments, ils fouilleront les replis étroits du cœur afin d'y éveiller tout ce qu'il peut y avoir de bas et de vil contre cette politique nouvelle. Mais de telles tactiques ne nous inquiètent point. Nous avons déjà affronté tout cela et nous pouvons encore y faire face....

Oui, la cause est juste et elle prévaudra.... Je suis sûr que, sous l'influence bienfaisante de la discussion et de meilleurs sentiments des deux côtés de la frontière, l'hostilité qui gronde sourdement, le long de nos frontières, disparaîtra. Les barrières qui entravent maintenant notre commerce s'ouvriront toutes grandes et par toutes les avenues du nord s'échappera le commerce libre, sans entraves, sans crainte d'embarras et de provocations.

La popularité de cette formule de réciprocité illimitée, adoptée par le parti libéral, était appelée à s'accroître; la sanction populaire devait en favoriser l'essor de concert avec le groupe qui l'avait érigée en précepte politique.

La perspective des deux nations nord-américaines s'ouvrant réciproquement leurs marchés respectifs dictait des commentaires sans fin à la presse canadienne; les esprits clairvoyants en prenaient texte pour affirmer que les intérêts économiques dominent incontestablement les nations et règlent leurs relations mieux et plus sûrement que les volontés humaines.

En conséquence, proclamaient les défenseurs attitrés du libre-échange, le Canada, tout en suivant intégralement sa voie traditionnelle, devait — si faire se pouvait — se montrer soucieux d'assurer un débouché à l'excédent de sa production agricole.

Cette solution était généralement considérée comme satisfaisante en raison des bénéfices et de l'expansion économique devant en résulter. M. Laurier l'avait mise en relief avec une rare habileté et une chaleur entraînante; son énergique intervention, en un discours documenté comme une page d'histoire, dissipait certaines appréhensions, dont l'action politique renaissante de son parti, éprouvait les entraves.

La mise en pratique, pleine et entière, du libre-échange s'indiquait désormais comme le but du parti libéral: l'objectif du grand orateur canadien-français était donc loin d'être de mince importance et sa dernière harangue, en faveur de la réciprocité illimitée, attestait aux yeux des classes dirigeantes et de la population ouvrière que son éloquence n'était nullement un faisceau plus ou moins compact de vraisemblances et de probabilités et moins encore « un manteau de pourpre cachant la faiblesse ou l'absence des idées ».

Depuis qu'il avait été appelé à régler les destinées du parti libéral, depuis que son nom servait de drapeau au libéralisme grandissant, M. Laurier aimait à se rendre en Ontario et à s'entretenir, avec le peuple de cette province, des grandes questions du jour, s'attachant à éclairer l'opinion publique et à saper, de ce chef, la base même de l'influence du parti conservateur.

Son voyage de 1888 fut une véritable série d'ovations. Les jeunes libéraux de Toronto l'ayant invité à prendre la parole, il se rendit à Oakville, dans le comté d'Halton alors en pleine période électorale.

En cette circonstance, M. Laurier retraça, en traits saisissants, l'exposé de ses pensées sur la situation économique du pays ; faisant bon marché des imputations dont le gratifiaient ses adversaires, il démontra, de manière très nette et très explicite, le bien fondé de ses principes, susceptibles en élargissant le cercle de l'action canadienne d'améliorer l'existence des classes laborieuses et d'assurer la prospérité du plus grand nombre.

Dans son thème, développé avec autant de clarté que de maëstria, il met en accusation la politique *nationale* et le parti qui la soutient ; puis, prônant sans réserve la réciprocité illimitée, déclare qu'il la considère comme d'utilité publique en tant que condition essentielle du bien-être des travailleurs.

J'essaierais en vain, dit-il, de trouver des expressions afin de vous peindre toute la reconnaissance dont je vous suis redevable pour le bienveillant accueil qui m'est fait aujourd'hui. Croyez que je parle du fond du cœur et que mes paroles ne sont pas des paroles de pure convention que dicte la politesse. C'est avec une émotion profonde que je parle et si les convenances me permettaient de parler plus longtemps de moi, j'ajouterais que rien dans ma vie ne m'a fait plus de plaisir que la manière dont je viens d'être accueilli par mes concitoyens d'Ontario, surtout après avoir été élevé, grâce à la bienveillance de mes amis dans la Chambre des Communes, à la position que j'occupe. Je suis Canadien-Français, comme je n'ai pas besoin de vous le répéter. Vous le savez déjà. Mais quelque vif que soit mon amour pour la patrie de mes ancêtres, je demeure avant tout loyal sujet de la reine d'Angleterre et de plus citoyen du Canada.

Il n'est pas nécessaire de vous dire que le parti libéral a beaucoup souffert de l'éloignement de M. Blake. C'est une personnalité, c'est un de ces alliés qui ne se remplacent point. Si notre parti n'a pas souffert davantage par le fait de sa retraite de la direction, il le doit d'abord à l'exemple qu'il nous a donné et à la force que ce même parti a pu acquérir grâce à lui.... Je suis venu ici pour vous parler d'une question qui s'impose en ce moment à notre attention. Quant à moi, quoique je sois aujourd'hui le chef responsable du parti de la Réforme, je ne veux et n'ai d'autre mérite que celui d'appartenir à ce grand parti. Et par partisan de la Réforme, je n'entends pas parler seulement de ceux qui sont dans les rangs de ce parti, mais de tous les citoyens qui croient que le monde ne peut rester stationnaire. Une société ne peut progresser à moins que ses membres n'admettent en principe qu'il faut faire les changements requis par les besoins nouveaux de cette société. C'est là le principe qui nous fait agir....

Nous voulons revenir à cette politique qui, il y a vingt ans passés, rendait chaque cultivateur plus riche de vingt sous par boisseau de blé que sa terre produisait. Nous ne voulons pas que la route des États-Unis nous soit fermée; nous désirons avoir deux marchés, deux cordes à notre arc; nous voulons qu'aucune douane ne vienne se placer entre nous et le manufacturier américain ou le consommateur anglais.... Pourquoi sir John Mac Donald n'adopte-t-il pas la politique suggérée par sir Richard Cartwright, la politique de la réciprocité illimitée?... On dit que cette politique avantageuse pour les cultivateurs serait ruineuse pour les manufacturiers. Eh bien, je suis prêt à porter la discussion sur ce point. Si la politique que nous proposons, si la réciprocité illimitée n'est pas également avantageuse pour le manufacturier et pour le cultivateur, s'il faut choisir entre le manufacturier et le cultivateur, mon choix est tout fait. Je l'ai déjà dit ailleurs et je le dis de nouveau : mon choix est fait ; je me mets du côté de la majorité, avec les cultivateurs, avec la classe qui forme soixante et quinze pour cent de notre population.

Mû par l'ardente conviction qu'il met au service de sa parole, il évoque, ranime et fait revivre les faits qu'il expose. C'est un homme qui connaît à fond le mécanisme de la vie nationale canadienne, un politique-économiste qui se meut aussi à l'aise dans les théories les plus générales, que dans les moindres détails de la pratique journalière. Combien ses observations sont justes et profondes, et quel puissant relief en prend la savante gradation de ses considérations économiques ! Sans brusquer les événements, à la fois patient et tenace. il arrivera à faire, de cette formule libre-échangiste l'idée fixe de la presque totalité du pays.

Il terminait son discours par cette vigoureuse péroraison, qui produisit une profonde impression sur l'auditoire.

J'espère que le mouvement. que nous faisons naître aujourd'hui triomphera aussi sûrement que la nuit succède au jour et qu'au lieu d'être un danger pour la confédération, il nous rapprochera du but que nous nous sommes proposé d'atteindre il y a 21 ans. Permettez-moi de vous rappeler qu'en parlant ainsi, je m'adresse aussi bien aux conservateurs qu'aux libéraux....

... Nous sommes prêts pour la lutte. Quand Sir Richard Cartwright a proposé son projet de loi à la dernière session, il savait qu'il allait être défait. Il reviendra à la charge à la ses-

sionprochaine, il n'ignore pas qu'il sera de nouveau repoussé;
il recommencera à la session suivante, sachant bien qu'il ne
réussira pas davantage. Mais il ne se lassera pas, il renou-
vellera incessamment sa tentative. Dans l'intervalle, les élections générales auront lieu et nous croyons que le résultat
de ces élections nous donnera une majorité conservatrice
ou libérale, qui se sera engagée à voter pour un traité de
réciprocité illimitée entre le Canada et les États-Unis. Voilà
la politique que nous avons à soumettre au peuple. Il y a
d'autres questions, mais elles doivent céder la place à la
réciprocité. Voilà ce que nous demandons. Voilà la réforme
que nous voulons accomplir et que nous voulons faire connaître au peuple d'Ontario, et spécialement à la population
du comté d'Halton, avec l'espérance que cette population ne
nous donnera pas une réponse ambiguë, mais au contraire
une réponse qui sera un triomphe pour les principes du
parti libéral.

Ces paroles d'une bouche autorisée prenaient fin au
milieu d'applaudissements prolongés.

* * *

En juin 1889 eut lieu à Québec l'inauguration du monument élevé à Jacques Cartier par souscription publique.
Ce fut une fête splendide où se réunirent 25 000 Canadiens-Français venus de tous les points du continent. Le
discours de M. Laurier, sur le rôle de la race canadienne-
française en Amérique, fut un des plus grands succès de
cette assemblée patriotique. Tout l'enthousiasme canadien
se déployait à Québec pour célébrer l'éloquent orateur
dont le nom se trouvait sur toutes les lèvres et les actions
dans toutes les mémoires.

Devant un auditoire qui le considérait à juste titre
comme le défenseur attitré de ses intérêts et de ses liber-

tés, fier de l'estime qu'on lui témoigne et des sympathies
qu'on lui exprime, M. Laurier, l'un de ces hommes qui
fortifient un peuple en ouvrant devant lui de grandes
perspectives, rappelle, en de belles expressions d'inspiration élevée, la carrière de liberté, de prospérité et de
progrès qu'a parcourue la race canadienne-française,
race à laquelle le passé garantit manifestement l'avenir ;
puis, au même titre, il rend, de sa parole entraînante, un
éloquent hommage à « ce cher nom de France que gardent
dans leur cœur fidèle tous les enfants qu'elle a perdus ».

J'ai toujours pensé et plus que jamais je pense que
Québec devrait être pour les Canadiens d'origine française
ce que la Mecque est pour l'Arabe, la ville par excellence,
la ville sacrée entre toutes. On me dira peut-être que je
suis partial en faveur de Québec. Si on le dit, je répondrai
simplement que j'ai bien des raisons de l'être ; loin de m'en
défendre, je l'avoue hautement.... Québec possède un
charme dont nous, Canadiens d'origine française pourrons
seuls jouir dans toute sa plénitude : c'est le charme des
souvenirs. Hommes de Québec, vous êtes des privilégiés.
L'antiquité nous a gardé la mémoire d'une épitaphe
fameuse où l'on recommandait au passant de s'arrêter
parce qu'il foulait la cendre d'un héros ; mais vous, hommes
de Québec, vous vivez, vous respirez dans une poussière de
héros.... Aujourd'hui vous venez d'élever un nouveau monument qui perpétuera à jamais le souvenir de la croix
plantée par l'envoyé du roi de France pour prendre en son
nom possession de ce pays. Ce pays, cependant, n'est pas
resté terre française, mais nous sommes toujours restés
fidèles au souvenir de notre ancienne mère patrie. Bien
que séparés de la France depuis plus d'un siècle, bien que
différant d'elle aujourd'hui de plusieurs manières, nous
avons toujours conservé son culte dans notre cœur, suivant de loin, mais avec un intérêt qui jamais n'a cessé un
seul instant, toutes les péripéties de sa vie tourmentée,
prenant notre part de ses joies, de ses triomphes, de ses

désastres, de ses douleurs, plus encore de ses douleurs que de ses joies…. Le toast proposé par M. Langelier nous rappelle que notre séparation d'avec la France nous a imposé de nouveaux devoirs, créé de nouveaux intérêts et ouvert de nouvelles affections. Nous sommes Canadiens-Français, mais notre patrie n'est pas confinée au territoire où profile son ombre la citadelle de Québec; notre patrie c'est le Canada, c'est tout ce que couvre le drapeau britannique sur le continent américain. Nos compatriotes ne sont pas seulement ceux dans les veines de qui coule le sang de la France, ce sont ceux, quelle que soit leur race ou leur langue, que le sort de la guerre, les accidents de la fortune ou leur propre choix ont amenés parmi nous et qui reconnaissent la suzeraineté de la couronne britannique. Quant à moi, je le proclame hautement, voilà mes compatriotes, je suis Canadien….

… Quant à moi, je ne veux pas que les Canadiens-Français dominent sur personne, mais je veux aussi qu'ils ne soient dominés par personne. Justice égale, droits égaux.

Messieurs, ayons l'orgueil de notre race. Sachons être justes envers tous nos compatriotes, sans distinction d'origines, sans distinction de croyances. Sachons non seulement être justes, mais sachons être généreux; que toutes nos actions dans la Confédération soient marquées par cette générosité qui a marqué la carrière de la France en Europe.

Cette même année, M. Laurier se croyait obligé de se faire entendre à nouveau en Ontario. Suite inévitable des luttes de partis, les passions politiques se trouvaient aux prises; l'animosité entre deux races qui prétendent mutuellement s'exclure s'était accrue dans de graves proportions; l'antipathie nationale et religieuse, exploitée par quelques fanatiques, était à son apogée; le moindre incident, soulevé par des ambitions impatientes ou des susceptibilités jalouses, pouvait déterminer une conflagration.

Au milieu de l'anxiété générale, on se demandait quel

homme politique pourrait conjurer l'orage qui apparaissait distinctement à l'horizon.

M. Mac Carthy, le chef des agitateurs anglo-canadiens, n'aurait jamais songé à répandre et faire prévaloir ses vues haineuses dans la province de Québec.

M. Laurier, l'homme des robustes espoirs et des puissantes pensées, qui s'imposait par son ardeur à défendre en toute occasion la justice, la paix et l'égalité, crut de son rôle de faire face au conflit qui couvait sous la cendre.

Sa conscience lui faisait un devoir de marcher jusqu'au bout dans la voie qu'il s'était tracée et d'opposer, aux coupables semeurs de haine et de révolte son autorité justement populaire et toujours respectée.

Dans sa répugnance instinctive de toute agitation stérile ou dangereuse ; dans son espoir de prouver qu'on ne fonde rien sur la haine fomentée entre citoyens, il se rendit dans la capitale de l'Ontario où déjà ses généreux sentiments étaient l'objet d'une grande estime, où l'attrait de sa parole, le mérite de sa décision, la clairvoyance de sa sagesse l'avaient toujours fait écouter avec un véritable respect, où, enfin, son talent et son caractère lui avaient acquis d'illustres amitiés et assuré de nombreux amis.

L'importance du discours qu'il prononçait en cette circonstance ne saurait être méconnue ; il est l'un des plus beaux apanages de son talent oratoire, contribue largement à sa gloire et ajoute encore à sa renommée.

On peut, après cet exposé de considérations politiques, redire sans exagération que M. Laurier a l'élévation d'un talent de premier ordre, que rehausse une hauteur de vue saisissante, et que ce talent ainsi renforcé fait de lui le premier des orateurs anglais du Canada.

Imprégnée d'une supériorité morale et d'une impartialité également rares, sa parole s'éleva, exempte d'amer-

tume et de haine, pour parler au Canada et lui dicter son
devoir.

Son discours fut, en effet, l'œuvre d'un esprit élevé qui
étend ses efforts et ses aspirations hors du cercle de sa
nationalité. On assistait à l'entendre au spectacle de
l'éloquence, de la pénétration et de la vigueur toujours
supérieures d'un grand caractère, apportant à sa manière
de juger le prestige qui lui est propre.

Sa pensée maîtresse est toujours digne d'un homme
d'État : le sentiment de la réalité, s'y reproduit et s'y
développe vigoureusement, de l'exorde à la péroraison.

Ses paroles portent l'empreinte de ces mouvements
pathétiques et de ces élans généreux qu'inspirent, à des
titres divers, la foi civique et la grandeur d'âme d'un
homme de cœur secondé par une intelligence d'élite.

Dans une lucide et solide argumentation, il expose,
avec une merveilleuse limpidité, la primordiale nécessité de stabilité et d'ordre, seules garanties de la
marche sûre et féconde d'une nation que guettent bien
des hostilités et que surveille sans répit un puissant
ennemi.

Voyant nettement le but à atteindre, il le définit avec
précision dans une démonstration où le sérieux du fond
s'avantage des beautés du langage. Ses idées qu'il
exprime avec une sincérité convaincue et une force admirable, il les impose aux imaginations surexcitées et les
fait triompher dans l'esprit de ses auditeurs.

Sachant intéresser autant qu'émouvoir, impressionner
autant qu'exalter, il fait, avec une habile ténacité, vibrer
le sentiment patriotique.

En cette harangue prononcée à Toronto, un souffle
puissant animait ses paroles et variait leurs inflexions;
sa pensée se traduisait avec grandeur en des considérations remarquablement patriotiques et sages.

L'approbation entière du Canada en porte le témoi-

gnage, et le succès qui répondit à son plaidoyer en offre
la plus éclatante manifestation.

Vous vous rappellerez, Messieurs, que lorsque j'ai, la dernière fois, porté la parole devant un auditoire de cette
grande ville, je n'occupais pas la position que je dois à
l'excessive faveur de mes amis de la Chambre des Communes. Je dois vous assurer, Messieurs, que s'il est aujourd'hui quelqu'un qui regrette que j'aie à comparaître
devant vous en cette qualité, nul ne le fait plus sincèrement
que moi. C'eût été une grande satisfaction pour moi que de
pouvoir servir, comme je l'ai fait pendant longtemps, sous
la direction de mon habile et cher ami M. Blake. Le sort,
toutefois, en a décidé autrement.... Dans l'exercice des
fonctions, dont j'ai alors accepté la lourde responsabilité, je
ne réclame qu'un mérite : celui de m'être efforcé de les
remplir au mieux de mon jugement, d'après ce que me
dicte ma conscience, sans crainte et sans partialité pour
personne.

C'est animé de cet esprit que je me présente ce soir devant
vous... Il y a maintenant vingt-deux ans que la Confédération existe. Et la grande tâche que nous nous sommes donnée,
il y a vingt-deux ans, de faire une nation canadienne ne
semble pas plus avancée qu'alors. De nouvelles complica-
tions se produisent tous les jours. Elles sont cause que la
réalisation des espérances caressées jadis est aussi éloignée
qu'à cette époque. Et maintenant, compatriotes, je vous le
demande, quelles sont les causes de ces difficultés et de ces
périls? Cherchez, examinez, passez ces causes au tamis et
vous conviendrez avec moi que toutes, quelque forme
qu'elles revêtent, quelque mal qu'elles puissent produire,
peuvent se résumer en ce seul mot : défiance. Défiance de
race à race, défiance de croyance à croyance ; suspicion des
motifs et des intentions qui fait qu'une croyance ou une race
se concentre en elle-même, alors que toutes devraient marcher d'accord vers un but commun ; suspicion qui engendre
une hostilité dont les conséquences sont presque épouvan-
tables. C'est dans la province d'Ontario que j'élève en ce

moment la voix. Or, n'est-il pas vrai que dans cette grande province d'Ontario il existe aujourd'hui un sentiment de défiance occulte ou ouvertement manifeste à l'égard de la province catholique de Québec...? Voilà la situation, et en face d'une situation pareille, quel est le devoir du parti libéral? Ce devoir est clair. Il y a un principe sur lequel je m'appuie avec confiance pour faire appel aux jeunes gens d'Ontario, à la jeunesse de toute la Confédération. En face de cette défiance universelle, le parti libéral a pour devoir de favoriser ou plutôt de continuer la politique d'espérance, de favoriser le développement de la confiance et du respect mutuel.... Je ne veux pas flatter ici les sentiments particuliers de ceux à qui je parle : je suis ici comme Canadien-Français. Il est vrai qu'il se trouve parmi vous des gens qui disent qu'il est dangereux pour la Confédération de laisser parler la langue française dans notre grand pays. Eh bien! Messieurs, je suis Canadien-Français, j'ai été élevé sur les genoux d'une mère française ; mes premiers souvenirs sont de ceux qu'aucun homme n'oublie ; va-t-on me refuser le privilège de parler cette même langue à ceux qui me sont chers? Ne pourrai-je continuer de parler la langue qui m'a été apprise aux jours de mon enfance?.. J'ai dit que si la condition de notre pays ne peut être considérée sans quelque anxiété et sans crainte, nous savons tous cependant que, quelle que soit notre croyance, quelle que soit notre race, quelle que soit notre province, si nous pouvons seulement arriver à avoir confiance les uns dans les autres, à avoir confiance en la meilleure part de nous-mêmes, à avoir une meilleure opinion les uns des autres, nous aurons bien raison d'espérer en l'avenir. Jamais je ne me laisserai troubler par les paroles exagérées qui se prononcent dans Québec ou dans Ontario. Ce ne sont que des exagérations de langage ; c'est la soupape de sûreté par aquelle s'échappe le surplus de vapeur. Cela ne produit aucun mal quand l'agitation s'est apaisée.

Souvenons-nous que si divisés que nous soyons de croyances, nous adorons tous le même Dieu. Souvenons-nous que tout en professant des religions différentes, nous croyons tous à Celui qui est venu sur la terre apporter la paix aux hommes de bonne volonté. Si nous sommes fidèles à ses enseignements, nous saurons faire la part des différences et même des préjugés qui existent parmi nos concitoyens et nous aurons toute confiance en l'avenir de notre grand pays. Pour ma part, je ne désespérerai jamais de l'avenir de notre grandissante patrie.

Grâce à la valeur personnelle et à l'incontestable supériorité du chef libéral habitué à manier la parole et à la manier avec éloquence, son intervention, éclairant la nation, ne pouvait manquer, sinon d'être décisive, tout au moins de couper court aux éventualités fâcheuses, à même d'engendrer les plus graves difficultés dans un pays qui ne jouit point de l'unité de race. Sa parole fut en effet le signal d'un apaisement marqué ; non seulement elle prévenait l'ouverture brutale d'une querelle de races, mais elle portait au loin la perception très nette d'une situation dont on n'avait à l'étranger qu'une idée confuse pour ne pas dire absolument fausse.

Cette harangue valut à M. Laurier l'avantage d'être comparé aux premiers hommes d'État de l'Angleterre, par le journal la *Canadian Gazette* publié à Londres.

« Le discours de M. Laurier à Toronto — écrivait-il — le porte d'un bond au premier rang des hommes d'État anglais. A l'éloquence innée du Canadien-Français, se joignent chez l'honorable M. Laurier l'intégrité, la droiture d'intention et un patriotisme éclairé qui le désignent pour le commandement. D'hommes de cette force intellectuelle et morale, le Canada n'en a jamais eu plus besoin qu'en ce moment à la direction de ses affaires. »

C'est bien là, M. Laurier, Français et Catholique, mais avec sa conscience droite et éclairée, se cloîtrant dans le culte exclusif des grands intérêts du Dominion.

Une nécessité politique lui était apparue. Il avait

immédiatement tout donné, repos, santé, travail. Rien
n'avait coûté à son infatigable désir de se prodiguer pour
éviter au Canada les écueils. C'était un idéal d'homme
d'action et de ferme Canadien, il le formulait sans cesse,
le pratiquait toujours et en donnait invariablement
l'exemple.

* * *

C'est sous l'empire des mêmes sentiments, animé du
même esprit politique que par un devoir supérieur de
Canadien-Français et de chef du parti libéral M. Laurier prononçait, en février 1890, un discours qui enthou-
siasmait tous ceux que séduisent le courage et la franchise dans les opinions. Cette dissertation, toute de
patriotisme, faisait date dans l'histoire parlementaire
canadienne. C'est avec une fierté unanime que ses compatriotes lui décernaient les palmes de l'art oratoire.

M. Mac Carthy, un des députés d'Ontario, avait saisi le
Parlement canadien d'une proposition entraînant l'abolition de l'usage officiel de la langue française dans la
législature des territoires du Nord-Ouest ; prélude, disait ouvertement l'auteur de cette proposition, d'une
mesure généralisée à toute autre province où le français
se trouvait être en usage.

En cette circonstance, M. Laurier, prenant pour thèse
que l'on ne saurait fonder un pays heureux et prospère
en humiliant une des races qui l'habitent, prononce un
admirable plaidoyer. La chaleur et l'envergure de son
éloquence trahissent en leur constante élévation la hauteur des mobiles qui l'animent et des sentiments qui
l'émeuvent. Il combat à outrance la proposition de
M. Mac Carthy et la condamne à tous les titres et sous
tous les points de vue. Il n'a que mépris pour cet injusti-

fiable projet de loi qui, tendant à faire peser sur les Canadiens-Français le joug d'une intolérable oppression, vise à l'abaissement d'une race « non moins surprenante par le drame de ses détresses que par le miracle incessamment renouvelé de ses relèvements et de ses résurrections ».

Ce patriote, à qui rien du cœur de ses frères d'origine n'est indifférent, a foi dans la libre discussion pour faire triompher la cause d'une race que certains veulent condamner à l'impuissance, d'une race à laquelle il est fier d'appartenir, à laquelle il se croit justement tenu de faire honneur par la dignité de sa vie qu'éclaire une confiance inaltérable dans ses destinées.

L'idéal de sa jeunesse est toujours celui de son âge mûr et semble, en ce jour, grandir pour relever son rôle et le faire planer sur un débat où l'intransigeance orangiste laissera son prestige.

Fidèle à sa foi, fidèle à ses traditions, il parle avec une véritable grandeur et une émotion pénétrante qui commandent invinciblement l'attention.

Il s'adresse à la Chambre avec la conviction d'un esprit indépendant, avec l'accent d'un libéralisme sincère.

Inspiré par un suprême désir de conciliation, il s'efforce, dans un ferme langage, d'éclairer tous les malentendus, de détruire tous les préjugés, d'affirmer les droits d'un peuple dont il se réclame lui-même.

Il porte en ce débat un sens juste, une intelligence saine et exercée, une raison toute d'expérience et de réflexion, une inflexible droiture de cœur.

Son patriotisme prévaut dans toutes les expressions de sa pensée ; toutes ses facultés se concentrent à un haut degré pour en appeler à la sagesse et au « fair play » du peuple anglais, et faire ressortir l'iniquité d'une loi dépouillant de leurs droits, et par voie de suspicion, toute une catégorie de citoyens.

Dans un de ces déploiements d'éloquence qui imposent les grands orateurs et perpétuent leur gloire, en des formules vibrantes de saisissante noblesse, en des arguments décisifs et irréfutables, il fait l'éloge et prend la défense de la langue française. « De toutes les langues que les hommes ont parlées, il n'y en a point eu de plus pénétrante au cœur, de plus lumineuse à l'esprit que la nôtre. Il n'y en a pas aussi de plus constante, de plus probe, de plus franche; assez souple pour se plier à tous les besoins de son peuple, et, cependant, assez forte et résistante pour lui rappeler toujours ce qu'il est, d'où il vient, et lui dire à toute heure par chacun de ses verbes, chacune de ses syllabes : « Reste toi-même, reste Fran-« çais, reste loyal, reste généreux, reste juste. »

Aucune passion, si ce n'est celle de la fraternité canadienne, ne domine le discours du grand orateur libéral, aucun esprit de parti ne se trouve masqué par la splendeur d'une parole entraînante :

Si je pouvais, dit-il, ajouter foi à la déclaration maintes fois réitérée par le promoteur de ce projet de loi, non seulement dans cette occasion, mais dans une foule d'autres, ainsi qu'à ses protestations incessamment renouvelées que sa conduite n'est dictée que par le désir, le vif désir de faire disparaître tout sujet de lutte pour l'avenir et d'arriver par là à rétablir la paix et l'harmonie dans le pays, j'éprouverais un véritable chagrin de voir l'honorable député, avec de si hautes visées, s'efforcer d'en atteindre le but par les moyens égoïstes et étroits que comporte, au fond, la proposition dont il a saisi la Chambre.... Son bill, considéré en lui-même, dégagé des motifs qui l'inspirent, n'est pas d'une grande importance, nous nous accordons tous sur ce point, mais il est gros de conséquences à un certain égard : c'est qu'il constitue une déclaration de guerre formulée par l'honorable député et ses amis contre la race française. C'est une déclaration de guerre, dis-je, contre cette race française, dont l'honorable député a parlé en termes fort irrévérencieux dans cette Chambre et qu'il a traitée en d'autres endroits dans Ontario..., je regrette de ne pas le voir à son siège pour m'entendre..., qu'il a traitée dans des termes qu'il n'osera pas répéter à la face de cette Chambre. L'honorable Monsieur a parlé de la race française en termes infamants qu'il n'osera pas, je le répète, employer de nouveau dans cette Chambre, en présence de Canadiens-Français, qui, en vertu de la loi, sont avec lui ici sur un pied d'égalité. Il n'osera pas leur appliquer ici les épithètes et les injures dont il s'est antérieurement servi à leur égard. Il n'oserait pas parler ici comme il l'a fait ailleurs. Il n'oserait pas, comme il l'a fait ailleurs, appeler la race française une nationalité bâtarde.

Une « nationalité bâtarde » ! Un danger pour le Canada.... L'honorable Monsieur n'est pas ici, encore une fois je le regrette, je serai plus à mon aise en sa présence.... Ce projet de loi n'est qu'une escarmouche qui va être suivie d'une guerre générale contre la race française. J'ai sous les yeux les paroles mêmes de l'honorable député ; il ne s'est pas gêné de nous dire, de nous répéter que ce qu'il avait en vue, c'était une lutte, corps à corps, avec la race française au Canada. Il n'y a pas à se méprendre sur ce qu'il dit : son but suprême, c'est l'anéantissement de la race française comme élément distinct dans le Dominion.... On pourra suspecter le jugement de mes compatriotes, mais non leur sincérité. C'est une odieuse imputation que d'attaquer la pureté de leurs motifs. Je ne puis laisser entamer par de fausses appréciations la bonne renommée des Canadiens-Français, je ne puis laisser répéter, au loin, sans le contredire, que la population de Québec n'obéit à d'autre loi qu'à celle de son égoïsme. Nous avions le droit d'espérer que M. Mac Carthy, en se rangeant à l'attitude qu'il a prise, en inaugurant cette nouvelle politique qui explique la conduite qu'il tient depuis quelque temps, serait mû par des motifs d'un ordre plus noble et plus relevé....

... L'honorable député est fier de sa race et il a tout lieu d'en être fier, mais il ne s'ensuit pas que nous devions être tous Canadiens-Anglais, que nous devions tous nous fondre dans l'élément anglo-saxon. Certes, personne ne respecte ou n'admire plus que moi la race anglo-saxonne; je n'ai jamais dissimulé mes sentiments à cet égard; mais nous, d'origine française, nous nous tenons pour satisfaits de ce que nous sommes et ne demandons rien de plus. Je revendique une chose pour la race à laquelle j'appartiens : c'est que, si elle n'est peut-être pas douée des mêmes qualités que la race anglo-saxonne, elle en possède de tout aussi grandes; c'est qu'elle est douée de qualités souveraines à certains égards, c'est qu'il n'y a pas aujourd'hui sous le soleil de race plus morale, plus honnête, je dirai même plus intellectuelle.... Quand j'étudie notre histoire et que j'assiste aux péripéties du duel prolongé, opiniâtre, implacable que se sont livré l'Angleterre et la France pour la possession de ce continent; quand je retrace page par page, le dénouement fatal, indécis d'abord, mais prenant graduellement forme et devenant inévitable; quand je suis la brave armée de Montcalm retraitant devant des forces supérieures en nombre, retraitant même après la victoire, retraitant dans un cercle de jour en jour plus serré; quand, arrivé à la dernière page, j'assiste au dernier combat où le vaillant Montcalm, cet homme vraiment grand, a trouvé la mort dans sa première défaite.... Non, Monsieur, je ne cache pas à mes concitoyens d'origine anglaise que j'ai le cœur serré et que mon sang français se glace dans mes veines!... Oh! ne me parlez pas de vos théories purement utilitaires? Les hommes ne sont pas de simples automates. Ce n'est pas en foulant au pied les sentiments les plus intimes de l'âme que vous atteindrez votre but, si tel est le but que vous poursuivez.... En attendant, nous devons tous, français, anglais, libéraux et conservateurs, nous souvenir qu'aucune race en ce pays ne possède d'autres droits absolus que ceux qui n'empiètent pas sur les droits d'autrui. Nous devons nous souvenir que l'expression des sentiments de race ne doit pas dépasser une certaine limite; que si elle la dépasse, même en restant dans les bornes du légitime, elle

peut froisser les sentiments des autres races.... Nous nous
rappellerons que les vrais principes ne sont qu'une émana-
tion de la vérité divine et qu'il existe au-dessus de nous
une Providence éternelle, dont la sagesse infinie connaît
mieux que l'homme ce qui convient le mieux à l'homme, et
qui, lorsque tout semble perdu, dirige toute chose pour le
plus grand bien.

Ce discours avait pour principal effet de mettre en
lumière la puissance de l'orateur sur l'opinion canadienne.
Le succès répondait à ses efforts; il recevait les plus
flatteuses manifestations de la Chambre des Communes
et la majorité de la députation, sous l'impression de ces
magnifiques déclarations, repoussait le bill Mac Carthy.

Ces citations suffisent à justifier le culte fidèle que lui
gardent ses compatriotes et l'affectueuse autant que
chaleureuse émotion qu'ils ressentent indistinctement
pour ses actes et ses discours.

On subit, tant on y trouve d'attrait, l'irrésistible
influence de cette infatigable éloquence que renforce
l'ascendant réel d'un caractère qui sait imposer et plaire,
la verve entraînante d'un polémiste puissant dont les
croyances à la fois très nobles et très fortes n'ont pour
stimulant que la voix de la conscience et de la justice.

Rigoureusement conforme aux précieuses traditions
d'honneur et de légalité, toujours égal à lui-même, le langage de M. Laurier pénètre d'autorité dans les cœurs,
anime les convictions et leur inspire les ambitions patriotiques qu'il recèle.

Ce plaidoyer en faveur de la langue française fut fort
admiré; la presse canadienne, évoquant les plus illustres
noms de la tribune britannique, saluait en M. Laurier
leur égal et le proclamait le plus grand orateur canadien.

On louait sans réserves ce desscin très élevé du premier des Canadiens-Français, d'assurer, en raison de ses

qualités et de son rôle essentiel, la tradition de la langue française au Canada; de la vouloir conserver toujours, cette langue douce et persuasive, lien fraternel et intellectuel entre tant d'êtres humains aspirant aux mêmes désirs, aux mêmes espérances, aux mêmes illusions, et communiant ensemble dans la vieille âme française.

En décembre, M. Laurier commençait une campagne politique dans les provinces maritimes.

Son discours d'Halifax résume l'apologie d'un régime qui répond à la fois à un profond instinct public et aux plus sérieux intérêts économiques du Canada; il démontre que la politique des Tories est loin de représenter les vœux de la masse nationale 'qui ne demande qu'à être respectée dans ses intérêts; il connaît à fond son plan, son but, ses intérêts.

La politique du parti libéral comporte pleine et entière réciprocité envers les États-Unis, dit-il. Malgré les barrières qui existent, le commerce du Canada avec les États-Unis est plus considérable qu'avec le reste du monde, et la réciprocité le doublerait....

C'est une honte, ajoute-t-il, que deux nations semblables, placées à la tête de la civilisation, poursuivent l'une envers l'autre, un système qui est réellement un affront au christianisme. Il repousse le reproche fait au parti libéral de n'être pas loyal à l'égard de la métropole. Il ne croit pas que l'union douanière soit le prélude de l'annexion; que la justice et la générosité aient pour résultat l'absorption et que l'hostilité à l'égard des États-Unis soit un élément essentiel au maintien de la nationalité canadienne.

M. Laurier termine par cet appel au bon sens :

Profitons du mécontentement soulevé chez nos voisins

par l'inepte politique Mac Kinley pour nous y créer des alliés et préparer la voie à un accord fécond pour les deux peuples.

* * *

Depuis un certain nombre d'années, le Canada se sentait naturellement entraîné vers le libre-échange et cédait volontiers à ce penchant ; un fort courant libéral se dessinait et progressait constamment. La marche ascendante du parti libéral lui-même attestait l'influence intelligente de son chef M. Laurier. Ce dernier avait parlé haut et net à la face du pays.

Du fait de ses interventions parlementaires généralement décisives, de ses dons d'orateur et de sa largeur de vue, il s'était montré des plus aptes à l'action politique.

Les forces du parti libéral s'accroissaient d'un cours régulier à chaque élection ; le groupe conservateur, écrasé par le poids des difficultés économiques, traversait une phase critique, le pays se dérobait, lui manquait dans la main, le caprice des majorités aidant, l'avenir apparaissait plus que sombre aux Tories.

Voyant son ascendant déchoir et sa situation s'affaiblir, sir John Mac Donald combinait ses dispositions avec tout l'art d'un diplomate consommé et faisait prononcer la dissolution du Parlement. Lord Stanley de Preston, gouverneur général, en donnait avis le 2 février. Le leader conservateur s'efforçait, en avançant le scrutin, de conjurer le succès du redoutable compétiteur qui s'annonçait contre lui. Comme prétexte de cette dissolution anticipée qui témoignait de ses inquiétudes profondes, l'adversaire de M. Laurier alléguait le désir du gouvernement de consulter le corps électoral, premier et seul juge de ses destinées, avant d'engager les négociations avec les États-Unis.

Comprenant tout le parti que les libéraux allaient tire
de la question douanière et économique, il inscrivait dan
son programme leur principal desideratum : la conclusio
d'un traité de réciprocité avec la république anglo
saxonne, terrain sur lequel l'opposition faisait une guerr
des plus dangereuses au Cabinet.

Pour le Premier tory à l'affût de tous les moyen
d'accroître son influence, cette tactique avait pou
objectif d'enlever à l'opposition son arme favorite, l
gouvernement n'ayant à la vérité ni le désir, ni l'espoi
d'arriver à la conclusion d'un traité de commerce.

Deux ans auparavant, M. Laurier, dans son discours d
Toronto, avait pressenti cette volte-face intéressée. Dan
le naufrage successif des espérances conservatrices,
avait vu poindre et parfaitement prévu le jeu de se
adversaires.

Tout indique, disait-il en 1889, qu'en ce moment le go
vernement de sir John Mac Donald se prépare, comme o
dit vulgairement, à « mettre les libéraux dedans ». Que s
gnifie cela? allez-vous dire. La signification de cette expres
sion, telle que les libéraux la comprennent, c'est que s
John Mac Donald, toujours audacieux, veut dérober les vêt
ments du parti libéral et qu'il se prépare à paraître, au
prochaines élections, sous la défroque qu'il aura audacieu
sement volée. Eh bien, il peut le faire. Il n'est pas à plair
dre, oh! non. Ceux qui sont à plaindre, ce sont ces pauvre
Tories qui, depuis si longtemps, s'égosillent sur ce thèm
qui leur va si bien, du danger que recèle pour la fédératio
impériale la réciprocité illimitée avec la grande nation q
occupe le pays au-dessous du nôtre. Le parti qui est
plaindre, ce n'est pas le parti libéral, mais bien celui q
est contraint d'avaler la dose qu'on dit aujourd'hui si d
goûtante pour le pays et si préjudiciable aux intérêts can
diens. Si les libéraux sont tant soit peu à plaindre en
moment, c'est qu'après toutes les vitupérations dont ils o
été couverts, ils sont encore tenus de vêtir ceux qui les o

rabaissés. Quand les Tories se couvrent d'un manteau neuf,
c'est avec la détermination de ne l'abandonner que lorsqu'il
sera réduit en haillons; puis lorsque l'heure arrive et que
leur nudité devient par trop visible, ils s'emparent des
habits des libéraux.

Ces paroles n'avaient point paru sans à-propos et sans
justesse aux Canadiens, qui suivaient de près la marche
des partis; l'éminente valeur de celui dont elles éma-
naient leur assurait un juste retentissement; elles
démontraient par surcroît avec quelle rare pénétration
M. Laurier juge hommes et choses.

Une extrème agitation marquait la période électorale.
Les deux groupes, se mesurant du regard, partaient en
guerre. Dans les deux camps, l'antagonisme aiguisait la
perspicacité et tendait à envenimer et à déplacer la
lutte. Les deux drapeaux étaient aux prises, et la bataille
était chaude sur le terrain économique. La plate-forme
étant limitée à la question du traité à faire avec les États-
Unis, les conservateurs préconisaient la « Réciprocité
limitée », tandis que tous les efforts des libéraux se portaient sur la « Réciprocité illimitée ». Toutes les
ressources de la tactique parlementaire furent employées
par les deux groupements rivaux pour assurer le succès
à leur devise.

M. Blake avait à nouveau désigné M. Laurier comme
l'homme le mieux à même de répondre, dans la situation présente, aux vœux du pays. Si l'ex-leader du parti
libéral désirait rendre hommage à la race canadienne-
française, il ne pouvait guère accomplir un acte qui le
manifestât plus clairement.

M. Laurier était donc, en quelque sorte, désigné, en cas
de succès, comme le futur chef vers qui devaient se
tourner tous les regards.

Le parti conservateur se trouvait avoir en face de lui

des adversaires intelligents et actifs groupés autour d'un nouveau chef, partisan avéré des réformes en matière d'économie politique.

La lutte acharnée met en lumière les qualités de persévérance et d'énergie du leader libéral qui tient ferme le drapeau de l'opposition et développe dans une trame savante et sévère les arguments qui lui semblent s'imposer. Guerroyant avec impétuosité, prêchant et luttant sans fléchir, il ouvre une écluse aux sentiments qui bouillonnent en lui et fait une prodigieuse dépense de discours, d'efforts et d'objurgations.

M. Laurier prononce un discours à Québec le 13 février.

Si la concession demandée au Canada, dit-il, comportait la séparation d'avec la mère patrie, le peuple du Canada refuserait la réciprocité acquise à un tel prix.

Nouvelle harangue le 17 février à Montréal où il définit clairement la situation des deux partis dans la lutte engagée. Il accuse la politique protectionniste de sir John Mac Donald et la condamne, car elle a eu pour résultat la ruine des industries agricoles du Dominion et a déterminé le marasme des affaires.

Les accusations de déloyauté, formulées contre les libéraux, sont fièrement réfutées par le leader libéral qui déclare être fier de l'Angleterre, parce qu'elle a donné au peuple la plus grande liberté politique que le Monde ait eue jusqu'alors.

Bien qu'étant loyaux envers la Grande-Bretagne, les libéraux ont placé les intérêts canadiens au-dessus de tout et en première ligne. Ils ont adopté une politique de libre-échange commercial avec les États-Unis, persuadés que c'était le meilleur remède aux maux causés par la politique protectionniste. La victoire du parti libéral mettrait fin aux questions de la mer de Behring et des pêcheries de l'Atlantique ainsi qu'aux autres points en litige avec la république américaine. Elle ramènerait la prospérité au Canada.

M. Laurier donnait toute leur puissance expressive à des qualités qui devaient se soutenir à un degré fort remarquable durant tout le temps de la bataille électorale. Il déférait le gouvernement à la barre de l'opinion publique, le combattait avec toutes les ressources d'un talent grandi par l'étude et l'expérience, et traçait tout un programme de conquêtes libérales.

Ce devait être un duel grandissant, une campagne de tous les jours sans trêve ni répit. Le chef des libéraux s'était jeté dans la mêlée d'esprit et de cœur, par le conseil et par l'action, repoussant énergiquement « toute idée de séparation de la Grande-Bretagne, toute pensée d'annexion avec les États-Unis, soit directe, soit résultant indirectement d'une alliance commerciale étroite[1]. »

Aux Tories qui lui reprochaient de préparer le triomphe de l'hégémonie américaine et dénonçaient, de l'Atlantique au Pacifique, les conséquences politiques de l'union commerciale proposée par l'opposition, il répondait par d'étincelants réquisitoires, les accusant de gêner dans son essor l'expansion de la richesse nationale, de retarder la colonisation du pays et de provoquer l'émigration d'un grand nombre de Canadiens aux États-Unis : désastreux exode et forte cause d'affaiblissement pour la nationalité canadienne, sa prolificité légendaire ne pouvant lui être une compensation suffisante.

Dans son manifeste aux électeurs, M. Laurier, avec sa netteté habituelle et sa dialectique sévère, protestait très énergiquement contre toute intention de vouloir porter

1. O. Festy.

atteinte aux droits et aux intérêts de l'Angleterre. Il
déclarait non moins formellement que si la réciprocité
commerciale avec les États-Unis devait avoir pour effet
de les léser, il n'hésiterait pas à y renoncer.

Son programme, argumenté de sang-froid, précisait
nettement ses principes économiques et politiques et faisait ressortir les doctrines libérales qu'il devait mettre
en pratique et dont ses actes ont toujours été l'écho
sincère.

M. Laurier a surtout à cœur de défendre le parti libéral contre le reproche d'annexion et de réduire à néant
cette accusation choquante à l'âme canadienne, accusation que les conservateurs s'efforcent d'enraciner dans
les esprits par la magie des mots et des formules.

C'est au milieu d'un grand enthousiasme qu'il déclare
à Coburg-Ontario :

Parler de l'annexion est une hypocrisie. Quoique Français il aimait l'Angleterre, autant que quiconque. Il l'aimait
parce qu'elle est la mère de la liberté ; mais si grand que fût
son amour pour l'Angleterre, il aimait le Canada davantage, et si jamais il arrivait que leurs intérêts fussent en
conflit, sa sympathie irait d'abord au Canada, son pays
natal. Le moment viendra d'ailleurs où le Canada prendra
sa place parmi les nations.

Un gouvernement responsable a été donné au Canada
pour qu'il pût s'occuper de ses propres affaires, et s'il ne le
faisait pas il serait considéré avec dédain. La Grande-
Bretagne regarde son intérêt comme chose de première
importance et le Canada doit en faire autant. John Bull
serait fier de voir son fils canadien prospérer aux dépens du
vieux gentleman.

M. Laurier énonçait également que le traité avec les
États-Unis préparé par le gouvernement tory équi-
vaudrait à une rupture avec la Grande-Bretagne et que

le parti conservateur était aussi déloyal que le parti
libéral.

* * *

Le cauchemar de l'annexion, diffusé dans toutes ses
variations par le ban et l'arrière-ban des Tories, avait
influé sur le corps électoral. Les élections donnaient
gain de cause au parti conservateur. En dépit du libéralisme éclairé de leur programme, le résultat électoral ne
répondait point à l'attente des libéraux ; ceux qui se proclamaient loyalistes par excellence, revendiquaient le
monopole du civisme, traitaient de subversif le libéralisme et d'annexionnistes ses partisans, ceux-là héritaient
d'une majorité qui les proclamait victorieux ; mais plus
d'un symptôme était de nature à réconforter les espérances des vaincus et à faire réfléchir les vainqueurs.
M. Laurier était élu à l'unanimité à Québec-Est.

La majorité conservatrice était tombée de 50 voix à 30
voix et cela, malgré l'énorme appui pécuniaire donné au
gouvernement par les manufacturiers, malgré ces discours enflammés qui laissaient emphatiquement entrevoir le drapeau étoilé flottant à Ottawa au lendemain du
triomphe libéral, malgré l'emploi des grands mots de
loyalisme, d'annexion, de trahison, auxquels les conservateurs, dans leur désir de frapper l'imagination plus que
la raison, avaient fait un pressant appel.

Toutes harangues se valant pour la pensée et pour
l'expression et visant naïvement à détruire un indestructible ensemble d'idées et de principes maîtres de
l'avenir.

La politique *nationale*, qui avait eu le temps de se ma-
nifester dans ses traits caractéristiques, en sortait fort
compromise, et l'opposition se trouvait ainsi mieux armée

que la majorité. Les élections fédérales grossissaient le contingent libéral et ramenaient ses sommités à la Chambre des Communes; quant au parti conservateur, elles le laissaient en proie aux mêmes anxiétés et lui présageaient le chemin de l'exil.

Le nouveau Parlement se réunissait le 30 avril. M. Laurier ne tardait pas à y passer une rapide revue des questions d'actualité dans un discours vivement applaudi par un auditoire qui en avait suivi les développements avec une attention soutenue et une sympathie visible.

Lorsque je me décidai, disait-il, à choisir cette politique, je ne me préoccupai d'abord que des intérêts du Canada. Je suis sujet britannique, il est vrai, et je ne l'oublierai jamais; mais je suis aussi Canadien et je parle, en ce moment, dans le Parlement canadien. Que le sujet britannique qui prend sa place dans le Parlement anglais se préoccupe principalement des intérêts anglais !

Quand cette confédération fut organisée, nul ne sait mieux que le chef du gouvernement qu'un des principaux objets qu'on se proposait fut de former des Canadas unis une nation. Ce chef dut prévoir qu'un jour ou l'autre cette jeune nation aurait des intérêts en conflit avec ceux de la mère patrie.

Il est absurde de supposer que les intérêts du Canada seront toujours identiques à ceux de la Grande-Bretagne. Le jour doit venir où ces intérêts seront en conflit, et, pour ma part, quand ce jour arrivera, quelques regrets que j'en éprouve, je me rangerai du côté de mon pays natal.

Pourquoi nos ancêtres se sont-ils éloignés de leur patrie? N'est-ce point pour améliorer leur condition? Pour assurer le confort et le bonheur des leurs; ils s'arrachèrent au sol natal, non qu'ils l'aimassent moins, mais parce qu'ils aimaient plus encore le Canada.

C'est le même esprit qui nous anime aujourd'hui. Nous avons adopté la politique de la réciprocité, parce que nous la croyons plus favorable aux intérêts du pays, non parce que nous aimons moins la Grande-Bretagne, mais parce que nous aimons plus le Canada.

Quelque attaché que je sois aux institutions britanniques, je ne leur sacrifierai jamais les intérêts du Canada.

La question de réciprocité entre le Canada et les États-Unis formait l'objet d'une longue controverse à Ottawa.

Au cours du débat, M. Laurier se prononça en faveur d'un tarif mobile comme un moyen sûr de ne pas affecter sans transition le revenu public et le cours des affaires.

Il croyait fermement pouvoir assurer la réciprocité complète, mais dans le cas, où, une fois au pouvoir, il n'y réussirait pas, il verrait s'il ne serait pas possible de favoriser l'établissement d'une ligue de commerce entre toutes les parties de l'Empire britannique.

La première session du septième Parlement canadien était prorogée, le 30 septembre, par le gouverneur général.

M. Laurier saisissait cette occasion pour affirmer les vues de l'opposition :

L'opposition, dit-il, est entièrement d'accord avec l'adresse. Je suis heureux de voir que le gouvernement est graduellement arrivé à cette conclusion que la politique fiscale de la mère patrie et l'intérêt commercial du Canada sont totalement en divergence en tout ce qui touche leurs intérêts matériels. La conclusion logique de cette divergence fait ressortir la politique depuis longtemps défendue par l'opposition : à savoir que non seulement le Canada ne devrait pas être lié par les traités commerciaux négociés par la Grande-Bretagne, mais qu'il devrait jouir du droit de conclure les traités concernant ses propres intérêts. Dix ans se sont écoulés depuis que le Canada a, pour la première fois, formulé le désir d'être exonéré des restrictions que certaines clauses des traités commerciaux lui imposent. La

Grande-Bretagne a fait preuve de bonnes dispositions, mais, les traités lui étant avantageux, elle n'a eu garde de les dénoncer. Toute tentative pour établir un règlement commercial basé sur le loyalisme ou sur le sentiment est, à n'en pas douter, frappée de non-succès.

La session close, le leader libéral se rendait aux États-Unis, où il prononçait quelques discours. Un banquet lui était offert à Boston, auquel prenaient part plus de 600 convives venus de toutes les parties de la Nouvelle Angleterre. Avec une irrécusable autorité, le chef du gouvernement d'Ottawa examinait la politique canadienne, se prononçait sur l'impérieuse nécessité du libre-échange, qui reste au Canada la grande préoccupation de l'avenir, et se faisait chaleureusement applaudir par une assistance émerveillée de sa compétence et transportée par la constance de sa foi jointe à la domination de sa parole. Ce banquet prenait les proportions d'un événement aux yeux des nombreuses et patriotiques populations canadiennes et françaises des États-Unis.

*　*　*

Au cours de février 1892, M. Laurier prononçait un grand discours à la Chambre des Communes.

Le pays n'est ni prospère, ni heureux, s'écrie le chef du parti libéral. La fécondité de la population est la meilleure preuve de la prospérité d'un pays, mais les résultats du dernier recensement nous éclairent sur l'important émigration aux États-Unis. Le Canada, poursuit-il, a un grand avenir devant lui et marcherait à grands pas dans la voie du progrès, s'il était convenablement gouverné. Ce qui manque à ce pays, ce sont des marchés plus étendus pour ses produits. Actuellement son commerce est bâillonné enchaîné, et le gouvernement attend de la mère patrie qu'elle accorde au Canada des avantages sur les marchés anglais. Cet expoir nous a été dénié, il y a quinze jours, par le Parlement Impérial.

***

La convention canadienne libérale se réunissait le 20 juin 1893 sous la présidence de M. Laurier.

L'objectif principal de ce groupement, le plus important alors connu au Canada, avait trait au choix de la plate-forme à choisir en vue des prochaines élections fédérales. Plus de 2000 délégués étaient présents, nombre d'entre eux ayant franchi plusieurs centaines de milles afin d'assister aux délibérations.

M. Laurier prend la parole :

Il se prononce en faveur de la plus large réciprocité possible vis-à-vis des États-Unis. Il demeure loyal envers la Grande-Bretagne, mais il est de son devoir d'être Canadien. Entre les intérêts de l'Angleterre et les intérêts du Canada, son choix est tout fait, ceux de son pays natal réclament la priorité.

Les conservateurs, dit-il, ont le privilège de faire servir à leur usage les vêtements de leurs adversaires. Ils ne désirent une réforme du tarif que dans le but de maintenir leur système protectionniste....

... Notre politique doit être une politique de libre-échange telle qu'elle existe en Angleterre. Il est regrettable que la situation actuelle du pays ne l'admette pas dans toute son intégrité, mais je propose que nous adoptions tout au moins le principe qui en est la base. Qu'il soit bien entendu qu'à partir de ce moment notre but est complètement distinct de celui du parti actuellement au pouvoir. Son idéal est la protection, notre idéal est le libre-échange. Son but immédiat est la protection, le nôtre n'est que le tarif nécessaire

pour le revenu et le revenu seulement. Sur cette question
nous engageons la bataille.

*
* *

L'éclat de la popularité de M. Laurier, qui ne cesse de
croître, récompense légitime d'un dévouement sincère,
justifie l'importance qu'on attache à des paroles qui se
fortifient d'arguments parfois irrésistibles.

Il s'impose comme le représentant vivant, agissant et
populaire de la civilisation sociale, à laquelle il se
dévoue avec la plus généreuse abnégation.

Le chef libéral inaugure l'année 1894 par un grand
discours prononcé à Québec. Il s'insinue avec maîtrise
dans les âmes ; parant ses convictions de tous les charmes
d'un beau langage, il intéresse, au maintien d'un ordre
social dont la stabilité dépend en partie de son opinion,
cette société libérale québecquoise qui l'a choisi jadis
comme l'un des plus dignes de la représenter.

Écoutons cette noble éloquence, dont les heureuses
inspirations honorent la justice, flétrissent la discorde et
défendent la liberté ; imprégnons-nous des vertueuses
aspirations de ce brillant esprit qui prêche l'unité, défend
la concorde et embrasse tous les groupes canadiens dans
une seule et même affection :

Je suis heureux, dit-il, de pouvoir faire cette affirmation
dans cette vieille cité française de Québec, je suis heureux
de proclamer que la base et le terme de nos idées, de nos
espérances comme libéraux, c'est ce que nous sommes :
Canadiens, avant tout et après tout, Canadiens dans toute
l'acception du mot, Canadiens à Québec, Canadiens à
Toronto, Canadiens sur les plages du golfe et jusqu'à ces
montagnes fameuses que l'océan Pacifique baigne de ses

flots et dont les crêtes sont rafraîchies par les brises embaumées qui viennent de l'Orient.

Le but que nous poursuivons, c'est le développement de l'œuvre de la Confédération; c'est le rapprochement, c'est l'union des éléments épars qui se trouvent çà et là sur toute la surface de l'Amérique britannique du Nord, au point d'en faire une nation. Voilà comment j'entends, moi, le rôle du parti libéral dans la Confédération, et aussi longtemps que j'aurai l'honneur de prendre part à la formation de nos destinées, c'est l'idéal vers lequel il gravitera.

Maintenant, il n'est peut-être pas hors de propos, Messieurs, puisque je dis que notre idéal est de perfectionner l'œuvre de la Confédération, il est peut-être en ce moment opportun de retracer devant vous quelle en fut l'idée initiale et je ne saurais mieux le faire qu'en empruntant le langage de l'homme qui, dans cette occasion, entraînait après lui tout le Bas-Canada, dans le langage de sir Georges Étienne Cartier lui-même. Dans le cours du débat, sir Georges Étienne Cartier s'est servi de ce langage que je rappelle non seulement à l'attention de mes amis politiques, mais que je rappelle aussi et davantage à l'attention de nos adversaires politiques....

.... Messieurs, je suis heureux, et la chose ne me surprend pas; je suis heureux, dis-je, que dans une assemblée de libéraux vous applaudissiez ces paroles. Ce sont de grandes, de généreuses paroles. C'est là le langage d'un homme qui avait la fierté de sa race, mais qui avait en même temps le souci des devoirs que lui inspirait la position particulière dans laquelle elle se trouvait. Je n'ignore et n'oublie pas que les libéraux du Bas-Canada redoutaient la Confédération. Je n'oublie pas que sir Dorion et les libéraux Canadiens-Français craignaient que la Confédération ne fût le tombeau de choses que nous regardons toujours comme un héritage sacré; mais sir Georges Étienne Cartier ne partageait pas cette appréhension et moi, disciple de Dorion, élève de l'école de Dorion, je n'hésite pas à dire que mes idées sont celles de sir Georges Étienne Cartier, sur ce point, et non pas celles de sir A. A. Dorion. Je crois

que, comme parti, notre intérêt se trouve là où est notre
devoir; je crois comme lui que nous sommes de races différentes, non pas pour nous faire la guerre, mais pour travailler à notre commun bien-être.... Lorsqu'un pays a
volontairement et délibérément choisi sa destinée, c'est le
devoir de chacun de ses citoyens de travailler dans la mesure de ses forces à élever l'édifice et à le faire arriver au
but marqué.

Écouté avec avidité, applaudi avec enthousiasme, nul
de ceux qui ont entendu M. Laurier ne peut en perdre
le souvenir. C'est le guide sympathique, et respecté qui
se réclame de deux qualités de premier ordre : le sentiment de la justice et le sentiment du devoir, tous deux
étroitement liés l'un à l'autre.

Par une indestructible croyance dans les grandes doctrines d'un libéralisme qu'il tient à honneur de propager
et de défendre, par son intransigeante fidélité aux principes de loyauté et de conciliation, par l'impeccabilité de
ses courageuses harangues, le chef du parti libéral se
révèle comme le « coming man ». M. Laurier est le fanal
qui éclaire au Canada la marche de la prospérité et du
progrès social. Ses actes ont mis en lumière une volonté
sans borne, une impartialité sans réserve, une énergie
sans limite; le Canada en retour lui décerne un brevet
de patriotisme par excellence.

Au mois de juin se réunissait à Ottawa –- avec toute
la solennité possible — une conférence composée des
représentants des colonies anglaises autonomes, dans le
but de discuter certaines questions d'intérêts intercolo-
niaux et impériaux.

Due à l'initiative coloniale et présidée par sir Mac
Kensie Bowell, elle devait officiellement « examiner les
relations commerciales existantes entre le Canada et ses
sœurs en constitution, ainsi que les meilleurs moyens
susceptibles de développer ces relations. »

Le banquet offert par le gouvernement à lord Jersey et aux délégués coloniaux était fort brillant.

M. Laurier s'y fait entendre : dans un constant appel à la saine logique de ses auditeurs et à l'obligation d'agir en commun au profit des intérêts coloniaux, il pèse gravement toutes les questions, résume sous ses aspects principaux l'œuvre politique indispensable, puis laisse éloquemment entrevoir les nécessités de demain et les éventualités de l'avenir.

La meilleure preuve de son loyalisme, ajoute-t-il, réside en ce qu'étant Canadien-Français il a accepté de devenir le leader du parti libéral composé pour la majeure partie de descendants anglais. La conférence, il la considère comme une page ajoutée à l'histoire nationale. Le spectacle qu'elle présente, unique au monde, lui inspire un nouveau loya-lisme. Les délégués viennent des parties les plus éloignées du vaste empire, et le représentant de la mère patrie est là non pour ordonner, mais pour consulter. Sa conférence laisse pressentir la complète liberté du gouvernement auto-nome combinée avec l'unité d'action dans tout projet impérial.

Son patriotique exposé de la situation, toute particu-lière, des Canadiens-Français lui valait de significatifs et enthousiastes applaudissements.

Des politiques influents, des hommes d'État graves, sont là qui prononcent le mot de solidarité. Des plans flottent dans l'air, qui renversent tous les précédents ; des espérances les y joignent qui persistent à croire la grandeur de la race anglo-saxonne attachée à l'intime union de ses membres épars ; mais ces éminents promo-teurs de cohésion ethnique ne comptent-ils pas avec ce « puissant facteur, l'imprévu, dont le caprice peut avancer ou reculer les échéances, modeler, selon des

formes différentes, la vaste association d'hommes sur
qui flotte le drapeau de l'Union Jack [1] ».

***

M. Laurier assistait en mars à une réunion libérale
organisée à Montréal.

Dans ce langage net et précis dont il est coutumier, le
Premier des Canadiens-Français décrit ainsi sa situation
personnelle :

J'ai été choisi comme chef du parti libéral en 1887, alors
que de malheureuses circonstances obligèrent M. Edward
Blake à quitter le Canada; j'ai été choisi à l'unanimité. Je
ne m'étais alors occupé de politique que d'intermittente
façon. J'avais un défaut; j'étais pauvre. Néanmoins, sur le
désir de mes collègues, j'ai pris en main la direction d'une
cause que j'avais depuis longtemps faite mienne; mon parti
n'ignorait d'ailleurs pas que j'étais catholique et Canadien-
Français. J'affectionne les Anglais, les Irlandais, les Écossais
ainsi que tous autres, mais la première place dans mon
cœur appartient aux Canadiens-Français, mais les droits et
les privilèges des autres me sont aussi sacrés que les leurs
et je dois à mon devoir de les défendre.

Se trouvant en septembre à Chicoutimi, le chef libéral
fait allusion à la question des écoles du Manitoba.

Je n'affirme pas, dit-il, pouvoir trancher cette question,
mais je n'en ferai pas moins appel à l'esprit de justice de
toutes les races. Mon passé vous est connu. Si j'avais été au
pouvoir durant ces cinq dernières années, ce problème
aurait toutes chances d'être résolu.

1. Paul Hamelle.

Et il ajoute cette très énergique expression :

N'oubliez pas que lorsqu'il y aura un gouvernement libéral à Ottawa, c'est un Canadien-Français qui y occupera la première place.

* * *

Le 24 avril 1896, la Chambre des Communes était dissoute. Cette dissolution ne prenait point au dépourvu le parti libéral qui acceptait toutes les chances du duel et se préparait à déployer hardiment son drapeau. M. Laurier allait conduire la campagne avec une maestria sans égale, faire preuve d'une prodigieuse dextérité et montrer sur le terrain de la polémique autant de logique que d'irrésistible vigueur.

Les élections fixées au 23 juin s'annonçaient comme devant être chaudement disputées. Les deux partis se retrouvaient aux prises avec une vivacité nouvelle. L'ère électorale ouverte, aucun effort ne devait être épargné pour obtenir la victoire sur les deux principales questions en jeu : la réforme du tarif et les écoles du Manitoba.

En raison de l'importance de ces deux questions, la victoire promettait d'être des plus disputée. C'était en somme un rendez-vous décisif de partis. Que la masse du peuple canadien approuvât la politique libérale, c'était un fait qu'attestait hautement la popularité dont jouissait son représentant le plus accrédité ; néanmoins la lutte se livrait sur un terrain plutôt défavorable à M. Laurier, l'appui du clergé étant acquis au parti conservateur.

Le leader libéral, très explicite dans l'exposé de son programme, avait nettement indiqué que son idéal était le régime fiscal anglais. Cette question préoccupait en

effet — et à juste titre — les esprits ; elle n'était pas la
moindre des causes ayant ébranlé et même endommagé
le crédit des tories.

M. Laurier ouvrait la campagne de l'opposition par une
grande assemblée publique à Montréal au cours de laquelle,
préconisant la non-intervention du gouvernement fédéral
dans l'affaire des écoles du Manitoba, il affirmait que
s'il arrivait au pouvoir il réglerait ce problème d'accord
avec ses alliés libéraux des autres provinces « en faisant
appel aux sentiments d'honneur et de justice de la majorité protestante du peuple canadien ». Ses déclarations
sur ce point étaient aussi fermes que précises. Il se faisait fort, affirmait-il, de trouver une voie d'accommodement.

En sa qualité de Canadien-Français, sa situation était
néanmoins assez délicate. Fils respectueux de l'Église et
de ses traditions, il considérait comme inviolables les
garanties d'autonomie provinciale consacrées par l'acte
fédéral et se trouvait ainsi en opposition avec les prélats
catholiques auxquels il déniait, d'ailleurs, toute intrusion
dans le domaine de la politique. D'où l'extrême difficulté
de faire prévaloir dans l'âme canadienne le respect de
l'autonomie sur la soumission aux prétentions du clergé.
C'est là dans ce conflit nettement défini, portant sur des
points précis, que M. Laurier donne sa vraie mesure et
se montre hors pair ; il se dépense en qualités oratoires
d'un ordre supérieur, il se prodigue en discours aussi
profondément pensés qu'éloquemment énoncés. Son
dévouement à la chose publique, son ardeur à la défense
des principes qu'il croit les meilleurs, sa netteté habituelle,
le mettent admirablement en relief.

Il aborde tous les obstacles d'un front serein. On le
voit, dans de pressants appels à ses partisans, invoquer
en faveur de ses doctrines les motifs les plus sérieux,
les plus irréfutables, émettant toujours les idées les plus

saines et les meilleures, éclairant la nation et conquérant l'opinion publique à force d'intelligence élevée et de large bon sens.

La lutte s'animait, sous l'action des forces vives d'une opposition homogène et grandissante de jour en jour, elle prenait une intensité et une âpreté toutes nouvelles. Le libéralisme apparaît armé de pied en cap, tout donne à croire que les jours du torysme sont comptés. Le parti conservateur se montre digne de lui-même, il se défend avec précision sinon efficacité, et si la sanction populaire ne doit pas couronner ses efforts, tout ce qui aura pu servir d'arme contre les libéraux n'en aura pas moins été utilisé. La lassitude de la nation est prête à lui signifier la rupture d'un bail de 18 ans.

Dans ce combat pour la primauté, l'opinion publique semblait favoriser le député de Québec-Est. Sous l'influence des derniers mécomptes politiques, on sentait, en effet, au Dominion la quasi-nécessité de faire directement intervenir le parti libéral dans la direction des affaires.

On espérait, d'autre part, dans le groupe de M. Laurier que son nom et son titre de Canadien-Français dissiperaient les préventions qu'avait pu soulever sa ligne de conduite dans la question scolaire.

Comme gage à l'appui de ses déclarations relatives aux écoles du Manitoba, le chef des libéraux faisait publier une lettre de sir Olivier Mowat au cours de laquelle le premier ministre d'Ontario annonçait qu'il accepterait un portefeuille et la direction du Sénat au cas où le parti libéral arriverait aux affaires. Cette déclaration comportait un précieux avantage, sir Olivier Mowat possédant l'appui incontesté de la majorité des catholiques dans sa province.

Le leader libéral ne pensait d'ailleurs pas qu'il fût de son devoir de subordonner — dans une question toute politique — ses convictions d'homme d'État et ses principes constitutionnels aux exigences du clergé catholique. Il soutenait qu'il était à son point de vue possible de rendre justice aux écoles sans violer l'autonomie provinciale et s'en référait sur ce point au peuple canadien qui, depuis nombre d'années, apprenait graduellement à penser plus hautement.

Sir Charles Tupper, qui ne négligeait rien pour faire échouer ses adversaires, s'était, avec un zèle qui trahissait suffisamment ses craintes, assuré l'appui du clergé catholique, convaincu qu'il était de trouver dans ce concours la seule force susceptible d'entraîner les populations canadiennes françaises profondément religieuses et dociles à la voix de leurs pasteurs.

C'est ainsi qu'à la veille du verdict national et au plus fort de la mêlée apparaissait le mandement collectif des évêques, qui prescrivait aux catholiques de soutenir le parti conservateur.

La résultante de cette action concertée semblait en apparence annihiler toute espérance de victoire pour les libéraux ; il devait pourtant en être autrement ; cette sensationnelle intervention froissant dans des âmes religieuses tous ces scrupules intimes qui ont droit au respect, alors même qu'ils sont exagérés, opérait un revirement complet tout en faveur du parti libéral.

Les élections se faisaient proches ; chaque camp mettait en œuvre toutes ses ressources. Deux armées également bien disciplinées, ayant leurs chefs et leurs drapeaux, allaient se livrer un rude mais pacifique combat devant l'urne électorale.

Fait caractéristique entre tous, le succès tant désiré de part et d'autre dépendait de la province française et catholique de Québec ; son patriotisme devait infliger à sir Charles Tupper la plus cruelle des déceptions. La question des écoles du Manitoba ne pesait, en effet, d'aucun poids dans la détermination du corps électoral de cette province; suffisamment éclairé par les leçons de la réalité, il demeurait unanime dans son désir d'accorder la victoire au défenseur-né des droits de la race canadienne-française, à M. Laurier dont la part effective, grandement saisissable dans les principaux événements politiques, l'était aisément jusque dans les moindres.

Le loyal et magnanime libéral qui avait dirigé l'opposition avec une habileté consommée, qui s'était voué corps et âme à une nation dans le noble but de la doter d'assises inébranlables, allait s'élever avec le flot montant du libéralisme pour le plus grand honneur de sa race et le plus grand bien de la Confédération.

*
* *

Le 23 juin 1896 avaient lieu les élections fédérales. 33 voix de majorité, accusant toute l'étendue du succès, octroyaient la victoire au parti libéral. Le triomphe, fruit d'une entente et d'une action raisonnées, était au bout de l'effort. Arbitre du sort du libéralisme, le corps électoral, obéissant à l'impulsion de sa conscience, avait irrévocablement condamné le parti conservateur qui sortait décimé de la consultation nationale.

Symptôme irrécusable d'un important changement, c'est une phase qui se clôt; sous le regard complaisant du Destin l'ère des travaux féconds et des mesures salutaires s'ouvre avec la fortune triomphante du parti Laurier.

Sic transit gloria mundi. — Le groupe tory subissait ce jour-là une défaite écrasante, une disgrâce complète. Chaque régime n'a-t-il point sa période d'ascendance; chaque parti son époque culminante d'influence?

Pour la première fois depuis 1878 et pour la seconde

fois dans l'histoire du Dominion, le parti libéral atteignait le pouvoir. C'était un spectacle qui unissait tout le piquant de la rareté à la saveur du renouveau.

De telles luttes, quoi qu'on en dise, sont loin d'être stériles; les grands conflits politiques où tous les intérêts matériels et moraux d'une nation sont engagés, où deux partis hostiles, tous deux également animés du sincère amour de la patrie, plaident la cause publique, chacun dans un sens différent, sont profitables au pays. La discussion et l'échange libre des opinions sur tous les sujets qui intéressent et préoccupent une nation la font vivre, grandir et prospérer.

Ce résultat électoral fixait un terme à la suprématie conservatrice qui — jouissant pour ainsi dire d'un véritable monopole — avait régi sans interruption le Canada, du 17 septembre 1878 au 23 juin 1896 et qui, depuis la fondation du Dominion, n'avait laissé que cinq ans la possession du pouvoir à ses adversaires.

Si solidement établie en apparence que les attaques les plus ardentes de l'opposition semblaient vaines et sans danger, la majorité conservatrice, en dépit de vingt années d'assentiment public, venait de s'écrouler, ratifiant ainsi la déchéance du parti tory qui ne pouvait, à vrai dire, se prévaloir d'aucune réforme notable. Les élections de 1896 avaient été la contre-partie des élections de 1891.

Quant au parti libéral il n'avait cessé de pousser au Canada des racines de plus en plus profondes, le mouvement populaire se dessinait en sa faveur; l'évolution sociale du Canada contribuait encore à accroître sa puissance; sa nature consacrait officiellement une situation vers laquelle s'acheminait déjà, depuis nombre d'années, le peuple canadien; l'avènement du groupe Laurier représentait un mouvement d'opinion, un ensemble de forces parlementaires, une direction précise dans la politique économique.

Le pays solennellement consulté s'était nettement prononcé sur les principes soumis à la sanction populaire. Un fait saillant ressortait, à vrai dire, des élections: l'échec — contre toute prévision — du mandement des évêques.

Déférents envers ce clergé qui avait présidé au réveil de leur nationalité, envers cette Église, qui, sortie des entrailles de la nation, avait pris part à toutes ses luttes, ils n'en avaient pas moins condamné son ingérence dans le domaine politique. Ces Canadiens, cœurs honnêtes et résolus adeptes d'une religion sincèrement pratiquée, avaient concilié les principes de la liberté religieuse avec les nécessités de la société moderne.

C'est un signe des temps que cet avènement au pouvoir d'un Canadien catholique affranchissant ses compatriotes de la rigide discipline d'un Catholicisme dont l'empire s'étendait des profondeurs de la conscience individuelle aux plus éclatantes manifestations de la vie nationale.

En dépit de l'opposition du clergé canadien, le leader libéral, qui ne tenait pas — et pour cause — à rester en désaccord avec ce guide traditionnel, dont il appréciait aussi bien la véritable grandeur que l'ascendant dominateur, était résolu à pousser la conciliation aussi loin que possible tout en maintenant le droit de la conscience humaine à n'être pas gouvernée dans ses devoirs politiques par des tendances et des influences religieuses.

* * *

Grâce à l'éloquence qui entraîne, à la cordialité qui séduit; grâce à sa force persuasive et à son charme personnel; grâce à ce puissant levier qu'est la popularité, le peuple canadien se rangeait à son avis, et M. Laurier recueillait les fruits d'une ténacité qui ne semblait pourtant point réservée à un aussi prompt succès.

La campagne avait été menée avec une étonnante intensité d'énergie, elle se terminait avec éclat. Éminemment qualifié pour tenir le premier rang et s'y imposer, M. Laurier ne devait point fléchir sous la responsabilité de sa victoire. Au moment où l' « ère des difficultés succédait à l'ère des combats », il s'apprêtait fièrement et noblement à « saisir le burin de l'histoire ». En ce nouveau poste, il se montrera le champion de la liberté et du respect des lois, mais il fera surtout et avant tout preuve de personnalité.

La conséquence immédiate du succès libéral était l'élévation de M. Laurier au poste de premier ministre. L'étoile du parti libéral émergeait à l'horizon. La voie était libre pour celui qui s'en était fait en toute occasion le défenseur dévoué et l'apôtre persévérant. Il avait pesé d'un grand poids dans la victoire de ce groupe; il devait y jouer un rôle toujours grandissant et compter pour beaucoup dans ses destinées.

Le triomphe n'était, d'ailleurs, pas disproportionné aux qualités de cet homme d'État qui possède une vitalité égale à l'attraction qu'il exerce.

Après avoir débuté par le succès, continué par la gloire, il atteignait l'honneur.

Pour ce faire, la race canadienne-française avait jeté son poids dans la balance. Elle élevait ainsi à une fonction suréminente un de ses enfants, frappante expression de son génie, dont le nom considéré était, en lui-même, un gage de conciliation et de sécurité, un de ces citoyens toujours prêts à défendre et à faire respecter les libertés inscrites dans la Constitution nationale, un de ces patriotes « faits pour se survivre à eux-mêmes par leurs actions ».

M. Laurier présentait cette particularité d'avoir derrière lui un passé considérable d'activité. Durant un cycle de vingt-cinq ans, il n'avait point quitté la scène parlementaire et jouissait de la fortune plus que rare de s'être grandi avec les circonstances.

Doué de cette faculté de prévoyance qui fait les véritables politiques; caractérisé par une impartiale liberté d'esprit et une saine justesse, ennemie de toute induction hasardeuse; popularisé par ses nobles penchants et son patriotisme riche d'énergique action, il se trouvait légitimement l'homme souhaité, l'homme nécessaire.

Dans tout l'éclat d'une grande notoriété, précédé d'une enviable réputation de tact et de loyauté, ce politique éloquent, mûri par l'âge et par l'expérience, arrivait au ministère, porté par un irrésistible courant libreéchangiste. Il tenait, il est vrai, pour la plus grande part, son ascension aux affaires de l'appui des Canadiens-Français, fiers de voir un des leurs occuper, pour la première fois, la plus haute place dans l'administration de la Confédération, mais sa culture et ses habitudes d'esprit anglaises lui avaient également rallié les sympathies des Canadiens de race anglo-saxonne.

A un sens très aiguisé de la tactique parlementaire, M. Laurier unissait la froide clarté d'une pure raison. Il joignait à ces précieux avantages les qualités qui font les grands ministres et les politiques de premier rang.

Sa prééminence se trouvait ainsi justifiée autant par les tendances libérales et généreuses de son caractère que par son dévouement au bien public. A l'abri de toute influence illégitime, cet observateur pénétrant ne caressait que des desseins fermes et des espoirs réfléchis.

La situation nouvelle réclamait un homme nouveau, M. Laurier était, en conséquence, appelé à former un ministère. Mandé par lord Aberdeen, le leader libéral arrivait à Ottawa le 10 juillet. Une chaleureuse réception l'y attendait. Une foule de plusieurs milliers de personnes se groupait à sa descente du train et lui souhaitait la bienvenue.

C'était un nom nouveau et un nom français qui s'inscrivait au fronton du livre d'or gouvernemental. La race canadienne-française, qui se trouvait être le piédestal de ce succès, le constatait avec orgueil, et la France n'était, certes, pas la nation ayant le moins à y applaudir.

Pour s'être voué sans restriction au maintien d'une nationalité très distincte et très persistante, ce personnage politique de premier ordre, imperturbable adhérent à la religion du patriotisme, avait incontestablement conquis le droit d'être reconnu comme le meilleur ouvrier de l'unité canadienne.

*
* *

L'avènement de Wilfrid Laurier au pouvoir était, en quelque sorte, un événement pour ces deux grandes races latine et anglo-saxonne qui « ont enfanté les plus grandes individualités et fait surgir de leur contact les faits les plus intéressants de l'histoire ».

Expression sincère d'un loyal libéralisme, M. Laurier, conformément à l'esprit qui triomphait en sa personne, s'attachait à réunir autour de lui les plus hautes capacités de son parti.

Au lendemain des élections, il réussissait à constituer un ministère très compact par l'heureuse conformité des convictions politiques de ses membres tous d'accord sur les questions décisives. Faisceau de force, de talent et de confiance virile, engagés sous le même drapeau, associés aux mêmes luttes, ces hommes savaient pouvoir, au besoin, compter les uns sur les autres à l'heure où les difficultés nouvelles succèdent si souvent aux difficultés vaincues.

Il s'adjoignait comme collègues cinq anciens premiers ministres des gouvernements provinciaux, parmi lesquels sir Richard Cartwright, l'éloquent et courageux défenseur des principes du libre-échange, auquel était confié le portefeuille du commerce.

Les plus dignes et les plus capables s'étaient montrés disposés à lui faciliter la tâche en se chargeant du pouvoir au moment où surgissait « l'épreuve de la victoire souvent plus difficile que l'épreuve du combat ».

Afin de se consacrer tout entier à la direction générale du ministère, M. Laurier prenait la présidence du Conseil.

Par son expérience sans rivale, il se trouvait là dans sa sphère d'activité naturelle ; il devait y consacrer toute son habileté au maniement des hommes et au règlement des choses et aussi s'y employer avec une infatigable énergie à soutenir et à propager ses idées.

Aussi solides que brillantes, les qualités du nouveau chef de gouvernement faisaient de lui le chef consciencieux et respecté de la Confédération.

Tous les regards se tournaient avec intérêt et sympathie vers ce caractère droit, qui jouissait du très rare bonheur d'échapper aux défiances et aux suspicions, vers ce caractère immuable dans ses convictions, qui, s'étant toujours inspiré des intérêts supérieurs de son pays, attachait à un nom français l'auréole de la Présidence canadienne. Tous sympathisaient avec ce laborieux serviteur du Canada qui s'entendait à remuer les sentiments et à manier les hommes avec autant d'art que d'aménité.

M. Laurier prétendait garder une loyale fidélité aux principes professés dans l'opposition. Il avait d'ailleurs l'habileté nécessaire pour en faire une application opportune étroitement liée à l'avenir économique de sa patrie. Après s'être rendu compte des immenses avantages du libre-échange, il veut en faire jouir son pays, dont la prospérité repose sur l'extension de son commerce.

Aussitôt le ministère constitué, le cabinet Laurier se mettait courageusement à l'œuvre pour remplacer le système des traités exclusifs par celui de la réciprocité. Le Canada entrait dans la voie des réformes avec l'espérance de se placer dans l'avenir au premier rang des nations réformatrices en économie politique.

Le ministère libéral était favorablement accueilli en Europe ; il se trouvait donc en bonne posture pour améliorer les relations extérieures du Canada.

A Londres, néanmoins, on ressentait quelques alarmes. Que pouvait-on attendre — en ce pays où l'Angleterre règne mais ne gouverne pas — d'un premier ministre canadien-français, homme de talent, sans attache aristocratique, qui avait su forcer l'accès du parlement et du gouvernement en gardant toute la fierté de son indépendance et qui arrivait au pouvoir, fort du triple prestige de son talent oratoire, de son influence considérable, et de l'étendue de ses connaissances politiques ?

La Présidence ne pouvait manquer d'avoir un grand éclat et le cabinet d'être un grand ministère dirigé par un grand ministre.

La province de Québec apportait enfin son contingent de préoccupations ; n'allait-elle pas se croire maîtresse de la situation, prendre un rôle actif et montrer des exigences excessives ?

M. Laurier avait pris possession de son ministère avec une simplicité et une aisance de manières dignes de remarques. Il semblait posséder le sentiment de la situation et l'habitude du pouvoir auquel il était depuis long-

temps préparé par le pressentiment très net de l'approche
de son triomphe.

A l'occasion de l'élection de M. Tarte, le chef du gouvernement prononçait son premier discours de ministre.

Puis il affirme quelque temps après :

Qu'il s'efforcerait de donner un élan particulier à la littérature nationale et de faire de la capitale un foyer pour les
Beaux-Arts et les Lettres.

Au sortir de la lutte électorale, M. Laurier s'employait
de calmer les craintes des communautés manufacturières
en respectant le changement de tarif. Il écrivait alors à
ce sujet :

Je puis renouveler, après le combat, l'assurance que j'ai
donnée pendant la lutte, que le tarif ne serait pas appliqué
inconsidérément, mais qu'il serait tenu dûment compte de
tous les intérêts. Je voudrais aussi pouvoir persuader aux
masses commerçantes qu'il n'y aura pas de changements
hâtifs et qu'il ne sera perdu aucune occasion de développer
le commerce en tous sens durant la saison prochaine.

Cette lettre, largement répandue, causait une certaine
sensation dans le monde commercial canadien préoccupé
des graves conséquences qu'allait entraîner pour lui la
réforme douanière; on se réjouissait ouvertement de
cette nouvelle preuve de sage discernement du premier
ministre.

Au courant de juillet, M. Laurier se rendait dans la
province de Québec et prenait la parole à Saint-John.

Notre parti — disait-il notamment — a été représenté
par ses adversaires comme un parti de rebelles qui veut
tâcher de desserrer tous les liens coloniaux. Je suis de
race française comme vous tous et je n'hésite pas à déclarer
que je suis un loyal sujet de Sa Majesté. Si j'avais vécu

en 1837, peut-être aurais-je été avec ceux qui ont combattu et sont morts pour la défense de leurs libertés ; mais nous sommes actuellement en 1896 et tous les droits des sujets britanniques sont également les nôtres.

Le parlement se réunissait à Ottawa le 19 août. Cette phase préliminaire du régime libéral se terminait le 5 octobre.

Les débuts d'une session apportent toujours à ceux que le mouvement politique ne laisse pas indifférents le sentiment de quelque chose de nouveau. Cette fois, les débats parlementaires allaient se donner libre cours sous les auspices du libéralisme auquel adhérait la majorité de l'assemblée nouvellement élue.

Au cours de la session, le chef du gouvernement se déclarait favorable à la construction d'un grand canal international unissant les grands lacs à l'océan Atlantique et cela sous le contrôle commun du Canada et des États-Unis.

Les Canadiens de toutes nuances politiques — disait-il le 21 août à la Chambre des Communes — voient avec une profonde satisfaction le développement des sentiments de bienveillance et d'affection entre les Etats-Unis et le Canada. Le parti libéral canadien fera tous ses efforts pour écarter toutes les vieilles préventions et pour rapprocher les deux branches de la famille anglo-saxonne pour leur propre bien et celui de l'humanité.

La retraite du ministère conservateur avait quelque peu manqué de dignité et avait mis son Président aux prises avec le gouverneur général, lequel avait dû déclarer nulles et non avenues nombre de nominations faites *in extremis* par le leader tory.

Le 25 septembre, à la Chambre des Communes, sir

Charles Tupper rouvrait la discussion sur ce sujet dans une attaque contre lord Aberdeen.

C'est à M. Laurier qu'échut l'honneur de relever le réquisitoire de l'ancien ministre. Il s'en acquitta avec ironie. Sa verve sarcastique est un véritable scalpel.

L'honorable orateur est venu aujourd'hui devant le Parlement. Pourquoi? Pour venger la Constitution? Non, Monsieur! Les plaintes sont celles d'un serviteur congédié. Toute cette querelle, cette équivoque, cette chicane, cette « coupure de cheveux en quatre », est absolument dénuée de signification à moins que ne se trouve derrière elle quelque tort moral. Mais, en le cas présent, il n'y a rien de tel. Son Excellence n'a causé de tort à personne, mais bien au contraire, assuré de grands avantages à la nation, car il démontre qu'en ce XIX* siècle, sous la royauté anglaise et avec l'aide de la Couronne britannique, existe le gouvernement du peuple par le peuple et pour le peuple ; et, pour cette raison, tous les vrais Canadiens révéreront à jamais le nom de lord Aberdeen.

Cette péroraison produisait une vive sensation et recrutait à l'orateur de nombreux applaudissements.

Continuant son œuvre de propagation libérale, M. Laurier prononçait en novembre un magnifique discours à Québec.

Il y traite la question du service rapide entre l'Europe et le Canada et déclare :

qu'il entend créer une ligne à grande vitesse pour les voyageurs assurant en même temps le transport rapide du fret. C'est là le double objectif qu'il a en vue. Quel que soit, dit-il, le montant des bonis que le gouvernement accorderait à une compagnie pour une ligne rapide de vapeurs, le monde commercial ne saurait en être satisfait s'il ne favorisait que le service des voyageurs.... Si nous sacrifions 750 000 dollars par an, il est nécessaire que nous soyions certains du service qu'il nous sera donné d'avoir.

Abordant la question des écoles du Manitoba, M. Laurier regrette de ne pas être à même de soumettre les conditions de l'arrangement qui doit être conclu, mais il lui sera possible de le faire avant peu.

Je ne parle pas, dit-il, pour ces catholiques qui ont marchandé avec les religions pendant ces vingt-cinq dernières années, mais j'en appelle à tous les chrétiens, soit catholiques, soit protestants, et nous verrons si, oui ou non, la religion ne peut pas être enseignée à l'école. Nous n'avons pas encore été au pouvoir pendant six mois et nous sommes à la veille de vous montrer ce qu'il nous a été possible de faire pour vous procurer la concorde et la paix.

Puis, concluant sur les traits principaux de cette rivalité d'influences religieuses, le Premier canadien exalte l'avenir de Québec et célèbre — pour le charme de ses auditeurs — la beauté de ses sites et l'importance de ses destinées en tant que reine commerciale du Dominion.

Messieurs, jetons un regard sur la carte. La Providence elle-même a, de ses mains, creusé le chemin par lequel doit passer le commerce entre l'Europe et l'Amérique, et ce chemin, c'est le fleuve St-Laurent, et le premier débouché de ce chemin, c'est la ville de Québec... Jetez un regard sur la carte, et vous vous convaincrez que non seulement les produits de l'Ouest canadien, mais aussi les produits de l'Ouest américain doivent trouver un débouché vers l'Europe à travers le fleuve Saint-Laurent. Jetez un regard sur la carte et vous trouverez sept ou huit États différents, l'Illinois, le Michigan, le Wisconsin, le Missouri, le Minnesota, le Dakota du nord et celui du sud et plusieurs autres États dont le débouché dut nécessairement passer par le fleuve Saint-Laurent pour trouver la route la plus courte vers l'Europe. Ces États sont tous à cheval sur le Mississipi. Le Mississipi n'est pas et ne peut être leur débouché naturel. C'est le Saint-Laurent qui doit l'être. Remarquez encore que le Saint-Laurent et le Mississipi ont leurs sources sur le même plateau ; mais, pendant que le Mississipi coule ses eaux vers le Sud, le Saint-Laurent coule les siennes vers l'Europe et quand un navire chargé arrive à l'embouchure du Mississipi, dans le golfe du Mexique, il est à quinze jours au moins du marché de l'Europe, tandis qu'un vaisseau chargé des produits de l'Ouest qui arrive au golfe Saint-Laurent n'est qu'à trois jours tout au plus des côtes d'Irlande.

Ceci s'applique à tous les États de l'Ouest, non seulement notre propre ouest à nous, le Manitoba et les Territoires, mais aussi à ·tous les États que je viens de nommer.

Ce discours, attendu avec impatience, eut un immense succès. Le langage ministériel était d'autant plus applaudi qu'il comportait tout un programme étroitement lié à la prépondérance de Québec et acquérait ainsi aux yeux de ses habitants un surcroît d'intérêt.

« Ces paroles — écrit M. Hector Fabre — ont été accueillies avec un vif enthousiasme par les citoyens de la vieille capitale française. La réalisation à bref délai des brillantes promesses qu'elles renferment n'a rien d'impossible.

« M. Laurier se révèle au pouvoir vraiment un homme de progrès. Les anciens libéraux étaient avant tout des doctrinaires ; ils étaient avant tout imbus de principes et préoccupés d'idées. Ils ne voyaient pas sans alarme l'esprit de la population se tourner vers les intérêts matériels : glorieux débris, estimables retardataires. Aujourd'hui le gros du parti, la partie courante, agissante, moderne, est lancée avec son chef vers les grandes entreprises. »

En commémoration de son récent triomphe, cinq cents notables de la province de Québec lui offraient un banquet le 31 décembre.

Dans une éloquente harangue le premier ministre rappelle brièvement les travaux du comité des tarifs, qui auront pour résultat d'alléger les charges du peuple, puis il termine en ces termes :

Le pays, dit-il, est face à face avec une crise. Nous avons devant nous un problème qui réclame l'énergie des meilleures intelligences. La question des écoles du Manitoba doit être avant tout réglée; le gouvernement dont j'ai l'honneur d'être le chef a entrepris ce règlement et le mènera à bonne fin. Je regrette que notre façon de faire ne soit pas acceptée par certaines classes, mais je suis heureux de voir qu'il a reçu l'approbation de la grande majorité de la nation. Mais je n'en respecte pas moins les voix dissidentes que j'entends. Je sais qu'elles sont sincères, et je n'ai pas besoin de vous dire, à vous, citoyens d'origine anglaise, que vous devez toujours respecter les opinions qui diffèrent de la vôtre.... Je suis de sang français, comme vous le savez, mais par-dessus tout, nous devons être Canadiens. C'est la base de notre arrangement mutuel, et cet arrangement, avec l'aide du peuple protestant, avec votre aide, avec celle du peuple catholique, sera, je l'espère, maintenu, de sorte que ce sera e droit, le privilège et le plaisir de tout catholique romain du Manitoba d'être également fier de sa nationalité anglaise et de sa nationalité canadienne.

Un cachet de maîtrise scelle cette mémorable péroraison.

*
* *

Nul être humain ne demeure insensible aux faveurs de la popularité. Tout homme s'enivre des capiteuses ivresses de la gloire et sent son cœur tressaillir aux approches du triomphe. L'année 1897 sera pour M. Laurier l'année prédestinée. Le cérémonial du Jubilé jettera un jour éclatant sur le Premier canadien; l'apothéose de la puissance anglaise laissera d'ineffaçables souvenirs dans l'âme de l'enfant de Saint-Lin ; l'enthousiasme suscité sur son passage, le premier rôle confié à sa puissante individualité évoqueront en ses pensées les plus hautes visions. Mais, au milieu de ce cadre grandiose, ce citoyen exceptionnel entreverra la race canadienne-française resplendissant au loin dans les lumineuses perspectives de l'avenir? Peut-être même se représentera-t-il le triom phe prochain d'un Canada prouvant ses droits au titre de grande puissance et faisant son entrée dans l'arène internationale? Au cœur même de ce somptueux appa rat, les seules lumières de sa conscience déjoueront les plus habiles calculs. La noblesse d'une dignité qui ne compose point avec la savante diplomatie de M. Chamberlain ; la maîtrise d'une éloquence qui incarne l'honneur et la vitalité du libéralisme canadien, feront reconnaître et briller aux yeux de l'Univers l'éminence de ses vertus et la grandeur de son caractère.

*
* *

En prenant le pouvoir, le parti libéral, qui assumait le soin de diriger le Canada dans la voie des améliorations sages et mesurées, ne prétendit point établir d'un seul coup le libre-échange.

Il nommait une commission qui parcourut le Canada de l'Atlantique au Pacifique, recueillant tous renseignements, interrogeant toutes les classes de la société : industriels, commerçants, fermiers. Cette enquête, nécessaire pour établir les modifications au régime douanier existant, dura quelques mois ; elle était à peine terminée lorsque les États-Unis adoptèrent, en mars, le bill Dingley dont le caractère protectionniste modifiait, du tout au tout, les sentiments du parti libéral qui se voyait ainsi enlever tout espoir d'accord commercial.

M. Laurier n'avait-il pas dit cette même année, au banquet du maire de Montréal :

Que le gouvernement canadien entamerait des pourparlers avec les autorités de Washington de la façon suivante : « Nous ne venons pas ici en suppliants, mais en hommes libres, pour parler affaire avec des hommes libres. Si vous acceptez nos offres comme base de négociations, négocions; mais, si vous supposez que nous sommes venus ici simplement pour causer du tort à notre pays, il est inutile de compter sur nous. »

Lassé par ses efforts infructueux[1] pour arriver à une entente économique, le cabinet Laurier se trouvait rejeté vers l'Angleterre par la force des circonstances.

Il se retournait donc entièrement vers la Grande-Bretagne et lui appliquait un traitement de faveur s'appropriant ainsi l'article primordial du programme conservateur. C'était dérober sa meilleure flèche dans le carquois de son adversaire, cette volte-face annihilant le principal argument de l'opposition.

1. Le 24 mars 1897, le journal (anglais) le *Globe*, organe des leaders libéraux, s'exprimait ainsi : « Nous commençons à être singulièrement fatigués d'offrir la réciprocité et de recevoir en échange des bills Dingley, des lois sur le travail étranger et des propositions d'abolir les privilèges d'entrepôt. Nous en arrivons à cette conclusion qu'un des meilleurs arguments, pour la réciprocité, que nous puissions présenter à la nation de l'autre côté de la frontière, c'est de lui montrer que nous pouvons nous passer de la réciprocité. Si les Américains n'ont pas besoin de nos produits, consommons-les nous-mêmes, ou trouvons d'autres clients. S'ils ferment la porte au nez des travailleurs canadiens, faisons de notre mieux pour leur trouver de l'emploi chez nous. Si ce n'est pas un acte non amical (*unfriendly*) de conserver les industries américaines pour les travailleurs américains, eh bien, ce n'est pas un acte non amical de veiller à ce que les travailleurs canadiens jouissent d'une préférence analogue dans leur propre pays. Nous signalons cette modification du sentiment libéral à l'attention de ceux qui supposent qu'on peut forcer la main à ce pays en lui refusant des privilèges commerciaux. »

La session s'ouvrait à Ottawa le 25 mars, et le 23 avril le ministre des Finances, M. Fielding, déclarait que « la grande république américaine avait bien montré par le vote du bill Dingley qu'elle n'était pas disposée à entretenir des relations de bon voisinage avec le Canada. Elle avait le droit de ne tenir compte que de ses intérêts, mais le Canada, de son côté, avait le droit de n'envisager que les intérêts canadiens. » « La Grande-Bretagne, ajoutait M. Fielding, va jouir d'un traitement de faveur et ce sera la juste compensation de la conduite généreuse qu'elle a eue à l'égard du Canada et dont elle ne s'est jamais départie. » Le parti libéral canadien notifiait ainsi officiellement aux États-Unis sa future ligne de conduite dans le domaine économique.

En réponse aux plaintes formulées par plusieurs membres de la Chambre des Communes contre la mise en vigueur par les États-Unis d'une loi sur le travail étranger spécialement dirigée contre les ouvriers canadiens, M. Laurier avait déjà déclaré au sujet de ce prohibitionnisme à outrance que :

Cette loi était une tache dans la Constitution américaine et indigne d'une nation civilisée....

Il avait promis en septembre 1896 que :

... Le gouvernement canadien tâcherait d'obtenir le retrait de cette mesure en tant qu'elle concernait les Canadiens et que, s'il n'y réussissait pas, il ferait adopter, comme mesure de défense, sinon de représailles, une loi semblable au Canada.

En raison de ces réclamations, le ministère surveillait de près la législation relative au « Alien labour bill » qui se discutait alors au Congrès américain.

M. Laurier s'en était à nouveau expliqué au Parlement :

Si la législation projetée — assurait-il — devait êtr
inscrite dans la Constitution américaine, il était prêt à édic
ter mesure pour mesure. Personnellement, il n'était poin
favorable aux législations exclusives, mais il admettait s:
justification en tant que mesure de répression. Si donc un
restriction nouvelle était imposée par les États-Unis, l
Parlement canadien serait requis de répondre à la législa
tion américaine mot pour mot et dans le cas où le Congrè:
adopterait cette loi, le Canada inscrirait dans ses statuts l:
même prohibition.

Mais les États-Unis avaient donné suite à l'accomplissement de leur programme intégral et la Constitutio
américaine s'était enrichie d'une loi répressive envers l
travail canadien. La Confédération ripostait et, le 8 avril
l' « Alien labour law » passait sans opposition en second
lecture à Ottawa.

M. Laurier résumait et terminait les débats en ce:
termes.

Le sentiment unanime de la Chambre a paru se traduir
par cette pensée : que le peuple canadien n'a devant lu
d'autre alternative que d'établir une loi semblable à cell
en vigueur aux États-Unis.... Ce que nous avions de mieu:
à faire en faveur du pays était en conséquence d'adopter l
forme de la loi américaine.

Le mouvement libéral s'étant, comme on le prévoyait
très étendu, les élections provinciales de Québec je
taient à bas l'édifice majestueux du torysme et attestaien
un courant irrésistible de libéralisme. La situation poli
tique du gouvernement se trouvait ainsi immensémen
fortifiée. M. Laurier y puisait une vigueur nouvell
pour ses futures négociations.

M. et Mme Laurier quittaient Ottawa, le 5 juin, pour se rendre en Angleterre. Le *Times* faisait à ce propos les réflexions suivantes : « Le représentant de la nation sœur ne vient pas ici prendre part aux réjouissances de la race, les mains vides. Les propositions canadiennes relatives au privilège commercial en faveur de la Mère patrie que nous apporte M. Laurier ont été accueillies, de toutes parts, en Angleterre, comme une preuve du désir du Canada de resserrer encore les liens qui réunissent les diverses parties de l'empire en un seul bloc. »

Le premier ministre du Canada était l'objet, dès ses premiers pas en Angleterre, d'une attention qui devait s'attacher à lui jusqu'à la fin du Jubilé. Il arrivait, d'ailleurs, en Europe, investi d'une haute autorité et précédé d'une égale réputation.

Il était reçu à Liverpool par le duc de Devonshire. Dans ce grand port anglais, en cette ville d'universelle renommée, M. Laurier prononçait un premier discours.

« C'était la première fois qu'un orateur canadien-français, maniant avec aisance la langue française, se trouvait en présence d'un auditoire anglais; et, ni l'auditoire, ni le public canadien, ni les amis de M. Laurier de ce côté-ci de l'Atlantique, ne pouvaient rien souhaiter de mieux que la façon dont il s'est acquitté, dès cette première rencontre, du rôle délicat et superbe qui lui est échu[1]? »

Son loyalisme et son talent oratoire vont lui concilier toutes les sympathies. La vibrante péroraison de son discours de Liverpool est d'une éloquence qui n'appartient qu'à lui, tout anglaise de paroles, elle est toute canadienne de cœur. « Saluant d'une envolée superbe l'aurore du jour où le parlement de Westminster abritera sous ses voûtes solennelles la sélection du genre hu-

----

1. M. Hector Fabre.

main », il provoque les applaudissements et soulève l'admiration :

Il n'est pas dans le génie de la race britannique, dit le chef du gouvernement canadien, il n'est pas dans les traditions de l'histoire d'Angleterre, d'écrire des constitutions et d'inventer des théories; mais c'est le génie de l'histoire d'Angleterre et c'est le génie de la race britannique d'avancer lentement, de ne jamais bouleverser l'ordre de choses existant, que lorsque l'ordre de choses existant est devenu pénible, intolérable, bref un légitime sujet de plaintes, et de n'avancer que jusqu'au point où l'exigent les circonstances du moment. Aujourd'hui il existe aux colonies des aspirations vers une union plus étroite, vers un élargissement des droits conférés au citoyen britannique; mais il n'y a aucun sujet de plaintes. Nous sommes satisfaits de notre sort.

Telles sont les premières et importantes paroles que M. Laurier livre aux méditations des « fabricants de constitutions sur le papier ».

Quels sont au juste — ajoute le Premier canadien — les sentiments qui nous animent au Canada? Notre population n'est pas tout entière, vous le savez, d'origine anglaise; un tiers est de descendance française. Quels sont les sentiments propres de cette population canadienne-française? Quelles sont ses aspirations?

La réponse est aisée. Mes aïeux ont combattu sur bien des champs de bataille les soldats anglais pour garder au roi de France la colonie du Canada. Ils ont repoussé invasion après invasion; et sur tous les points du globe où la valeur française, l'énergie et la constance britanniques, se sont trouvées en présence, il n'en est aucun, où, de part et d'autre, ces qualités distinctives des deux races aient brillé d'un pareil éclat. Le jour vint cependant où la fortune des armes tourna contre nous. Nos ancêtres devinrent à la suite des revers, en vertu d'un traité définitif, sujets britanniques. Ce jour-là, ils réclamèrent aussitôt de l'autorité

impériale les droits inhérents au titre de sujets britan
niques, d'exercer en liberté leur religion, de parler leur
langue et de maintenir leurs institutions particulières.
Leur religion, je suis heureux de le dire, a toujours été
respectée; mais leurs droits politiques leur furent longtemps disputés ; lorsque des concessions furent faites,
je le reconnais, elles le furent gracieusement et dans l'esprit le plus large. Permettez-moi aujourd'hui de vous dire
ceci; mes compatriotes ayant obtenu tous les droits de
sujets britanniques, c'est pour eux un devoir, un point
d'honneur, une œuvre de prédilection, d'accepter en toute
leur étendue les obligations et les responsabilités qui en
découlent. Ils sont fiers de leur origine — ils descendent
d'une race fière — et s'ils sont ainsi fiers de leur origine,
— peu d'entre vous songeront à leur contester ce droit, —
ils ont également au cœur une autre fierté, celle de la
gratitude ; et laissez-moi vous dire que, dans ce vaste Empire, il n'est point de classes de sujets de Sa Majesté, d'où
monteront vers le ciel, au jour du Jubilé, de plus ferventes
prières pour la Reine.

Ce magistral exposé des idées canadiennes recueillait
tous les suffrages de l'auditoire que l'orateur avait séduit
par la justesse de ses opinions et le charme de sa parole
exprimée dans une langue élevée.

De Liverpool, M. Laurier se rendait à Edimbourg :

Le nom de l'Écosse m'est cher — disait-il dans la capitale
écossaise.

Puis, parlant du principe de la Fédération :

Le temps viendra — énonce-t-il — où les relations entre
les colonies et la mère patrie ne pourront demeurer ce
qu'elles sont ; elles se briseront ou se resseront. La réponse à ce dilemme appartient à l'Angleterre, à l'Ecosse et
à l'Irlande, car les colonies seront toujours disposées à

cultiver la piété filiale aussi longtemps que l'Angleterre les soutiendra.

M. Laurier prenait alors la route de Londres. S'arrêtant à Manchester, il visitait la grande ville manufacturière et prenait la parole à une réunion en l'honneur des Premiers coloniaux.

Quels qu'aient pu être les espoirs coloniaux — déclare le Premier Ministre canadien, ils sont de beaucoup dépassés à l'heure actuelle. Les colonies sont fières de leur mère patrie. Elles sont fières d'être annexées à une nation qui fut dans le monde entier le berceau de la liberté civile et religieuse.

M. Laurier recevait partout un grand accueil. C'était le héros du voyage des ministres coloniaux. C'était le « lion » du moment. Les Anglais semblaient, en effet, particulièrement heureux de saluer, dans leur représentant le plus éminent, les Canadiens-Français ralliés à l'impérialisme britannique.

Au banquet présidé par le prince de Galles et en présence de Lord Salisbury, de M. Chamberlain, de Lord Rosebery et des autres Premiers coloniaux, M. Laurier dessinait, en quelques traits, l'attitude du Canada et la physionomie particulière de ce pays fidèle à ses glorieux souvenirs et à sa double origine.

Le Canada est une nation — dit-il —, sa population est supérieure à celle de plusieurs nations européennes. Les colonies britanniques sont faites pour devenir des nations libres : la nation canadienne l'est, et la liberté, voilà sa nationalité.

Je suis venu ici pour dire que la séparation ne nous donnerait pas un seul droit que nous n'ayons déjà. Chacun me

demande de dire, des multitudes de gens m'écrivent pour
savoir quels sont les sentiments des Canadiens-Français :
nous vénérons la terre de France qui nous a donné le jour;
nous sommes loyaux à la couronne britannique qui nous a
donné la liberté.

Le Canada a élevé au marquis de Montcalm et au général Wolf ensevelis, l'un dans sa victoire, l'autre dans sa
défaite, un pieux monument commun, unique au monde et
qui marque bien les véritables sentiments des Canadiens
d'origine française et d'origine britannique, races égales
en courage, en gloire et en renommée.

Ce monument porte cette inscription qui proclame nos
sentiments envers la France et envers l'Angleterre : *Mortem
virtus communem; famam historia; monumentum posteritas
dedit*; aux deux héros leur courage a donné une mort commune, l'histoire une gloire égale, leurs descendants un
même tombeau.

Le 21 juin avait lieu à Birmingham un grand banquet
en l'honneur des Premiers coloniaux. M. Chamberlain,
qui s'était découvert de maternelles tendresses pour la
fédération impériale, y assistait. M. Laurier, présent au
dîner, laissait en son discours tomber cette phrase courte
mais frappante :

La conviction générale dans toutes les colonies est qu'un
plus intime rapprochement avec la mère patrie leur serait,
ainsi qu'à l'Angleterre, également profitable.

M. Chamberlain, très disposé à s'insinuer dans les faveurs coloniales, répondait en ces termes : « L'autre jour,
M. Laurier parlant de l'état satisfaisant des relations
entre les colonies et la mère-patrie faisait remarquer que
la situation actuelle ne pourrait durer éternellement et
que de deux choses l'une : ou les colonies se rapproche-
raient plus étroitement et prendraient une plus grande

part à l'administration de l'empire, ou inclineraient peu à peu vers la séparation.

« C'est là que gît, à son avis, le plus grand problème confié à l'examen des hommes d'État d'aujourd'hui. Nous devons comprendre, dans le Royaume-Uni, que l'éloignement de l'une quelconque de nos colonies serait non seulement un désastre, mais, au surplus, le plus grand discrédit qui puisse rejaillir sur nous. Si ce sentiment se trouve être partagé par nos compatriotes de l'autre côté des mers, il n'est pas douteux qu'ils n'arrivent à trouver un moyen effectif de donner une forme pratique aux aspirations communes. Si les colonies autonomes désiraient à un moment donné prendre une part quelconque aux gloires et aux responsabilités de l'Empire, elles nous trouveraient prêts à faire plus de la moitié du chemin conduisant à l'objectif commun. »

** **

Au Jubilé de la reine Victoria, apothéose expressive de l'univers anglo-saxon, le Canada, en la personne de sir Wilfrid Laurier, occupe la première place. C'est la Confédération canadienne qui, dans ce défilé mémorable, figure le monde colonial. Cette solennelle et pompeuse manifestation, symbole universel du respect et de l'amour professés par tout un peuple pour la plus vénérable des souveraines, réunit dans une même pensée toutes les classes et toutes les parties de l'Empire anglais.

« On s'est plu à voir, dans ce Jubilé, surtout le couchant d'un règne. Il est autre chose encore et mieux que cela : une aurore peut-être. L'Angleterre, par cette halte solennelle qui lui permet de se contempler soi-même, un instant, dans sa gloire, célèbre sa grandeur passée et prépare sa grandeur future. Ce défilé où se rencontrent des hommes venus de tous les points du monde est plus que l'étalage d'une réalité flatteuse à l'orgueil britannique. Il nous est une vision d'avenir. Le jubilé, qui clôture une période, en ouvre une autre [1]. »

En cette fête imposante et féconde en spectacles grandioses, hommage aussi chaleureux et aussi unanime que jamais monarque en reçut, la Grande-Bretagne se révèle enivrée de sa puissance.

C'est la grandeur britannique à son apogée qui éclate et se donne libre cours au milieu d'un déplacement de forces qui frappe les esprits et incite à toutes les illusions. « L'Anglo-Saxon jouit de la plénitude de son triomphe, il est midi à son horizon. »

Le Premier Canadien soutint l'honneur qu'on lui décernait avec une distinction et un prestige qui lui rallièrent tous les suffrages. Ce haut citoyen remplissait toutes ses promesses, dépassait toutes nos espérances, et donnait aux deux Frances le droit de se montrer personnellement fières de ses succès. La reine Victoria le nommait à cette occasion membre du Conseil privé et grand-croix de l'ordre de Saint-Michel et de Saint-Georges.

M. Wilfrid Laurier était désormais sir Wilfrid Laurier.

Il sied à une grande nation d'honorer les hommes qui participent à sa gloire et nulle ne paye cette dette avec autant de munificence que l'Angleterre.

Aussi le Canada tout entier pouvait-il se montrer orgueilleux de la magnifique hospitalité accordée à son premier ministre.

Il était reçu avec un indescriptible enthousiasme par la haute société britannique qui sanctionnait l'initiative politique du gouvernement.

1. Paul Hamelle.

Le 29 juin, sir Wilfrid Laurier assistait au banquet du
« Dominion Day ».

Il y justifiait son titre de grand orateur. Il y parlait
fièrement à cœur ouvert, émaillant son discours de quelques pointes d'humeur belliqueuse ·

Quelques-uns des hôtes réunis, ce soir, à cette table ont
eu et le privilège et le plaisir de commémorer la naissance
d'une jeune nation. Peut-être cependant la célébration de
cette fête tient-elle aujourd'hui son charme et son plaisir
de ce fait qu'elle prend place sur le sol de la vieille mère
patrie.

S'il m'est permis d'exprimer mes propres sentiments, je
dirai sans hésitation que jamais peut-être mon pays natal
ne m'a été plus cher qu'il ne l'est en ce moment même.

Je puis dire que j'aime l'Angleterre, j'aime l'Écosse, j'aime
l'Irlande, mais qu'il me soit en revanche permis de dire
que la première place dans mon cœur est pour le Canada,
mon pays natal. Nous Canadiens, nous aimons le Canada,
notre terre natale ou notre terre d'adoption, et nous en
sommes fiers. Nous en sommes fiers autant que de son histoire aussi romantique et aussi touchante qu'une fiction.

Sir Wilfrid Laurier n'est pas moins éloquent lorsqu'avec énergie et conviction il proclame en toute latitude les sentiments de la race qu'il incarne.

Je regrette de dire que de trop nombreuses causes de
dissentiment existent encore entre la Grande-Bretagne et
les États-Unis, mais ayons l'espérance que les dieux de la
guerre n'étendront jamais leurs ailes sur ces pays. Laissez-
moi vous affirmer que, s'il en était plus tard ainsi, les sentiments de mon propre peuple de la colonie du Canada se
montreraient et resteraient fidèles au drapeau qui les protège eux et leur liberté.

Si, à mon lit de mort, je puis dire que, au prix de mes
efforts, une seule erreur a disparu, un seul préjugé a été

détruit, qu'au prix de mes efforts les inimitiés de race ont
fui de la terre canadienne... je mourrai heureux en la conviction que ma vie n'aura pas été vécue en vain.

Ce discours prend fin au bruit d'innombrables bravos.
Tous les convives se sont levés et durant quelques minutes le bruit des applaudissements dépasse toute imagination.

Au banquet offert par le lord-maire aux Premiers
Coloniaux, nouveau discours de sir Wilfrid Laurier.

Je revendique le privilège d'être un descendant de la
grande nation qui fut, durant de si nombreuses années,
durant tant de siècles, la rivale de la Grande-Bretagne. Je
suis fier de cette origine, mais je n'en suis pas moins
Anglais.

Moi et mes compatriotes, nous avons appris à apprécier
la loi de l'Angleterre : il n'y a pas un homme au Canada
qui ne se soit rendu compte qu'il jouissait sous le drapeau
anglais d'une liberté que le régime français ne lui aurait
pas assurée. Et la liberté est le plus grand bonheur de
l'humanité.

Les réceptions s'accumulent sans répit, les banquets se
succèdent et sir Wilfrid Laurier parle toujours : son
éloquence ne semble point se tarir. Toujours très
applaudi et surtout très commenté, son langage dénote
invariablement une grande hauteur de vue alliée à un
sincère patriotisme ; aucune fatigue n'obscurcit son éclat,
et l'enthousiasme de ses auditeurs, enthousiasme toujours splendide, est également toujours mérité.

Invité au banquet du Club National, il s'écrie :

La race que je représente est loyale à l'Angleterre parce
qu'elle est libre, et, aussi longtemps qu'elle sera libre, elle
sera loyale.

L'homme qui tient ce langage si fier, qui se fait l'écho de sentiments aussi indépendants, qui les exprime aussi nettement, est, nul ne l'ignore, en parfaite communion d'idées et d'aspirations avec le peuple qu'il représente et dont il précise ainsi sciemment les intimes pensées.

Il donne notification à l'Angleterre que, suivant son **bon** plaisir, un poids de plus peut être un jour ou l'autre jeté **dans la balance** internationale et que, colonie à l'heure actuelle, le **Canada peut demain prendre place** dans le cénacle des nations maîtresses de leur destinée.

C'est encore du Premier Canadien qu'émanent ces paroles prophétiques fièrement jetées à un auditoire de notabilités anglaises :

Le Canada est toujours une colonie, mais je n'aime pas ce mot et je pense qu'un moment viendra où ce mot « colonie » sera remplacé par un autre.

Nous avons une population de 5 millions d'habitants, mais n'avons-nous pas un territoire qui peut en nourrir 100 millions?

Ce sont de ces paroles incisives, ce sont de ces traits puissants désormais incrustés dans l'histoire que ce « catholique romain, héros de l'Angleterre protestante », sème en guise de réplique au hasard des circonstances comme au gré de ses jaillissantes impressions.

Dans tous les discours qu'il a prononcés sur le sol du Royaume-Uni, il a hautement proclamé la « loyalty » des Canadiens-Français, affirmé solennellement l'attachement de ses compatriotes à la métropole britannique; il a professé le plus grand respect pour l'Angleterre, tout en demeurant à la fois excellent Français et sincère Canadien.

Nulle figure n'a été plus prédominante et plus honorée, au cours de la triomphale tournée des Premiers Coloniaux que celle de ce Français d'Amérique « qui, par une alliance heureuse, joint au **prénom anglais** de Wilfrid le nom français de Laurier »[1].

Serait-ce une coïncidence heureuse qui l'a élevé à la première situation canadienne, à cette époque inoubliable? en tout cas, ce n'en est pas une qui l'a fait choisir pour mériter la confiance non seulement du gouvernement britannique mais aussi du peuple anglais. Sir Wilfrid Laurier incarne en sa personne deux principes sur lesquels reposent la force et l'union de l'Empire. Comme premier ministre d'un gouvernement fédéral, il représente à un degré plus élevé que tout autre Premier Colonial le principe de l'autonomie gouvernementale et la responsabilité personnifiant la liberté impériale.

En tant que Français et catholique, il symbolise le principe de la tolérance de races et de religions sur lequel est basée l'union de l'Empire.

Sir Wilfrid Laurier personnifie le plus haut développement de l'activité coloniale britannique; il parle au nom de cinq millions d'habitants; il se présente au nom de sept colonies.

* * *

Mais ce fut principalement à la Conférence internationale, qui se réunit au cours des fêtes du Jubilé, que Sir Wilfrid Laurier devait exprimer exactement ce double sentiment de l'opinion publique canadienne : loyalisme et indépendance. L'accord de ces deux expressions, représentant l'esprit régnant au Canada, fut l'idée première de toutes ses paroles, le thème favori de toutes ses déclarations.

Le Canada pouvait compter sur sa fermeté et sa clair-

1. Paul Hamelle.

voyance pour la sauvegarde de ses droits et de ses intérêts. Sir Wilfrid Laurier était, en effet, résolu à ne sous-
crire à rien qui pût, sous de trompeuses apparences,
entraîner la mutilation de l'autonomie canadienne; le
témoignage de haute confiance qu'il tenait des Canadiens lui imposait des devoirs et lui traçait la route à
suivre.

Durant les séances de cette mémorable conférence,
les Premiers Coloniaux eurent le spectacle peu banal
d'entendre M. Chamberlain aborder toutes les questions
concernant la fédération impériale. Le ministre des Colonies anglaises, dépouillant sa hauteur habituelle, se fit
souple et insinuant pour les inciter, avec toute la déférence possible, à constituer un grand Conseil de l'Empire
où seraient discutés et approfondis les projets de défense impériale.

C'est alors que le Premier Canadien, à qui le demi-
siècle déjà vécu assurait le bénéfice d'une expérience
nourrie de saine logique et de froide raison, fit acte de
politique habile. Il obtint, au point de vue de l'entente
commerciale, le vote de la résolution suivante : « Les
premiers ministres des colonies autonomes recomman-
dent énergiquement et à l'unanimité la dénonciation, et
à la première occasion favorable, de tous les traités qui
gênent actuellement les relations commerciales entre la
Grande-Bretagne et ses colonies. »

Le mois de juillet n'était d'ailleurs pas écoulé que la
dénonciation des deux traités de 1862 et de 1865 était
un fait accompli à Bruxelles et à Berlin[1].

1. Pour mesurer toute la gravité de cette double détermination, il faut la rapprocher de deux autres faits, qui seraient
sans importance en d'autres circonstances, mais qui prennent,
pour avoir été accomplis dans celle-ci, à peu près dans le même
temps, et sous l'inspiration visible des mêmes sentiments, une
valeur singulière : le don, sans condition, à l'empire, d'un cuirassé
par le Cap; l'admission de juges coloniaux à la Cour suprême.

Mais lorsque M. Chamberlain mit sur le tapis la question de la défense impériale et des dépenses navales ou militaires en résultant, sir Wilfrid Laurier se refusa, courtoisement mais énergiquement, à donner suite à l'initiative du ministre des Colonies qui, se complaisant dans la pensée d'une fédération, tendait vers ce but de toutes ses énergies, avec l'espoir d'en exploiter la réalisation au profit de son intense orgueil.

Derrière ces brillantes perspectives de fédération [1], apparaissaient en un lointain obscur certaines éventualités susceptibles de constituer un danger qui n'échappait pas à la clairvoyance réfléchie du Premier Canadien; tout à l'intelligence des grands intérêts de sa race, il n'en détournait point son attention.

De sa parole à la fois magistrale et décisive, sir Wilfrid Laurier écrasait dans l'œuf toute hantise fédérative. Avec toute la solennité convenant à l'ampleur du sujet traité, il maintint, envers et contre toute prétention métropolitaine, l'intégrité de l'autonomie canadienne.

D'accord avec le parti conservateur, le parti libéral anglais, dans ces trois événements salue, avec raison « trois fruits du Jubilé ». Il y croit distinguer le commencement « d'une flotte commune, d'un commerce commun, d'une administration commune ». (Paul Hamelle.)

1. « Si la fédération impériale ne manque pas de partisans aux colonies, c'est qu'ils pensent que la métropole serait, plus encore qu'aujourd'hui obligée de prendre leur mot d'ordre, et de conformer sa politique à leurs désirs. « C'est un fil ténu (a slender thread) disait M. Chamberlain il y a un an, qui unit les colonies à l'Angleterre ; mais je me souviens d'avoir visité des usines électriques où, à travers un fil ténu, passait un courant capable de faire mouvoir les machines les plus puissantes. » Sans doute, mais il y a des limites pourtant au courant que peut transmettre un fil, et, si ces limites sont dépassées, le fil rougit et se brise. Peut-être serait-ce cette rupture qu'on amènerait en voulant rendre trop intimes les relations de la Grande-Bretagne et de ses colonies, et la forme actuelle de l'Empire britannique, qui a permis son développement, est-elle plus propre qu'aucune autre à assurer sa durée? (Pierre Leroy-Beaulieu.)

Sa réplique, digue efficace contre l'excès des exagérations impérialistes, apparut à ce titre comme la double condamnation de l'impérialisme anglo-saxon et de son champion fervent, M. Chamberlain.

« Celui qui ne demande rien aux puissances de ce monde ne risque point de tomber sous leur joug. »

Aussi, fort de ce principe, le chef du Gouvernement d'Ottawa mettait-il une sorte de point d'honneur à laisser entendre qu'aucune séduction, quelque grandiose fût-elle, ne saurait altérer la libre fermeté de son jugement et modifier en quoi que ce soit la libre expression de sa conscience.

Les déclarations du Premier Canadien, chef incontesté de ses collègues coloniaux, ne laissèrent pas de produire un effet considérable en Angleterre. Au point de vue exclusif de la politique extérieure de la Grande-Bretagne, elles furent l'objet d'un intérêt quasi universel.

Fidèle interprète des sentiments d'un peuple qu'il dirige avec une impressionnante maîtrise, partageant au vu et au su de tous ses prévisions en matière d'indépendance, sir Wilfrid Laurier ne pouvait logiquement qu'être hostile à tout engagement politique incompatible avec les doctrines préconisées par son parti; engagements susceptibles par surcroît de porter ultérieurement atteinte à des aspirations de jour en jour plus intenses.

Le Canada en général et la race canadienne-française en particulier n'attendaient pas moins d'un homme qui, ayant compris et savamment utilisé les leçons de l'expérience, s'était rendu compte que les intérêts des colonies et de la mère patrie étaient loin d'être identiques et que, dans ses excès d'impérialisme belliqueux, la toute-puissance de la métropole était de nature à leur faire courir certains dangers qu'une solidarité navale ou militaire pouvait facilement transformer en catastrophe.

Laissant à leurs chimères les professionnels de l'império-fédéralisme, l'illustre Premier Canadien sentait bientôt vibrer son âme à l'aspect de la vraie patrie de son cœur et de son esprit.

Aussitôt arrivé en France, sir Wilfrid Laurier était reçu en audience particulière par le Président de la République qui lui remettait les insignes de grand officier de la Légion d'honneur.

Cette haute distinction était un juste hommage rendu aux vertus civiles et politiques du premier magistrat de la Confédération canadienne. C'était un honneur pour le Canada, et la France entière s'en réjouissait à juste raison.

La visite du Premier ministre canadien à la patrie de ses ancêtres fut un véritable succès, il y était attendu avec l'intérêt le plus sympathique. L'élite intellectuelle, qui ressentait une véritable émotion à l'entendre, l'applaudissait chaleureusement en maintes occasions.

Durant son séjour à Paris, il devait montrer qu'il avait gardé la fierté de son origine et le culte de la tradition française. Lui-même n'appartenait-il pas à notre patrie, puisque, membre de cette grande lignée française d'universelle renommée, il représentait dans une suprême expression de loyauté et d'énergie la conviction des Canadiens-Français. Véritable interprète de l'indissoluble union de cœur qui règne entre les deux Frances qu'il confond dans une seule et même affection, sa visite en attestait et en consacrait le resserrement; sa parole l'affirmait avec autant d'éclat que d'élévation.

Sir Wilfrid Laurier assistait au banquet offert par la Chambre de commerce anglaise aux Premiers Coloniaux.

Après une série de toasts, le Premier Canadien prononçait un fort beau discours.

Puisque je suis appelé, dit-il, à l'honneur de répondre à

ces toasts, je crois être fidèle à la pensée qui les inspire, telle du moins que je la comprends et que je l'interprète, en cessant ici l'usage de la langue anglaise, pour me servir de ma langue maternelle, de la langue que j'ai apprise sur les genoux de ma mère, qui fut apportée au Canada voici plus de trois siècles par des colons venus de France, et que leurs descendants ont religieusement, pieusement conservée pour la transmettre eux-mêmes à leurs enfants et aux enfants de leurs enfants.

Oui, si l'Empire britannique s'est élevé aux magnifiques proportions qu'il présente au monde, et que la France, seule, je crois, de toutes les nations de l'Europe, consciente de sa force et de sa grandeur, a su reconnaître et apprécier, il ne s'est élevé, il ne s'est maintenu, il ne saurait se maintenir, que sur les larges assises de la liberté, de la liberté civile, politique et religieuse, de la liberté qui sait respecter les croyances, la langue, les institutions, les lois, les coutumes de tous les éléments divers qui sur tous les points du globe, reconnaissent la suzeraineté de la couronne, portée aujourd'hui avec tant d'éclat par Sa Majesté la Reine-Impératrice.

Nous, Canadiens d'origine française, nous avons été séparés de la France au dernier siècle, non pas tant par les chances toujours incertaines de la guerre que par la mollesse, l'incurie, l'impéritie, du roi de France. Lorsque Louis XV s'endormait sur son trône, — sur ce trône qu'ébranlaient déjà les premières vagues de la grande tempête qui, quelques années plus tard, devait emporter le trône et la société tout entière — il n'est pas étonnant que la perte de ce que les courtisans appelaient « quelques arpents de neige » n'ait été pour lui qu'un léger souci; il n'est pas étonnant qu'il n'ait rien fait pour porter secours à ceux qui, en Amérique, multipliaient des prodiges égalés peut-être, mais jamais surpassés par la valeur française, pour lui conserver non pas quelques arpents de neige, mais un Empire près de deux fois plus grand que l'Europe.

Séparés de la France, nous n'avons jamais oublié l'honneur de notre origine; séparés de la France, nous en avons

toujours ardemment gardé le culte; séparés de la France,
si nous avons perdu notre part de ses gloires, nous avons
fait une conquête toujours chère aux âmes françaises. En
parcourant Paris hier, je croyais plus ou moins d'avance
en connaître la beauté. La beauté de Paris a été rendue
célèbre dans le monde entier, par le livre, par la peinture,
par la gravure, par tous les moyens que la littérature et les
arts mettent à la disposition de la publicité moderne. Mais,
si préparé que l'on y soit, la beauté de Paris étonne ceux
qui, pour la première fois, en repaissent leurs yeux. En parcourant cette ville, belle entre toutes les villes, j'ai remarqué sur la plupart de ses édifices publics la fière devise
que les armées de la République promenèrent à travers
l'Europe : *Liberté, égalité, fraternité*. Eh bien, tout ce qu'il
y a, dans cette devise, de vaillance, de grandeur et de générosité, nous l'avons aujourd'hui au Canada : c'est là notre
conquête. La liberté : nous l'avons absolue, complète, plus
complète — pardonnez à ma fierté nationale l'affirmation
que j'en fais — plus complète que dans n'importe quel
autre pays au monde; liberté pour notre religion, avec son
culte, ses cérémonies, ses prières, ses coutumes; liberté
pour notre langue qui est langue officielle comme la langue
anglaise; liberté pour toutes ces institutions que nos ancêtres apportèrent de France, et que nous regardons comme
un héritage sacré.

L'égalité, nous l'avons. Et quelle autre preuve vous en
donnerais-je dans ce pays, en majorité de race anglaise et
de religion protestante; les dernières élections générales ont
porté au pouvoir un homme de race française et de religion catholique qui a toujours affirmé haut sa race et sa
religion.

La fraternité, nous l'avons. Il n'y a pas parmi nous de
domination de race sur race. Nous avons appris à respecter
et aimer ceux que, jadis, nous avons combattus et à nous en
faire respecter et aimer. Les vieilles inimitiés ont cessé, il
n'y a plus de rivalité, il n'y a que de l'émulation. Et je dois
rendre cette justice à mes compatriotes de race anglaise
que notre fierté nationale, comme descendants de la France,

ils la comprennent, ils l'apprécient, ils l'admirent, et qu'ils n'en ont que plus de respect pour nous. De nos anciennes luttes, il nous reste à nous, descendants de la France, une relique que nous conservons avec un amour passionné. C'est un drapeau de la France, non pas de la France d'aujourd'hui, mais de l'ancienne monarchie. Il existe parmi nous une tradition soigneusement conservée, que ce drapeau flotta victorieusement, tout un jour, sur les remparts de Carillon, lorsque le marquis de Montcalm y repoussa les assauts répétés de l'armée anglaise. Ce drapeau qui rappelle une victoire française, nous le promenons solennellement dans nos cérémonies religieuses, dans nos processions patriotiques, et jamais nos compatriotes d'origine anglaise n'ont songé à s'en offenser, ou à nous en faire un reproche. Si ce n'est pas là la fraternité, messieurs, qu'est-ce donc que la fraternité ?

Si, en devenant sujets de la couronne britannique, nous avons su conserver nos anciens droits et même en acquérir de nouveaux, d'un autre côté, nous avons contracté des obligations que, descendants d'une race chevaleresque, nous savons pleinement reconnaître et que nous tenons à honneur de proclamer.

Pour moi, je n'hésite pas à déclarer, parlant ici au nom de mes compatriotes, comme je crois en avoir le droit, que par raison politique et par reconnaissance, je suis profondément attaché aux institutions britanniques. A l'heure présente, nos relations avec la mère patrie nous conviennent absolument. Nous sommes satisfaits de notre lot. Nous sommes, de fait, une nation et virtuellement indépendants. Il est manifeste, cependant, que ces relations ne sauraient toujours rester ce qu'elles sont. Un jour viendra, dans un avenir plus ou moins rapproché, où, par le seul fait de notre développement comme peuple et de notre accroissement numérique, le lien colonial, si ténu, si léger qu'il soit, deviendra lourd par cela seul qu'il ne répondra plus à nos aspirations nationales. Quand cet état de choses arrivera, il est évident que le lien colonial deviendra plus complet et plus intime, ou qu'il se rompra tout à fait. Sa

solution sera principalement entre les mains de l'Angleterre. Il est possible que la solution se trouve dans le grand
principe de la représentation impériale. Les colonies françaises sont représentées dans le corps législatif. Notre
situation est bien différente. Nous avons non seulement
notre autonomie locale, mais l'indépendance législative la
plus complète. Si comme prix de la représentation impériale, nous devions renoncer à notre autonomie, à notre
indépendance législative, nous n'en voudrions à aucun prix.
Mais si la représentation impériale doit être la solution,
elle ne saurait venir que comme le complément et non pas
comme la destruction de ce qui existe aujourd'hui. Permettez-moi maintenant, messieurs, d'ajouter que si le rêve
de la représentation impériale doit se réaliser, je regar-
derais, comme un jour glorieux, le jour où le Canada serait
représenté sur le parquet historique des Communes d'Angleterre par un Canadien-Français, qui apporterait dans cette
atmosphère nouvelle, avec sa franche loyauté aux institutions britanniques, la logique d'esprit, l'ardeur de sentiments, la conception poétique des choses, qui, de tout
temps, ont caractérisé le génie français.

Qu'il me soit permis maintenant de faire une allusion qui
m'est toute personnelle! Je me suis laissé dire qu'ici, en
France, il est des gens qui s'étonnent de cet attachement
que j'éprouve et que je ne cache pas pour la couronne_d'Angleterre; on appelle cela ici du loyalisme. Pour ma part,
soit dit en passant, je n'aime pas cette nouvelle expression
de loyalisme; j'aime mieux m'en tenir à la vieille locution
française de loyauté. Et certes, s'il est une chose que l'histoire de France m'a appris à regarder comme un attribut
de la race française, c'est la loyauté, c'est la mémoire du
cœur. Je me rappelle, messieurs, ces beaux vers que Victor Hugo s'est appliqués à lui-même, comme l'inspiration
de sa vie :

> Fidèle au double sang qu'ont versé dans ma veine
> Mon père vieux soldat, ma mère vendéenne.

Cette double fidélité à des idées, à des aspirations distinctes, nous nous en faisons gloire au Canada. Nous som-

mes fidèles à la grande nation qui nous a donné la vie, nous sommes fidèles à la grande nation qui nous a donné la liberté.

Salué d'unanimes applaudissements, ce discours fut le grand succès de la soirée. Cette parole si justement française était chaleureusement applaudie tant par les Français présents que par les membres de la Chambre de commerce britannique.

« Dès les premiers mots de son discours, écrivait à ce sujet M. Hector Fabre, sir W. Laurier a pu voir combien était heureuse l'inspiration qui l'avait poussé à porter la parole en français devant cet auditoire en grande majorité anglais. Le plaisir des uns, l'émotion des autres, ont été visibles, et le succès du début a été grandissant jusqu'à la fin, emportant tous les suffrages. »

Cet homme si remarquable, et pourtant si cordial et si affable, devait nous laisser l'impression d'une force sûre d'elle-même au service d'une moralité supérieure, bien digne d'un véritable chef d'État. Dans son langage perçait et vibrait un sincère autant qu'ardent patriotisme. Du premier au dernier mot de ses discours, l'inspiration se trouvait être sympathique à la France.

Le 2 août avait lieu le banquet offert par les amis du Canada à sir Wilfrid Laurier; il était présidé par M. Cochery, ministre des finances.

Cette réunion toute française préparait un accueil chaleureux à l'intègre citoyen canadien, son frère de sang, d'esprit et d'intelligence.

Dans un discours vibrant de touchante émotion, sir Wilfrid Laurier se révèle l'égal des plus grands orateurs; c'est son cœur qui se livre en un langage où l'harmonie rehausse l'élévation des pensées :

Je chercherais vainement des expressions pour vous dire,

comme j'aimerais à vous le dire, à quel point je suis touché des paroles bienveillantes et beaucoup trop flatteuses par lesquelles vous, M. Cochery, vous avez proposé ce toast, et de la manière dont vous, messieurs, vous l'avez accueilli.

Vous avez, M. Cochery, ouvert un aperçu sur la vie contemporaine du Canada, et vous avez rappelé la part que j'ai prise aux luttes qui s'y sont livrées, et en le faisant vous m'avez fait honneur de sentiments qui remplissent toute mon âme, mais pour lesquels, assurément, je ne réclame ni ne mérite aucun crédit.

Les sentiments que j'ai exprimés dans ces luttes, les idées que j'y ai défendues et les aspirations dont je me suis fait l'écho, sont les sentiments, les idées, les aspirations de la race à laquelle j'ai l'honneur d'appartenir, dans la situation où elle se trouve au Canada; tous autres sentiments eussent été indignes de nous, indignes de notre passé, indignes de notre origine, car, je n'ai pas besoin de vous le répéter, c'est le sang de la France qui coule dans nos veines. (*Applaudissements.*)

Séparés de la France, nous avons toujours suivi sa carrière avec un intérêt passionné, prenant notre part de ses gloires et de ses triomphes, de ses joies et de ses deuils, de ses deuils surtout. Hélas! jamais peut-être nous ne sûmes à quel point elle nous était chère que le jour où elle fut malheureuse. Oui, ce jour-là, si vous avez souffert, j'ose le dire, nous avons souffert autant que vous. (*Sensation.*)

Cependant, séparés de la France par les mers, par la distance, c'eût été faiblesse de notre part de nous éterniser dans d'inutiles regrets et de stériles espérances. Notre devoir était clair et net : c'était de nous redresser fièrement comme des hommes, de porter haut la tête, de conserver pieusement notre héritage, de savoir nous faire respecter en nous respectant nous-mêmes et de développer les immenses ressources de notre pays. Ce devoir, je puis ici l'affirmer, nous l'avons accompli.

Aujourd'hui le Canada est une nation. Oui, je le répète avec quelque orgueil, le Canada est une nation, bien qu'il ne soit encore que colonie. Mais si le Canada est colonie, c'est parce que nous sommes un peuple uni, c'est parce que nous avons la conviction profonde que l'indépendance ne nous donnerait pas plus de liberté réelle que celle dont nous jouissons. Le lien qui nous rattache à la Grande-Bretagne n'est pas un lien imposé par la force; c'est un lien maintenu par l'affection et la gratitude — par la gratitude, dis-je, pour la grande nation qui, non seulement, protège notre liberté, mais protège nos intérêts à ce point que, sur notre demande, elle vient, il n'y a encore que quatre jours, de dénoncer le traité de commerce qu'elle avait depuis trente ans avec l'Allemagne. (*Applaudissements répétés.*)

Notre pays est un pays plein de sève, de vigueur, d'activité et d'ambition. Le sang de la jeunesse bout dans ses veines, il a foi dans son avenir, et il peut s'appliquer cette belle expression d'André Chénier :

> L'illusion féconde habite dans mon sein.
> J'ai les ailes de l'espérance!

Ce n'est pas à vous, Français, qui avez le culte ardent, passionné de la patrie, ce n'est pas à vous pour qui chaque parcelle du sol de la patrie est sacrée, ce n'est pas à vous, dis-je, que j'ai à m'en expliquer; vous me comprendrez, si je vous dis sans déguisement :

« J'aime la France qui nous a donné la vie; j'aime l'Angleterre, qui nous a donné la liberté; mais la première place dans mon cœur est pour le Canada, ma patrie, ma terre natale. »

Certes, mes yeux ne se lassent pas de contempler ce Paris si plein de merveilles, Paris la ville lumière, comme Victor Hugo l'a appelée avec tant de vérité, la plus belle sans contredit de toutes les villes, mais Paris avec toutes ses beautés ne parle pas à mon âme comme le rocher de Québec! (*Assentiments et bravos répétés.*)

Vous en conviendrez avec moi, messieurs, le sentiment national d'un pays n'a de valeur que par l'orgueil qu'il sait inspirer à ses enfants. Eh bien! nous l'avons, nous Canadiens, cet orgueil de notre pays.

Nous sommes fiers de son histoire, et certes c'est une histoire glorieuse. Je n'ai pas besoin de vous le rappeler, messieurs, vous le savez comme moi, mieux que moi, la France et l'Angleterre ont rempli le monde moderne de leurs guerres ; la lutte commencée entre les rois de France et d'Angleterre pour l'interprétation de la loi salique s'est continuée presque sans relâche, à travers les âges, jusqu'à notre époque. Cette lutte, elle se projeta même au delà des mers, et lorsque les deux nations prirent pied en Amérique, bien qu'elles eussent, chacune, devant soi l'espace sans bornes de tout un continent vierge, elles se disputèrent avec rage les misérables huttes qui formèrent leurs premiers établissements. Cette lutte, elle se termina par la perte du Canada pour la France. Et cependant jamais les armées françaises ne brillèrent de plus d'éclat que dans ces immortelles campagnes qui furent conduites par le marquis de Montcalm pour la défense de la colonie. Montcalm! je viens de prononcer le nom de l'un des plus braves soldats de la France, en même temps que l'un des plus heureux. Il ne perdit qu'une seule bataille, mais elle fut fatale. Le 13 septembre 1759, le général Wolfe, le commandant des forces anglaises, après s'être longtemps épuisé en inutiles efforts, parvenait à poster son armée sur les plaines d'Abraham, sous les murs mêmes de Québec! Le marquis de Montcalm sortit immédiatement de ses remparts pour lui donner l'assaut et le repousser sur ses vaisseaux, avant qu'il eût eu le temps de se fortifier ; mais la fortune ne répondit pas à son appel. La victoire, qui lui avait été invariablement fidèle, abandonna ses drapeaux. Cette bataille, qui eut des conséquences immenses, est sans contredit une des plus dramatiques de l'histoire. Les deux généraux y perdirent la vie. Wolfe tomba la poitrine traversée par une balle, rendant grâces à Dieu de ce que ses yeux se fermaient sur la victoire de son armée. Montcalm fut emporté mourant du champ de bataille, lui aussi rendant grâces à Dieu de ce que ses yeux ne verraient pas la reddition de Québec. Le lendemain, en effet, les couleurs d'Angleterre flottaient sur la citadelle, Montcalm rendait à Dieu son âme vaillante, et son corps était déposé dans une excavation qu'un éclat de mitraille avait creusée dans la chapelle du couvent des Dames Ursulines. Jamais soldat n'eut de tombe plus glorieuse ni plus digne de lui.

Cette bataille dont l'enjeu avait été Québec ne fut pas la dernière. Pendant l'hiver, le chevalier de Lévis, qui avait succédé au marquis de Montcalm, était parvenu, après des efforts inouïs, à rassembler une petite armée, et aux premiers jours du printemps, avec une vaillance dont l'audace étonne, il vint à son tour assiéger le vainqueur dans la ville conquise. Le général Murray, renouvelant la tactique de Montcalm, l'automne précédent, sortit de la ville pour lui livrer bataille. Les deux armées se rencontrèrent de nouveau sur le même champ de bataille. Elles se battirent tout un jour. Une fois encore, la victoire fut fidèle aux armes de la France. Le chevalier de Lévis, un des plus beaux, un des plus braves, un des plus habiles soldats que cette terre, pourtant fertile en soldats, ait jamais produits, refoula son adversaire dans les murs de Québec et mit immédiatement le siège devant la ville. Alors se passa un fait dont vous comprendrez la poignante intensité, si vous vous rappelez Waterloo lorsque le cri : « Voici Grouchy! » circula dans l'armée, et qu'au lieu de Grouchy, attendu avec tant d'anxiété, les Prussiens débouchèrent sur le champ de bataille. En 1760, cinquante-cinq ans plus tôt, sur le promontoire de Québec, quelque chose de semblable arriva. Dans les deux camps, il y avait la même conviction, c'est que la victoire définitive appartiendrait à celle des deux armées qui la première recevrait des secours d'Europe. Elles étaient toutes deux dans l'attente. Tout à coup une voile fut signalée à l'horizon. Il se fit une trève dans les hostilités. Les assiégés du haut de leurs remparts, les assiégeants du haut de leurs travaux d'attaque, dans un silence d'une indicible émotion, attendaient les yeux tournés vers la mer. Cette voile d'où venait-elle, de France ou d'Angleterre? Un cri de triomphe partit des remparts : c'était une voile anglaise.

Le chevalier de Lévis leva le siège, et se retira à Montréal où, assiégé à son tour, après une résistance glorieuse, réduit à la dernière extrémité, ayant vainement attendu des

secours que le roi de France ne songeait même pas à lui
envoyer, il dut traiter avec l'ennemi, mais ayant auparavant
brûlé ses drapeaux (*bravos*), pour ne pas les rendre ! (*Applaudissements redoublés.*) C'était la fin de la domination française en Amérique.

Il restait 60 000 colons. Qu'allaient-ils devenir ? La réponse à cette question, vous l'avez déjà donnée, M. Cochery. Nous sommes aujourd'hui près de deux millions,
nous avons conservé notre langue, nos institutions, notre
religion. Vivant côte à côte avec une population britannique,
nous formons avec une nation. Tous les droits qu'ils ont,
nous les avons ; ce qu'ils sont, nous le sommes. Tous ensemble, nous sommes la nation canadienne....(*Applaudissements.*)

La force de notre race a été de ne pas faire de politique
de race. Dans le cœur de tous les hommes, il se trouve des
principes d'éternelle vérité et d'immuable justice, et c'est
sur ces principes que nous avons toujours placé nos droits
et nos devoirs. Si nous avons conservé notre langue, si nous
avons maintenu nos institutions, c'est que nous avons su
faire appel à tout ce qu'il y a d'instinct de justice, de sentiments nobles et généreux dans le cœur de ceux que la Providence nous a donnés comme concitoyens et comme frères,
et c'est aussi parce que nous avons accepté loyalement, de
bonne foi, sans arrière-pensée, tous les devoirs que nous
imposait notre titre de sujets britanniques.

Laissez-moi vous en donner un exemple, un seul, car si
j'entrais dans tous les développements que ce sujet comporte, cela m'entraînerait beaucoup trop loin.

J'ai déjà eu occasion de le dire, et c'est même un plaisir
de le répéter, que l'Angleterre avait toujours respecté notre
religion. Il n'en fut pas toujours ainsi de nos droits politiques. Il ne faut pas s'en étonner, car l'Angleterre n'avait
pas à cette époque la grande politique coloniale qu'elle a
adoptée depuis. Elle nous traitait comme elle traitait tous
ses sujets coloniaux, même ceux de sa propre race. En 1837,
une rébellion éclata dans le Canada. Nous réclamâmes, par
les armes, les droits constitutionnels que nos représenta-
tions n'avaient pu obtenir. Et c'est justice de dire que nos

habitants se battirent, au témoignage même des officiers anglais, avec tout le courage de leurs aïeux. Cet appel aux armes eut un effet immense. Il décida le gouvernement anglais à nous donner un gouvernement libre. C'était une grande victoire : c'était la justification de la rébellion ; mais pour nous, hommes d'origine française, la victoire n'était pas sans amertume. Il se trouvait, dans la nouvelle Constitution, des dispositions qui causaient de justes alarmes, en même temps qu'une vive appréhension.

La première, c'était que la nouvelle Constitution qui réunissait les deux provinces du Haut et du Bas-Canada, maintenant Ontario et Québec, créait une législation dans laquelle la race française se trouva placée en minorité sans aucune garantie constitutionnelle. L'autre abolissait l'usage de la langue française comme langue officielle. Il ne manquait pas de mes compatriotes qui, en face de cette double disposition, étaient d'avis de s'isoler et de ne prendre aucune part au développement de la vie nationale. M. La Fontaine qui, à cette époque, en l'absence de M. Papineau, alors en exil, était l'homme le plus autorisé parmi nous, eut une inspiration plus haute.

Il était d'une opinion que je partage entièrement. Il était d'opinion que s'isoler est toujours une erreur, et que, pour nous principalement, s'isoler eût été s'enliser dans l'infériorité. (*Très bien ! Très bien !*)

Il était d'opinion que, quand un peuple a le droit de suffrage, si désespérée que soit la situation, il peut toujours en tirer parti. Sa politique fut de faire alliance avec les libéraux anglais qui, comme nous, avaient toujours réclamé des réformes, et dont un certain nombre, comme nous, les avaient réclamées les armes à la main. Les événements montrèrent à quel point il avait eu raison. Aux premières élections générales qui eurent lieu sous la nouvelle constitution, M. La Fontaine, qui se présenta dans le Comté de Terrebonne, y fut défait, ou plutôt pour parler exactement, son élection lui fut enlevée par une fraude électorale. D'un autre côté, M. Robert Baldwin, le chef des libéraux anglais, avait été élu dans deux Comtés du Haut-Canada : le Comté

de Hastings et le Comté de York. Il opta de siéger pour le
Comté de Hastings et le mandat du Comté d'York étant
ainsi devenu vacant, il y présenta lui-même M. La Fontaine,
qui fut élu par une immense majorité dans un Comté où il
n'y avait pas un seul électeur de langue française. (*Marques
d'attention.*)

Deux ans après, par une de ces aberrations dont les
gouvernements populaires ne sont jamais absolument
exempts, M. Baldwin, une grande et noble figure, s'il y en
eut jamais, était défait dans sa province. Immédiatement,
M. La Fontaine le prit par la main et alla le présenter aux
électeurs du Comté français de Rimouski, où il fut triomphalement élu, bien qu'il n'y eût pas dans ce Comté un seul
électeur de langue anglaise. Dans une des sessions qui sui-
virent, M. Baldwin, représentant anglais du Comté français
de Rimouski, proposa lui-même au Parlement le rétablisse-
ment de la langue française comme langue officielle, et sa
proposition fut adoptée bien que, comme je vous l'ai
dit, la majorité y fût de langue anglaise. (*Très bien! Très bien!*)

En parcourant Paris, je me suis à maintes reprises arrêté
devant ces admirables monuments dont le sol de votre pays
est parsemé. Il y en a deux que je n'ai pu voir sans sentir
ma gorge se serrer et mes yeux se mouiller, je me suis longuement, pieusement arrêté devant la statue de Strasbourg, devant cette statue de Strasbourg toujours couronnée des couleurs françaises. Elle rappelle une blessure
encore et toujours saignante que les âmes pieuses ne veulent pas voir se fermer jamais. (*Emotion générale. L'auditoire
se lève et fait une longue ovation à l'orateur.*)

Je me suis arrêté devant le monument de Gambetta, de
l'homme éminent dont le courage, le génie et le patriotisme
auraient sauvé Strasbourg, auraient sauvé la France, si la
France avait pu être sauvée, de l'homme éminent dont
le génie politique, le bon sens pratique guidèrent la France
d'une main si sûre à travers une crise pleine de périls et
contribuèrent pour une si large part, à lui donner le gouvernement d'ordre et de liberté qu'elle a maintenant.
(*Applaudissements.*)

Si, messieurs, vous venez dans mon pays, dans la ville de Québec, je pourrai vous montrer des monuments qui, sans doute, au point de vue de l'art, ne peuvent se comparer aux vôtres, mais qui, pour le souffle patriotique, pour la grandeur de la conception, peuvent assurément soutenir la comparaison.

Je vous ai parlé de la première bataille des plaines d'Abraham. Sur la place la plus centrale de Québec, il se trouve un monument qui rappelle cette bataille. Est-ce un monument élevé à la gloire du vainqueur? Nullement. Des monuments de ce genre, il s'en trouve partout et la France en est couverte. Le monument dont je vous parle est consacré à la mémoire et de Wolfe et de Montcalm, de celui qui triompha et de celui qui succomba. Leurs noms sont enlacés dans une gloire commune comme le fut leur mort et comme le fut leur valeur. C'est précisément là la pensée que l'on retrouve dans l'inscription. Cette inscription, j'ai eu certainement une grande satisfaction à la citer en Angleterre; j'en ai encore une plus grande à la citer ici en France. La voici :

Mortem virtus communem, famam historia,
monumentum posteritas dedit.

Je vous ai parlé de la seconde bataille des plaines d'Abraham qui fut une victoire française. La Société Saint-Jean-Baptiste de Québec, société purement canadienne-française, a érigé un monument commémorant cette bataille, mais dédié à la mémoire de Lévis et de Murray, et de tous ceux, Français et Anglais, qui combattirent et moururent pour leur patrie respective.

Je vous ai parlé de la mort de Montcalm. La main d'un gouverneur anglais, lord Aylmer, — j'aime à vous dire son nom, — a aussi érigé un monument à Montcalm qui porte cette simple et touchante inscription :

Honneur à Montcalm !
Le destin en lui refusant la victoire
Le récompensa par une mort glorieuse.

Ces monuments, messieurs, sont le souvenir éclatant de

la liberté, de la libéralité, de la grandeur des institutions sous lesquelles j'ai l'honneur de vivre. En les contemplant, il n'y a pas un Canadien de race française qui ne se sente fier de son pays. La Providence, dans ses décrets impénétrables, nous a placés, Anglais et Français, sur cette terre du Canada pour y vivre ensemble sous le même drapeau. Il eût été indigne de nous, Anglais et Français, d'oublier nos origines respectives. Il eût été également indigne de nous, Anglais et Français, de poursuivre plus longtemps nos luttes. Les hommes forts et braves savent toujours respecter le courage, quand le courage s'affirme. Sur un champ de bataille, dont le nom tremble sur mes lèvres et que j'aime mieux ne pas prononcer ici, le courage du général Margueritte et de la cavalerie française arracha des cris d'admiration à leurs adversaires. Nos compatriotes anglais du Canada sont orgueilleux de la belle gloire de Montcalm. Nous nous inclinons avec respect devant la grande mémoire du général Wolfe. Il peut se faire qu'ici en France, les souvenirs des anciennes luttes entre la France et l'Angleterre n'aient rien perdu de leur aspérité, mais pour nous, Canadiens de toute origine, ce furent des jours glorieux que les jours où les couleurs de France et d'Angleterre, le drapeau tricolore et la croix de Saint-Georges, flottèrent ensemble triomphalement sur les rives de l'Alma, sur les hauteurs d'Inkermann, sur les remparts de Sébastopol.

Les événements changent; d'autres alliances s'imposent (*marques d'attention*), mais qu'il soit permis à un fils de la France, qui est en même temps un sujet britannique, de saluer ces jours glorieux, par un regret qui trouvera peut-être un écho dans toutes les âmes généreuses des deux côtés de la Manche. (*Applaudissements.*)

Si cependant, messieurs, nos relations politiques ont été pour toujours rompues, nos relations commerciales sont susceptibles d'une grande extension, bien que cette extension soit limitée par la situation particulière des deux pays, car bien qu'il y ait des différences qu'il n'est pas besoin d'expliquer et que tout le monde connaît entre les deux pays, il y a cependant entre eux ceci de commun ; c'est que tous deux sont des pays agricoles, et que tous deux produisent un excès de denrées alimentaires ; et si je ne me trompe pas, pour le surplus de leur production, ils ont tous deux le même marché, c'est-à-dire l'Angleterre qui, en très grande partie, a cessé d'être un pays agricole, et qui, à tout événement, ne produit pas assez pour sa consommation et s'alimente dans toutes les parties du monde. Évidemment, nous ne saurions offrir un marché à la France pour ses produits agricoles, excepté ses vins, et il est manifeste que nous ne pourrions y trouver pour nos produits similaires qu'un marché très restreint. Il y a ceci de commun entre le paysan de la France, l'habitant du Canada et le fermier de l'Ouest, c'est qu'ils passent tous, à cette heure-ci, par la même crise, la crise produite par l'abaissement des prix de tous les produits agricoles. Il faut le reconnaître ici en examinant la chose telle qu'elle est ; cet abaissement des prix est un bienfait pour l'humanité, car il donne du pain à prix réduit aux millions d'hommes pour lesquels, dans toutes les parties du monde, la question du pain quotidien est une cause de constante anxiété. En attendant, cet abaissement des prix est un préjudice très sérieux pour les agriculteurs, jusqu'à ce que l'équilibre soit rétabli entre les prix de ce que l'agriculteur a à vendre et de ce qu'il a à acheter. A ce point de vue, le Canada peut servir les intérêts de la France, car nous pouvons abaisser les prix d'une foule d'articles que la France est obligée d'importer, qu'elle ne produit pas elle-même.

J'en citerai trois seulement : les bois de construction, les pâtes de bois pour la fabrication du papier et les sucs tanins pour le tannage des cuirs. A l'heure présente, tous vos bois de construction vous viennent de la Suède et de la Norvège ; ils devraient vous venir du Canada. Non que je prétende que vous dussiez acheter de nous, parce que la France est plus aimée au Canada qu'elle ne peut l'être en Suède ou en Norvège, — car le commerce ne connaît pas le sentiment, le commerce ne reconnaît qu'une loi, la loi du profit, — mais parce que nous pouvons vous vendre les bois de construction à meilleur marché que la Suède et la Norvège ne peuvent le faire. Il s'agit simplement de détourner le commerce des sentiers battus et de le porter dans les voies nouvelles. Ce qui est vrai des bois de construction est encore plus vrai des pâtes de bois. Dans l'état de civilisation où nous sommes maintenant, le bois est devenu la matière première de la fabrication du papier. Or, la consommation du papier dans un pays comme la France est simplement énorme. Ici encore, vous tirez votre matière première de la Suède et de la Norvège. Or, j'affirme sans crainte de contradiction possible, qu'il n'y a pas de pays au monde qui puisse rivaliser avec le Canada, et notamment la province de Québec, pour la production à bon marché des pâtes de bois.

J'ai appris, depuis que je suis en France, que le tannage des cuirs est une des plus grandes industries de ce pays, et que c'est même une des spécialités de l'industrie française. Nous pouvons vous fournir une des matières premières dont vous avez besoin pour cette industrie, c'est-à-dire les extraits de châtaigniers et les sucs tanins.

Tout ce que je désirerais pour le moment, c'est que les hommes d'affaires français prennent la peine d'étudier avec soin le champ d'opérations que leur offre le Canada, surtout des trois principaux articles que je viens d'énumérer; j'ai la confiance qu'il en résulterait l'établissement d'un commerce considérable entre les deux pays. Ils savent mieux que moi ce qu'ils pourraient nous envoyer en échange.

Si ce n'était pas abuser de l'hospitalité que vous voulez bien m'offrir, messieurs, je me permettrais de formuler un autre souhait. Je voudrais que l'histoire du Canada fût plus connue qu'elle ne l'est en France. Ce que je dis là peut paraître plus ou moins prétentieux.

Rappelez-vous cependant que l'histoire du Canada est en grande partie l'histoire de la France. Rappelez-vous que, dans l'histoire de la France, il y a toujours à apprendre. Les événements, qui se sont passés en France après la séparation du Canada, nous ont appris tout ce qu'il y a de vérité dans la célèbre parole de Bossuet : l'homme s'agite, Dieu le mène. Les événements qui se sont passés en France depuis la séparation du Canada nous ont appris tout ce qu'il y a d'inanité dans les projets des conquérants, les constitutions des législateurs, les conceptions des hommes d'État, ces événements nous ont aussi appris — avec une intensité que l'on n'avait peut-être éprouvée à aucune autre époque de l'histoire — qu'à chaque heure, chaque minute de notre vie, il y a toujours un devoir à accomplir, et qu'après tout, être fidèle au devoir de l'heure présente, c'est toujours la préparation la plus sûre de l'heure future. L'avenir est à Dieu seul. C'est dans cette pensée que moi, fils de la France monarchique, j'offre au ciel mes vœux les plus ardents pour la France républicaine. Puisse-t-elle se développer avec sécurité dans la voie de la liberté et du progrès ! (*Applaudissements.*)

Messieurs, je n'ai plus que quelques jours à passer sur cette terre de France, qui fut la patrie de mes aïeux. Quand je m'éloignerai de ses rives bénies, quand, monté sur le navire qui m'emportera, je verrai graduellement les côtes s'effacer et disparaître à l'horizon, c'est de toute mon âme, c'est du plus profond de mon cœur que je dirai et que je répéterai : Dieu protège la France !

Sous l'empire d'une profonde émotion, l'auditoire enthousiasmé salua d'acclamations sans fin ce noble représentant de notre race. Tous les cœurs français s'accordaient en un même sentiment pour applaudir cet énergique et fortifiant langage dont l'éloquente harmonie caressait les fibres les plus intimes de l'âme française. Tout ce que le patriotisme compte d'élans généreux et d'émotions pathétiques ; tout ce que l'esprit de l'orateur recélait de convictions ardentes, se trouvait réuni dans ce magnifique discours empreint d'une incomparable grandeur de sentiments. Aux yeux de cette assistance choisie, sir Wilfrid Laurier personnifiait l'un de ces vastes esprits où se réunissent et se condensent les germes épars du génie propre à la race latine, l'un de ces grands citoyens qui tracent un lumineux sillon dans l'histoire de leur patrie.

On admirait son grand talent, la composition vraiment supérieure de son discours où la pureté de la langue et les beaux sentiments se joignaient pour se rehausser mutuellement.

Son geste sobre, mais puissant dans l'action oratoire, son attitude réservée, sa physionomie d'une austère harmonie, justifiaient amplement la réputation d'éloquence dont il jouissait en Amérique.

Une telle maîtrise dans l'art de manier la langue de ses aïeux prouvait surabondamment que l'amour de notre pays était profondément ancré dans son cœur. Il ne devait, d'ailleurs, s'en éloigner qu'avec émotion et regret.

* * *

Le Premier Canadien quittait bientôt la France. A son retour à Londres, lord Farrer lui remettait la médaille du Cobden-Club en reconnaissance de ses services distingués à la cause du libre-échange. « Nous assisterons avec plaisir, disait lord Farrer, au développement de la liberté commerciale, qu'elle ait lieu entre les nations qui composent l'Empire britannique, ou entre ces nations et les pays étrangers. »

Sir Wilfrid Laurier acceptait cette définition de sa politique ajoutant que,

s'il était déjà libre-échangiste avant de venir en Europe, son séjour en Angleterre n'avait fait que fortifier son attachement aux principes de la liberté commerciale.

Le *Labrador*, qui portait lady Laurier et sir Laurier, entrait, le 27 août, dans le Saint-Laurent. Déjà le premier ministre recevait les chaleureuses adresses des' populations riveraines. De tous les points du Canada lui étaient adressés d'innombrables télégrammes de félicitations.

Le 29 août, le rocher de Québec se dressait aux yeux de sir Wilfrid Laurier. La citadelle de la race française lui avait préparé une splendide réception.

Le premier ministre y retraçait ainsi ses souvenirs :

Ce fut un spectacle inoubliable, une merveilleuse revélation de la magnificence de l'Empire anglais, un tribut frappant de la popularité de Sa Majesté. La revue navale fut un spectacle d'un tout autre genre. Quelle impression de voir l'ensemble de la plus grande marine du monde, déployée depuis le plus puissant cuirassé jusqu'au plus petit torpilleur ! On ressentait l'impression qu'une revue maritime est de toutes démonstrations guerrières celle qui représente au plus haut degré la force de la Grande-Bretagne.... La Confédération Canadienne commence une nouvelle carrière non seulement en Angleterre, mais également dans toute l'Europe. La dénonciation des traités allemands et belges, faite à la demande du Canada, a incontestablement produit une profonde impression dans tout le continent et, si je ne me trompe, nous aurons d'ici deux ans affluence de capitaux et de population. Il est à remarquer qu'il y a deux ans le gouvernement anglais, par l'intermédiaire de Lord Ripon, refusait d'examiner la dénonciation de ces traités. J'attribue cette évolution à l'attitude prise par le gouvernement canadien durant la dernière session ainsi qu'à la législation alors adoptée par notre pays. Notre action a placé l'Angleterre dans l'alternative de l'avance ou du recul : elle s'est portée en avant, pour nous donner satisfaction dans la mesure où nous la désirions.... Le peuple français a toujours fait preuve de dispositions amicales envers les Canadiens, et maintenant plus encore que jamais. Mais je regrette d'avoir constaté que le Canada n'est pas aussi bien connu des Français qu'il devrait l'être. et peut-être puis-je caresser l'espoir

que ma visite en France aura quelque peu dissipé la fausse
impression ayant existé jusqu'alors....

Nous devons soutenir les aspirations britanniques et travailler pour l'avenir du Canada. Si quelques-uns ne sont pas
satisfaits de mon loyalisme envers l'Angleterre, je puis
seulement leur dire que mon cœur déborde de gratitude
envers elle ; je ne pourrrais jamais être autre chose que
loyaliste vis-à-vis d'un tel pays.

De Québec à Montréal, l'enthousiasme est à son comble parmi les populations riveraines. Chaque hameau
fait fête au chef libéral. Une triomphale réception l'attend
à Montréal. Le maire lui souhaite la bienvenue : « Les
citoyens de Montréal — dit-il — en même temps que
toute la population du Canada, sans distinction d'origine, de croyance et de parti, reconnaissent avec joie
que vous avez dignement rempli la mission qui vous était
confiée. Vous avez été l'instrument puissant et éloquent
du profond sentiment d'affection, de loyalisme et d'estime
qui anime le peuple canadien à l'égard de notre Gracieuse Majesté. »

Sir Wilfrid Laurier répond :

Que lorsqu'il a quitté son pays, sur l'invitation du gouvernement anglais, il était fier de la patrie qu'il laissait
derrière lui et quoiqu'il eût passé de beaux jours dans la
Mère Patrie, l'heure la plus heureuse pour lui fut l'heure de
son retour au Canada. Il ne parle pas des décorations qui
lui ont été accordées par la Reine et par le Président de la
République française ; il veut les offrir au peuple canadien,
car il n'a jamais compté que ces distinctions lui fussent
offertes personnellement, mais qu'elles s'adressaient au
représentant de la première colonie de l'Angleterre.

Pendant longtemps, il a espéré et prié, pour que la mort
ne ferme pas ses yeux avant qu'il ait vu le Canada prendre
sa place parmi les nations. Ce jour est enfin arrivé, car au
moment où l'Angleterre a dénoncé les traités allemand et

belge, le Canada est entré dans le cénacle des puissances mondiales. Il ne veut pas qu'on soupçonne que le Canada ait insisté pour la dénonciation de ces traités par simple hostilité envers la Belgique et l'Allemagne; il n'y a là qu'une pure mesure d'existence nationale.

Bien que le Canada soit une colonie, l'Angleterre a fait droit à sa demande, et les Canadiens ont, en conséquence, le droit de se considérer comme une nation.

Sir Wilfrid Laurier arrivait à Ottawa dans le courant de septembre. Les deux partis politiques l'accueillaient par une réception sans précédent. Le Premier Canadien affirmait dans un de ses discours :

que son seul but avait été l'agrandissement et le développement du Canada.

Le 10 octobre trouvait sir Wilfrid Laurier en Ontario, convié à un banquet auquel assistaient les principaux commerçants de la province. Il parle de la réciprocité avec les États-Unis :

Quoique je sois désireux, affirme-t-il, très désireux de développer autant que possible notre commerce avec la grande nation située au sud de la nôtre, quoique je sois prêt à faire tous les efforts possibles dans ce sens, jamais, tant que je serai à la tête de ce gouvernement, je n'effectuerai ce développement commercial aux dépens de la dignité de la nation canadienne.

Ces paroles, intéressant au plus haut degré l'organisme économique du Canada, eurent un succès considérable. Le libéral qui tenait la barre du gouvernail indiquait ainsi l'extrême limite des concessions possibles envers un État où la question douanière subit toutes les fluctuations de puissants intérêts particuliers, où le tarif monte ou s'abaisse au gré des intrigues ou des agitations.

Sir Wilfrid Laurier arrivait à Washington en novembre. Il s'y rendait de sa propre autorité, officieusement et pour le plus grand bien du Canada, confiant dans sa sollicitude à protéger les intérêts nationaux. L'espoir d'améliorer les relations entre les deux plus proches voisins, et le désir d'échanger personnellement ses vues avec les autorités américaines l'avaient incité à ce déplacement. Son séjour dans la capitale américaine devait donc être considéré comme une manifestation très précise de la vigilante attention du Premier Canadien relativement à une œuvre dont la résolution paraissait aussi peu aisée que peu prochaine, œuvre à laquelle le parti libéral attachait pourtant une importance toute spéciale. Cette marche persévérante vers un but fortement marqué assurait à sa cause bon nombre d'appuis et venait encore accroître son influence.

Sa réception à Washington était d'ailleurs plus que cordiale. MM. Shermann, Forta et Mac Kinley faisaient le meilleur accueil au ferme promoteur et soutien du Libre-échange.

« Le succès personnel de sir Wilfrid Laurier se trouvait être — comme de ce côté de l'Atlantique — très réel. Sa façon d'aborder courtoisement les questions plaisait aux politiques américains, habitués à des formes plus rudes, comme elle avait plu aux politiques européens frappés de cet air de sincérité, s'alliant à un dessein bien arrêté[1]. »

Le ton de la presse américaine était à l'avenant. L'espérance d'un intime rapprochement entre le Canada et les États-Unis était ouvertement et largement discutée. D'aucuns discernaient dans le voyage du chef de l'État canadien un acte d'indépendance à l'égard du Colonial et du Foreign Office, témoignant nettement de la persistante volonté du chef des libéraux d'élever le

1. M. Hector Fabre.

Canada au rang de puissance autonome; visées, d'ailleurs, très conformes aux tendances et au penchant du courant libre-échangiste qui s'amplifiait de génération en génération. Le parti libéral, disposant alors d'une force et d'une autorité égales à celles que le parti conservateur avait à sa disposition au début du régime de 1867, Londres se montrait assez préoccupé du voyage de sir Wilfrid Laurier. On craignait au Foreign Office que le Canada ne se trouvât entraîné dans l'orbite de son puissant et redoutable voisin; préoccupation sans fondation sérieuse, un traité ou un compromis entre les deux peuples du Nord-Amérique n'ayant aucune raison d'affecter les intérêts britanniques.

Mais il est à croire que le problème douanier était décidément insoluble, car les pourparlers prenaient une tournure peu satisfaisante, et l'arrangement suggéré par le Premier Canadien échouait à nouveau. La puissance du souffle libéral qui agitait le Canada était restée sans influence sur la marche des négociations. Sir Wilfrid Laurier quittait Washington, le 17 novembre, sans avoir obtenu aucun résultat.

Les journaux yankees prenaient acte de son départ; interprètes des sentiments populaires, ils émettaient des réflexions quelque peu narquoises.

« Si le Canada veut le libre-échange avec les États-Unis, qu'il se fasse américain », servait de thème favori à la presse, et traduisait exactement les sentiments prédominants de cette République anglo-saxonne, dont l'extrême présomption ne connaît en tout et pour tout que son profit exclusif.

De retour à Ottawa, sir Wilfrid Laurier s'exprimait ainsi sur les négociations suspendues jusqu'à une date indéterminée.

J'ai profité de l'invitation qui m'avait été faite par la

capitale américaine pour discuter avec le Président et les membres dirigeants du Cabinet plusieurs questions internationales susceptibles de faire poindre la défiance entre les États-Unis et le Canada. Nous avons été reçus avec la plus grande courtoisie possible par le président Mac Kinley et ses ministres. Je crois qu'ils sont sincèrement désireux d'éviter toute cause possible de froideur entre les deux pays. »

Les choses ne sont pas susceptibles de changer de face ; on peut concevoir la prolongation indéfinie d'un système douanier qui ne cédera de longtemps la place à une entente libre-échangiste. Ce serait s'exposer à de grandes désillusions que de faire fond sur un pays qui se rit des avances et s'emploie avec une persévérance heureuse à planter son drapeau en tous points du globe. Il est à prévoir que la barrière douanière ne sera supprimée que dans le cas où, par une transformation des bases mêmes de l'équilibre international, les événements conféreraient aux États-Unis la haute main sur la Confédération canadienne.

Quant à l'heure actuelle, « les États-Unis et le Canada ont repris, sous les yeux de l'Angleterre attristée, leur attitude d'hostilité réciproque ; et ces deux voisins, qui ne peuvent se souffrir, ont recommencé de plus belle à échanger de mauvais procédés, par-dessus le mur mitoyen[1] ».

*
* *

La session fédérale s'ouvre en février 1898. Les deux partis également issus du choix populaire se retrouvent en présence. Sir Charles Tupper est de nouveau face à face avec sir Wilfrid Laurier qui ne se départira point d'une

1. O. Festy.

ligne de conduite loyalement suivie, de par laquelle le Canada prospère politiquement et matériellement.

Le Premier Canadien, vivement critiqué sur le sens et les conséquences de ses discours en Angleterre, révélait à nouveau sa maîtrise oratoire en une magnifique harangue politique qui fut le signal d'applaudissements nourris venus de tous les bancs de la Chambre. La péroraison peut en être comptée parmi ses meilleurs succès.

La célébration du jubilé, dit-il, a été remarquable pour deux raisons principales, distinctes et caractéristiques. Ce fut tout d'abord, et avant tout, un tribut de dévotion et d'attachement personnel à la Reine, à cette noble femme qui, au cours d'une longue existence et dans la plus haute situation, a toujours déployé l'amabilité et la générosité, grâces de son sexe, et qui montrait, en même temps, qu'elle possédait ces attributs plus sévères qui l'ont rendue si chère à tant de millions de sujets et ont fait en outre décréter le modèle des souveraines celle qui s'imposait déjà comme le modèle des femmes.

De toutes les scènes touchantes qui se sont produites le jour du jubilé, aucune ne l'a été davantage que l'expression singulièrement sincère de dévotion, d'amour et d'affection spontanément exprimés à Sa Majesté par ses sujets des quartiers les plus pauvres de la grande métropole.

Considérée sous un autre point de vue, la célébration du jubilé a été aussi suggestive qu'impressionnante. Ce fut une révélation de l'extraordinaire ampleur atteinte par l'Empire britannique, une révélation de sa force, de son étendue et de sa cohésion. Ceux qui ont vu la procession du jubilé de Buckingham Palace à la cathédrale de Saint-Paul ont pu se croire reportés aux jours de l'ancienne Rome, à ces jours fameux où les généraux victorieux remontaient la Voie Sacrée dans un flamboiement de gloire et de triomphe. C'était un triomphe en vérité, que cette procession, mais combien dissemblable, combien sciemment différent des triomphes de l'ancienne Rome !

Il ne s'agissait pas ici d'un guerrier rentrant après une campagne avec les trophées de plusieurs provinces ou de plusieurs royaumes, avec des milliers de prisonniers ou d'esclaves attachés à son char: le héros d'hier était une femme, une femme déjà marquée par la main du Temps; dans son cortège apparaissaient des hommes de tous pays et de toutes religions, — des noirs d'Afrique, des représentants des races jaunes asiatiques, des membres des races mélangées des Indes Occidentales; des chrétiens, des mahométans, des bouddhistes, — mais tous des hommes libres, — tous des hommes libres, dont quelques-uns, portant l'uniforme de l'armée anglaise, marchaient fièrement au son des hymnes anglais.

L'Empire britannique repose sur la justice et la liberté, et lorsque en face du noble temple, sous la coupole du ciel, l'immense foule a invoqué les bénédictions du Tout-Puissant en faveur de la vénérable souveraine et de ses vastes domaines, chacun sentit vibrer la fibre patriotique, chacun sentit en son cœur la conviction que, si l'Empire romain avait été créé par la force et la violence, c'est par elles qu'il avait été détruit, mais que l'Empire britannique prospérait et pouvait vivre toujours, établi qu'il était sur les lois éternelles de la liberté et de la justice.

Et, s'il en est ainsi pour l'Empire en général, il en est de même également pour chacune des parties qui le composent. Telle est l'inspiration qui nous guidera toujours dans l'accomplissement du devoir que le peuple canadien nous a confié, et c'est pénétré de ce sentiment que nous sommes aujourd'hui devant la Chambre des Communes du Canada.

Dans cette royale procession dont il évoque l'extraordinaire majesté, sir Wilfrid Laurier a dignement porté le poids de sa situation et son discours d'aujourd'hui, ému et grave, élevé sans emphase, est au niveau des souvenirs qu'il rappelle et des impressions qu'il retrace.

Il est impossible de dépeindre avec plus de pénétration les sentiments divers ressentis en présence d'un spectacle souverainement grandiose. On discerne dans cette péroraison éloquente la profondeur de pensée qui atteint l'âme, emporte la conviction et provoque l'enthousiasme; on y voit s'épanouir les caractères et les mérites qui distinguent entre tous le Premier de la Confédération.

C'est cette belle disposition d'esprit, ainsi que cette préoccupation constante et dominante de son pays, que le Canada doit hautement honorer dans l'un de ses plus dignes enfants.

Au moment où les destinées coloniales de l'Espagne allaient se décider dans la mer des Antilles, son ambassadeur M. Polo de Barnabé s'était retiré au Canada. Sa présence à Montréal provoquait une interpellation à la Chambre des Communes.

M. J. Charlton déclarait que le précédent ambassadeur d'Espagne aux États-Unis se livrait à l'espionnage et que le Canada donnait actuellement asile à un clan de diplomates espagnols adonnés aux mêmes opérations, d'où ses craintes de voir le Canada s'en trouver compromis, en tant que pouvoir neutre. L'attention du gouvernement se trouvant appelée sur ce fait, sir Wilfrid Laurier prenait la parole.

. L'Empire britannique, dit-il, a toujours été un asile pour les réfugiés en toutes circonstances. Aussi longtemps que le ministre espagnol n'aura pas abusé de l'hospitalité du Canada, le gouvernement ne se croira pas obligé de prêter attention à sa présence. Il est de l'intention personnelle du gouvernement canadien de garder une neutralité absolue à l'égard des parties belligérantes, intention, d'ailleurs, conforme aux instructions positives des autorités impériales. Nous prenons, ajoute le premier ministre, toutes les précautions nécessaires pour que les lois de la neutralité ne puissent être violées ni en faveur des États-Unis ni en faveur de l'Espagne.

Il y a des hommes que leur génie place au premier rang et que leur nature porte à toutes les luttes. Tel est l'éclat de leur ascendant, telle est la grandeur de leurs conceptions qu'adversaires et partisans s'inclinent également et déposent sur la tombe qui s'ouvre l'hommage de leur admiration et de leurs regrets.

Le nom de Gladstone a droit à ce privilège. Tous ont subi l'irrésistible attrait de cette intelligence éminemment active qui s'est révélée supérieure dans les grandes luttes politiques.

M. Gladstone vient de mourir, et sir Wilfrid Laurier trouve d'admirables accents pour glorifier l'existence et le souvenir du premier des libéraux anglais.

En proposant une motion de condoléance relativement à la mort du *Great Old Man*, le Premier Ministre annonce à la Chambre :

Qu'il est juste que, dans l'universelle expression de regrets montant vers le ciel de toutes les parties du monde civilisé, le Parlement canadien vienne attester l'admiration et la vénération que le peuple entier du Canada, sans distinction de croyance, de race ou de parti, professe pour la mémoire du grand homme qui vient de finir sa carrière ici-bas. L'Angleterre a perdu le plus illustre de ses enfants. Ce n'est pas une perte pour l'Angleterre seule, c'en est une pour l'humanité. Dire que M. Gladstone a porté haut l'étendard de la civilisation est loin d'être une exagération ; le monde est aujourd'hui incontestablement meilleur à la fois par ses préceptes et par l'exemple de sa vie. Son nom, dans l'esprit de toutes les nations civilisées, était l'incarnation vivante du droit contre la force. Il était l'indomptable, l'infatigable champion de l'opprimé contre l'oppresseur. Il représentait la plus merveilleuse incarnation mentale que le monde ait entrevue depuis Napoléon. Le trait dominant de cet homme semblait être sa profonde humanité, son extrême sentiment du droit, son intolérance pour le mal et l'oppression quels qu'ils soient.

Après avoir éloquemment retracé la carrière de M. Gladstone, sir Wilfrid Laurier rappelle son attitude

dans la question du Home Rule et affirme que le Grand
Libéral a sacrifié ses amis, le pouvoir et la popularité
pour accorder une suprême mesure de justice à un
peuple ayant longtemps souffert. Que l'on soit partisan
ou non de cette politique, quiconque doit admettre qu'il
était non seulement audacieux, mais de grande noblesse
d'essayer d'apaiser l'Irlande en faisant don de sa confiance à l'honneur et à la générosité irlandaises.

* * *

La mission de sir Louis Davis aux États-Unis faisait
l'objet de quelques discours à la Chambre. L'opposition
complimentait le ministère des mesures prises en vue de
développer le commerce extérieur.

Le leader libéral remerciait les tories de leurs flatteuses appréciations et ajoutait avec son éloquence et
sa justesse habituelles :

Il est vrai que nos relations antérieures avec nos voisins n'ont pas toujours été aussi cordiales qu'elles auraient
pu l'être; mais, peut-être, en ce moment, vaut-il mieux
ne point rechercher de quel côté sont les torts. Je pense
que, dès aujourd'hui, le passé doit être oublié, le présent laissant prévoir que, dans l'avenir, la paix et l'amitié
régneront entre les deux nations et que les cordiales relations existant actuellement entre les États-Unis et la Grande-
Bretagne auront d'heureuses conséquences partout où sera
reconnue la souveraineté de l'Angleterre.

La possibilité prochaine de l'application des principes
libéraux dans les relations économiques avec la république américaine, la vive impression que cette réforme

douanière allait faire pénétrer une vie nouvelle dans le travail national, ne pouvaient manquer d'être pour le cabinet Laurier une source d'affermissement et d'autorité.

De cette question, le Premier Canadien possédait tous les éléments puisés aux meilleures sources; depuis fort longtemps, sa polémique vigoureuse s'attachait à prouver cette nécessité du libre-échange; depuis longtemps il avait recours à tous les moyens possibles pour convertir le corps électoral à ses idées; on sait à quels beaux et intéressants discours ce souci, à la fois économique et patriotique, a déjà conduit l'intelligence d'élite qui préside aux destinées canadiennes.

Le 1er août, à minuit, prenaient fin les traités commerciaux belges et allemands qui avaient été si longtemps un obstacle aux modifications de tarifs entre parties de l'Empire. C'était un pas de plus, vers la liberté commerciale, dû au ministère libéral, qui avait enfin abandonné les errements protectionnistes de ses prédécesseurs.

Le «Tarif Fielding» entrait en pleine vigueur, et toutes les marchandises fabriquées au Royaume-Uni, aux Indes, à Ceylan, à la Guyane anglaise, aux Bermudes, aux Indes occidentales, étaient dorénavant introduites au Canada avec une réduction d'un quart sur la douane perçue pour les marchandises étrangères.

Cette disposition douanière était, dans son ensemble, en harmonie avec les principes d'une politique commerciale sage et progressive.

La Conférence internationale s'ouvrait à Québec le 10 août, puis s'ajournait au 23 août. Elle n'embrassait pas moins de douze importantes questions, dont quelques-unes de nature à demander des mois de pourparlers.

Le Canada y prenait définitivement la direction de ses affaires vis-à-vis de l'Angleterre et de l'étranger. Il traitait sur son propre territoire avec les États-Unis. L'Angleterre se bornant à prêter au Canada son autorité et le prestige d'un de ses juristes les plus autorisés en la personne du délégué impérial, dont le haut caractère personnel fait encore ressortir la mission d'arbitre entre Yankees et Canadiens.

Il semble que, du consentement général, sir Wilfrid Laurier ait pris la direction des délibérations : personne, d'ailleurs, n'était plus apte que ce grand orateur, investi de prestige et d'autorité, à jouer le premier rôle au sein de cette imposante réunion.

Sans que rien ou presque rien ait transpiré de ses délibérations, la Conférence suspendait ses séances le 5 septembre.

Le 15 septembre, en présence de 25 000 citoyens, lord Aberdeen dévoile la statue de Champlain, et la grandiose figure du fondateur de Québec apparaît dans une grandeur saisissante saluée par la voix de nombreux orateurs.

Le voile tombé révèle à tous les regards comme un chapitre émouvant de l'histoire de la France et des souvenirs qu'il rappelle.

Un silence religieux plane sur la foule; puis, dans la communion des cœurs émus, surgissent d'enthousiastes acclamations qui se mêlent aux salves d'artillerie et portent au loin la ferveur d'une merveilleuse démonstration patriotique.

Sir Wilfrid Laurier fait entendre sa voix généreuse dans la majestueuse évocation des glorieux souvenirs de ce grand citoyen. Sa péroraison est remarquable :

S'il se dégage une inspiration suprême, s'il se dégage une inspiration supérieure à toutes les autres, de ce monument, de ce beau jour, de cette grande nature qui, aujourd'hui, pour l'occasion, semble avoir revêtu ses plus belles couleurs, cette inspiration pour moi se résume dans deux mots : *Sursum corda!* Que les cœurs s'élèvent, qu'ils s'élèvent jusqu'à la hauteur des grands droits et des grands devoirs qui se dressent devant nous; qu'ils s'élèvent jusqu'à la hauteur des destinées toujours de plus en plus nobles, qu'il me semble voir poindre à l'horizon; qu'ils s'élèvent jusqu'à la hauteur des traditions du passé; qu'ils s'élèvent jusqu'à la hauteur des enseignements qui nous viennent de ce monument !

Et, pour nous, formons une dernière résolution : qu'à l'exemple de Champlain notre but soit toujours idéal et notre action toujours pratique.

Le Premier Canadien a rarement prononcé de discours plus élevé. Sa brillante digression sur l'hiver canadien :

... Ils sentiront ce qu'il y a de beauté et de grandeur dans la plaine blanchie, couverte de neige, se déroulant à perte de vue sous l'azur profond d'un firmament où brille un million d'étoiles....

Son magistral portrait de Champlain :

... en qui on trouve des qualités rarement réunies, au cours de l'histoire, dans un même personnage : tant de diversité dans les moyens et d'unité dans l'action; âme d'apôtre active et entreprenante; esprit réfléchi et obser- vateur; ascète et homme du monde, guerrier et légis- lateur....

sont dignes de son talent par le langage et les sentiments qu'il incite.

*_**

Le Club National se réunissait, le 3 janvier 1899, pour célébrer le succès des libéraux dans quelques récentes élections. Les sommités du parti libéral étaient venues acclamer sir Wilfrid Laurier qui résumait dans une lucide argumentation les principaux problèmes canadiens.

Le Premier ministre consacre son exorde aux écoles du Manitoba.

Il espère que le temps n'est pas loin où les protestants et les catholiques du Manitoba vivront sur le même pied d'égalité et de justice, en aussi bonne harmonie que les protestants et catholiques de Québec et de Nouvelle-Écosse. Ce qui a été fait, ajoute-t-il, l'a été par les moyens constitutionnels. Il ne croit pas à la coercition et la meilleure façon de régler, par un arrangement satisfaisant, de semblables questions se trouve toujours être la tolérance mutuelle.

Puis il s'étend ensuite sur le tarif de faveur et reconnaît avec sincérité :

... Que c'est aux sentiments patriotiques qu'il doit d'avoir accordé une préférence à la Mère Patrie. Cela avait d'autant plus de signification que les relations de jadis entre la Grande-Bretagne et le Canada étaient loin d'avoir été satisfaisantes. Certains Canadiens avaient jugé nécessaire de combattre la ligne de conduite de la mère patrie; une mauvaise politique avait par surcroît séparé les États-Unis de l'Angleterre. Cependant, depuis l'avènement au trône de Sa Gracieuse Majesté, la politique coloniale de l'empire avait subi un changement aussi radical qu'heureux. Parlant comme Canadien français à des Canadiens français, sir Wilfrid Laurier affirme que sa race n'admettra jamais l'opposition. Néanmoins il n'y a pas de cœur qui soit aussi sensible à un acte de générosité ou de justice que celui du Canadien français. C'est une des raisons qui ont induit le gouvernement à faire don du régime de faveur.

Puis, avec la conviction que ne manquent pas d'inspirer des sentiments vrais exprimés avec loyauté, le premier magistrat du Canada fait allusion aux négociations de Washington :

Depuis longtemps, j'étais d'avis que nos relations avec nos puissants voisins n'étaient pas aussi cordiales qu'elles auraient pu l'être. Je suis un patriote; tout au moins le crois-je. J'aime mon pays plus que toute autre chose, mais je n'ai jamais pensé que, pour être patriote, pour faire preuve d'amour envers sa patrie, il était nécessaire de haïr les autres pays. J'aime mon pays, mais je ne dissimule pas ce fait que je professe une grande admiration pour nos voisins, qui sont un grand peuple. J'aime mon pays, j'aime la mère patrie dont nous sommes les sujets, et la France qui nous a donné le jour. J'aime aussi les États-Unis et je les considère comme une des plus grandes nations de la terre. Je ne vois pas pourquoi deux nations comme la nôtre et la leur ne seraient pas disposées à se rendre justice mutuellement. Nous sommes allés à Washington pour régler les difficultés que nous avons eues et nous espérons atteindre notre objectif en « donnant et prenant » suivant l'expression anglaise. Rien ne peut être fait sans concessions mutuelles, mais je vous assure que, si je rentre de Washington avec un traité, je n'aurai, croyez-le bien, sacrifié ni les intérêts, ni la dignité de mon pays.

Quelques jours après, sir Wilfrid Laurier se rendait à Washington reprendre sa place à la Conférence internationale.

« On s'est hautement félicité en France — écrit à ce sujet M. Hector Fabre — du rôle joué par M. Cambon dans les négociations hispano-américaines. Pour avoir été moindre et tenir de moins près au prestige de la France, celui de sir Wilfrid Laurier aura été, lui aussi, très favorable au bon renom français, dans la mesure qui lui était assignée par une situation si différente. En écoutant sir Wilfrid Laurier exprimer en particulier les

idées et les sentiments des populations franco-cana-
diennes, nos voisins ont non seulement appris à nous
bien connaître, mais encore ont subi le charme inhérent
à l'esprit français. A voir ainsi se refléter dans leur langue des impressions si nouvelles pour eux, ils ont pris
un agrément extrême. Une révélation s'en est suivie pour
eux et la nouveauté de la chose a pris à leurs yeux la
fraîcheur et l'inattendu d'un progrès. »

Peu après, la conférence de Washington s'ajournait, en
août, sans faire connaître le résultat de ses délibérations.

Ainsi, après s'être réunie sous les plus heureux
auspices, la conférence de Québec, devenue la conférence de Washington, semblait ne pas devoir aboutir.

Les négociations subissent de nombreuses fluctuations ; les membres de la conférence délibèrent, ban-
quettent et « ne parlent que de ce dont ils ne soufflent
mot au cours de leurs séances[1]. » Les délégués ont dis-
cuté sur les bords du Saint-Laurent, puis sur les bords
du Delaware, ils ont multiplié les ajournements, abordé
successivement toutes les questions et, finalement, le
doute plane sur le résultat final.

On se prend à craindre que de grandes espérances
n'aient été enrayées par d'âpres et intransigeants calculs
d'intérêts.

Il en est peu qui n'aient eu la conviction que la Conférence internationale ne mènerait pas à bien l'œuvre dont
elle était chargée. — Aboutira-t-elle? la chose peut actuellement être mise en doute. Se séparera-t-elle en laissant
subsister un germe de dissentiment entre les deux pays?
Ce serait en vérité douter de la bonne foi ou de l'habileté
des négociateurs, du juste souci, enfin, qu'ils doivent
avoir de leur haute réputation.

1. M. Hector Fabre.

La Chambre des Communes se réunissait le 16 mars.

Dans le courant de mai, sir Wilfrid Laurier prononçait un discours sur les délais apportés aux décisions de la conférence de Washington.

Je ne crois pas, dit le Premier Canadien, qu'aucune politique de représailles présente ou future ait pour effet de régler nos difficultés mutuelles; mais je tiens autant que sir Charles Tupper lui-même à ce que nous soutenions nos droits et notre dignité. Soutenir nos droits et conserver notre dignité ne. signifie pas que nous devrons pratiquer une politique d'hostilité envers les États-Unis, à supposer qu'ils mettent notre patience à l'épreuve. dussent-ils même plus que l'éprouver.

Je pense que c'est faire preuve de sagesse que de se montrer patients en de semblables circonstances et de ne faire montre d'aucun sentiment d'irritation. Si, comme je l'espère, les négociations sont reprises, je pense que nous sommes en bonne voie pour arriver à établir un traité en peu de temps.

D'autre part, le chef du gouvernement repoussait soigneusement tout principe de dissentiment avec l'Angleterre, toute cause de division au moment où, le Canada prenant la direction de ses affaires, son indépendance virtuelle était reconnue par la métropole qui s'effaçait à Washington et laissait à sa colonie le soin de régler, elle-même, les questions pendantes avec les États-Unis.

Aussi, en juillet, s'opposait-il à l'adoption par le Dominion de la loi votée par la législature de la Colombie britannique dans le but de restreindre l'émigration des Chinois et des Japonais.

Le Canada, dit-il, doit prêter assistance au gouvernement impérial, car il est de la plus grande importance pour la Grande-Bretagne d'avoir l'appui du Japon. Le gouvernement canadien doit donc faire des sacrifices pour maintenir la bonne entente entre l'Angleterre et le gouvernement du Mikado.

Nous devons à nous-mêmes et à notre situation, en tant que sujets anglais, de subordonner tout autre problème politique aux raisons majeures de *Nécessité impériale*. Il ne suffit pas de se borner à chanter le *God save the Queen* et d'affirmer nos relations dans les banquets et les fêtes.... Si nous participons aux gloires et aux avantages, nous devons au même titre assumer les devoirs. Soyons-y prêts et acceptons-les.

Le différend survenu entre les États-Unis et le Canada pour la délimitation des frontières de l'Alaska; les concessions anglaises à l'égard de la grande République anglo-saxonne du Nouveau Monde provoquaient cette ironique constatation de sir Charles Tupper.

« Une longue connaissance des hommes d'État britanniques — énonce l'adversaire de sir Wilfrid Laurier — m'a convaincu de leur extrême crainte de se laisser menacer par les circonstances d'être mis en conflit avec les États-Unis. Ce sentiment est parfaitement naturel, mais les Yankees savent en profiter. Si l'Angleterre avait traité la France, comme elle traite les États-Unis, la vallée du Nil ne serait pas aujourd'hui en possession de la Grande-Bretagne. »

En septembre, le Premier Canadien, qui se trouvait en Ontario, prononçait une intéressante harangue à Strathroy. Après avoir résumé à grands traits la politique qu'il recommande, sir Wilfrid Laurier rappelle ses efforts pour améliorer les relations du Canada et des États-Unis.

Nous avons nommé une Commission, une Commission internationale, dans le but de régler les difficultés existant entre nous, et, si possible, d'améliorer nos relations commerciales. Je dois avouer que jusqu'à ce jour cette Commission n'a pas eu beaucoup de succès. J'anticipe sur ce qui peut être dit, en raison d'une question, celle de l'Alaska, qui s'est trouvée notre pierre d'achoppement. Mais, quoi qu'il puisse être dit, nous n'avons aucune raison d'être honteux du point où nous en sommes arrivés. Si la Commission avait traité les affaires qui nous étaient confiées de la même façon que d'autres Commissions ont traité des questions analogues, la question des frontières de l'Alaska aurait été déjà résolue, mais elle l'eût été non à notre avantage, mais à notre détriment. Nous avons donc soutenu nos droits et c'est pour les défendre que nous n'avons pu atteindre le succès que nous espérions. Nous avons fait de notre mieux, et si la réussite ne nous a pas favorisés, du moins avons-nous conservé la dignité, l'honneur et les droits du Canada. Nous avons besoin d'être en excellents termes avec nos voisins du Sud, nous désirons commercer avec eux, mais, s'ils ne veulent pas répondre à nos avances, nos cœurs n'en seront pas brisés pour cela. Nous pouvons vivre sans eux, nous pouvons prospérer sans eux, bien que je ne cache pas qu'en beaucoup de cas, moi, le premier, il me serait agréable d'avoir de meilleures relations avec les États-Unis. Mais si c'est au prix du sacrifice de l'honneur du Canada, nous n'en voulons pas et nous continuerons à faire ce que nous faisons maintenant, à mener notre propre barque.

De l'Ontario, sir Wilfrid Laurier se rendait à Chicago où il se rencontrait avec M. Mac-Kinley. A un banquet, qui réunissait diverses notabilités américaines et qu'honoraient de leur présence le Premier Ministre canadien et le Président des États-Unis, un toast fut porté au « Canada ». Sir W. Laurier y répondit dans un langage empreint de sagesse et de modération :

Je dois dire que, bien que les relations des États-Unis et du Canada soient fraternelles et satisfaisantes, à mon avis, elles ne le sont pas autant qu'elles pourraient et surtout qu'elles devraient l'être. Nous sommes de la même famille[1]. Nous appartenons aux mêmes races d'un côté comme de l'autre. Nous parlons le même langage. Nous avons la même littérature et, durant plus d'un siècle, nous avons eu la même histoire. Ne puis-je dire cela, puisque nos relations ne sont pas toujours aussi amicales qu'il leur serait possible d'être? Ne puis-je demander, monsieur le Président, au nom du Canada et au nom des États-Unis — nous sommes quelquefois trop fiers pour soutenir nos propres idées et maintenir nos droits jusqu'au bout — ne puis-je demander s'il n'y a pas eu trop souvent entre nous des querelles futiles qui, heureusement, n'ont pas blessé le cœur de la nation?

Mon ami, M. le sénateur Cullom, disait, il y a un instant, qu'il pourrait presque me croire Américain. Je suis sujet anglais, mais j'aime la liberté, je crois aux institutions démocratiques et je me réjouis autant que n'importe qui d'entre vous du spectacle qui nous a été présenté à Santiago, à El Caney et ailleurs, pendant la dernière guerre. Une guerre civile eut lieu le siècle dernier : ce fut une guerre civile entre l'Angleterre et ses colonies. — Leur union en fut brisée. — Si elle le fut, par les Américains comme vous le savez, la faute en est au gouvernement britannique d'alors. Si l'Angleterre de jadis avait traité ses colonies comme l'Angleterre actuelle traite les siennes, si la Grande-Bretagne vous avait concédé le même degré de liberté que celui qui a été accordé au Canada, mon pays, si elle vous avait donné, comme elle a fait à notre égard, une indépen-

---

1. « Les questions de races — a très justement écrit M. Henry Bargy — sont des questions d'orgueil. Les races qui durent sont celles qui se sentent ou qui se croient supérieures. Il faut que les Canadiens se sentent supérieurs à leurs voisins; il y a en eux les germes d'une élite ; leur générosité, leur modestie de goûts, leur piété, leur faculté d'enthousiasme, les rendent plus capables de désintéressement politique que ne l'est la moyenne des habitants des États-Unis. Ils ont plus d'instincts idéalistes et se prêtent à plus de discipline morale que la plupart des gens qui les entourent. Leurs qualités les servent dans la vie privée; qu'ils les transportent dans la vie publique; les vertus domestiques sont le commencement des vertus civiques. »

dance législative absolue, le résultat aurait été tout autre. Mais il n'existe aucun remède à des actes passés. Il n'est aucun espoir que l'union rompue puisse être rétablie ; mais si l'union ne peut être rétablie sous l'égide de la loi, ne pouvons-nous tout au moins espérer que l'union des cœurs y survive? Ne pouvons-nous espérer que les drapeaux anglais et américains n'entreront plus en conflit que lorsqu'il s'agira de ces luttes tirant leur raison d'être des arts, de la paix, telle que celle que nous voyons aujourd'hui dans le port de New-York où le *Shamrock* et le *Columbia* se disputent la suprématie de l'architecture et des prouesses navales? Ne pouvons-nous espérer que, si les étendards de l'Angleterre et des États-Unis se retrouvent face à face sur le champ de bataille, ce ne puisse être que mutuellement liés pour la défense d'une sainte cause, pour la défense de l'opprimé, l'affranchissement des faibles et l'avancement de la liberté, du progrès et de la civilisation?

Les journaux américains commentaient largement la visite du Premier Canadien à Chicago.

« La présence de M. Laurier dans la capitale de l'Illinois, dit le correspondant du *Standard*, n'a provoqué aucun des incidents prédits. Le premier ministre pensait qu'il lui serait témoigné du ressentiment en raison de ce qu'il s'était montré préparé pour la guerre plutôt que de céder sur la question des frontières de l'Alaska. Sa réception a été exempte de froideur. Il a fait une réponse cordiale à la bienvenue qui lui a été offerte. »

Le *Mail and Express* commente en ces termes la présence du grand libéral sur le territoire yankee.

« De toutes les expressions courantes relativement aux desseins anglo-américains, il n'y en a pas eu de plus éloquente, de plus opportune et de plus pittoresque que le discours de sir Wilfrid Laurier. On ne peut se tromper sur la signification de son langage. Ces paroles signifient que nulle discussion relative aux frontières ou à d'autres questions ne pourra rompre les relations fraternelles existant entre le Canada et les États-Unis. C'est une assurance que tous les litiges qui peuvent se produire entre les deux pays peuvent être réglés et seront réglés, sur la large base des concessions mutuelles d'accommodement. Il nous est permis de penser que les paroles de sir Wilfrid Laurier font pressentir un règlement rapide et honorable de toutes les questions actuellement en controverse entre son gouvernement et le nôtre. Le Premier Canadien a, dans son discours, révélé sa réelle valeur d'homme d'État et de patriote. Il a fait à l'entente américaine un appel irrésistible. Il a surtout démontré que la prolongation des litiges actuellement en discussion entre les Etats-Unis et le Canada serait regrettable pour les deux pays, tout en étant un crime contre la raison et le progrès. »

La presse américaine relatait également un trait charmant de sir Wilfrid Laurier durant son séjour à Chicago. Il se trouvait au Studebaker Hall en présence de plus de vingt mille personnes. Devant cette nombreuse assistance, il embrassait affectueusement deux petites filles qui venaient lui présenter un bouquet de roses. Toute la salle se levait spontanément pour applaudir l'acte gracieux de l'hôte illustre. Au même moment, deux autres enfants étaient reçus d'aussi charmante façon par lady Laurier.

* * *

La guerre du Transvaal éveillait au Canada un écho profond. La colonie anglaise ne pouvait rester indifférente à un tel événement. Elle se rangeait aux côtés de l'Angleterre en souvenir des bienfaits reçus et des libertés octroyées. L'opinion française, presque unanimement, condamnait la politique anglaise. Il se produisit même de ce fait nombre d'oppositions individuelles parmi les chefs des Canadiens-Français; mais, comme il était à présumer qu'une opposition déclarée serait dangereuse, sir Wilfrid Laurier ne mit aucune entrave à l'organisation d'un corps canadien pour courir les chances de la guerre sud-africaine.

Le Premier Canadien fit preuve de grande lucidité politique en n'adoptant pas une attitude intransigeante; résister en s'appuyant sur sa majorité française de Québec, c'était créer un fossé destiné à devenir un gouffre entre Français et Anglais, c'était compromettre à jamais les intérêts de la race canadienne-française, qui, à la faveur du temps, s'accroît rapidement et sûrement.

Il fallait donc faire cause commune avec Londres et devenir aux yeux de l'univers, dans une certaine mesure, le soutien de l'impérialisme britannique.

Par la ligne de conduite qu'il adoptait, le chef libéral se trouvait, en fin de compte, travailler, pour les intérêts de ses frères d'origine, et pour le développement de la race française en Amérique.

Le départ de Québec du contingent canadien fut l'objet d'une grande manifestation.

Il était harangué par lord Minto et sir Wilfrid Laurier, qui déclarait, en termes éloquents, que les soldats canadiens contribueraient ainsi à assurer aux vaincus les bienfaits des libres institutions dont jouit le Canada.

Vers la fin de l'année, le premier ministre consacrait quelques jours à revoir son village natal, Saint-Lin. Dans leur discours de bienvenue, les braves habitants de ce hameau canadien déploraient leur inaptitude à « chanter ses louanges sur un diapason égal à la grandeur du sujet ».

Leur reconnaissance émue et leur aimable simplicité

se donnaient libre cours en ces termes : « Vos occupations sont nombreuses et importantes, toutes vos minutes sont comptées ; vous avez besoin du temps que vous ne donnez pas aux affaires publiques pour vous reposer de vos labeurs ; et vous êtes par instants harassé, fatigué et souvent importuné. Mais peu vous importe. Vos compatriotes vous ont invité et vous avez sans hésitation répondu à leur appel. Quelle joie alors, quel enthousiasme, et quelle satisfaction sont ressentis par la population tout entière ! Et nous, qui sommes les interprètes de ces divers sentiments, nous ne pouvons trouver qu'un mot pour les exprimer : Merci ! merci pour votre visite, Merci pour l'encouragement que nous donne votre présence ce soir ! Merci, et revenez souvent au milieu de nous. Chaque fois que vous pourrez échapper au tourbillon des affaires, venez passer avec nous quelques heures à l'ombre du clocher de votre village. »

* * *

La guerre du Transvaal bat son plein et la Confédération canadienne suit avec émotion et anxiété le duel sud-africain, qui, depuis un an, tient l'Angleterre en armes.

Sir Wilfrid Laurier assistant à une démonstration libérale de Sherbrooke se réfère au conflit transvaalien, puis explique à cet égard la ligne de conduite du gouvernement.

Nous avons cru, dit-il, qu'il était de notre devoir en tant que colonie anglaise de prendre part à cette guerre et de permettre à 2000 Canadiens volontaires de s'enrôler sous le drapeau anglais et de participer aux combats de la Mère Patrie. Nous l'avons fait. Vous me demanderez pour quelle

raison nous avons cru qu'il était de notre devoir d'agir
ainsi : c'est parce que nous répondions au sentiment unanime de l'entière population de notre colonie, sentiment qui
s'est révélé à nous de toutes parts. Nous sommes un pays
libre, nous avons un gouvernement constitutionnel, notre
devoir est d'exécuter la volonté populaire, la volonté de
notre peuple. C'est ce que nous avons fait. C'était notre
devoir de le faire. Aussitôt que nous avons eu connaissance de la volonté de la grande majorité du peuple de
notre pays, il était de notre devoir de l'exécuter. Nous l'a-
vons fait volontairement. Aucune puissance du monde
n'aurait pu nous y obliger. La Grande-Bretagne, avec tout
son pouvoir, n'avait le droit de nous demander ni un seul
homme, ni une dépense d'un centime. Mais dans toute la
plénitude de notre pouvoir législatif, nous avons le droit de
répondre et nous devions répondre à la volonté du peuple
qui nous était manifestée. . . . .
. . . . On nous dit : « Mais les Canadiens-Français n'avaient
rien à voir dans cette guerre. » Messieurs, je ne suis pas
ici pour énoncer autre chose que l'expression de la vérité,
je ne suis pas ici pour exprimer ce que je ne saurais répéter
en un autre endroit. Cette guerre de la Grande-Bretagne
avec l'Afrique du Sud n'affecte pas de la même façon tous
les citoyens de notre pays, mais elle affecte également les
citoyens d'origine anglaise et ceux d'origine française. Pour
les Canadiens d'origine anglaise, c'est la voix du sang qui
parle quand il est fait allusion aux combats de la mère
patrie. Son sang bout dans leurs veines et leur cœur bat ; il
est donc parfaitement naturel qu'il soit saisi du désir de
voler au secours de ses compatriotes lorsqu'il apprend
qu'ils ont été tués. Mais ce n'est pas la même voix qui parle
dans nos cœurs. Ce n'est pas la voix du sang, parce que le
sang qui coule dans nos veines n'est pas le sang anglais,
mais le sang de la France. Mais c'est la voix de la gratitude
qui parle en nous, la voix de la solidarité nationale, qui
nous unit dans notre patrie et dans les institutions sous lesquelles nous vivons. Pour ma propre part, j'ai rivé ma vie
politique à une unique idée qu'il me faut faire prévaloir ou

je tomberai avec elle; mais néanmoins quand je reposerai dans la tombe, j'aurai droit à cette inscription sur mon tombeau : « Ici repose l'homme qui a désiré faire de la famille canadienne-française et de la famille canadienne-anglaise une seule et unique famille vivant en harmonie sous le même étendard. ». . . . .

. . . . Je n'ai plus qu'un mot à ajouter relativement à la position que nous avons prise en cette question de la guerre. En Ontario, sir Charles Tupper a dit : « Laurier n'a pas assez fait pour l'Angleterre; c'est un Français. » Dans la province de Québec, on s'écrie : « Laurier a trop fait pour l'Angleterre, c'est un Anglais. » Et cela parce que j'ai accompli mon devoir conformément au désir du peuple. Parce que je suis resté au-dessus de toutes considérations de race et de croyance, je suis exposé à des attaques de cette nature. A mon tour, je suis ici en présence des Canadiens-Français et des Canadiens-Anglais, je m'adresse également à l'un et à l'autre et je vous demande d'appuyer la vraie politique nationale, anglaise et canadienne, que nous avons inaugurée à propos de cette guerre.

Le Parlement se réunissait, le 1er février, à un moment solennel pour l'Angleterre et ses colonies. Sir Charles Tupper en profitait pour accuser le premier ministre de lenteur et d'hésitation dans l'envoi d'un contingent canadien.

Il ajoute que le gouvernement n'a agi que sous la pression de l'opinion publique.

Sir Wilfrid Laurier répond à ces insinuations qu'en ordonnant l'envoi des troupes canadiennes sans la sanction du Parlement, il était justifié par l'assurance d'un assentiment favorable de la part du peuple canadien.

Le premier ministre fait ensuite l'exposé de la justice de la cause anglaise au point de vue des idées coloniales de liberté et d'égalité, exprimant l'espoir que la guerre aura pour résultat une victoire qui n'enlèvera aux Hollandais

aucun des droits dont ils jouissent aujourd'hui et qui
amènera probablement l'établissement d'une Confédération
sud-africaine dans laquelle il y aura justice et liberté pour
tous et égalité devant la loi....

... Les colonies de la Grande-Bretagne marchent derrière
elle, non pour lui prêter une assistance dont elle n'a pas
besoin. mais pour affirmer devant le monde que l'unité de
l'empire britannique est un fait réel et vivant. C'est ce qui
a inspiré notre politique et c'est cette politique que nous
soumettons avec confiance à l'approbation du Parlement.

Le 21 février, à la Chambre des Communes, la parole
du premier ministre se fait à nouveau entendre à propos
du conflit anglo-boer.

Les nouvelles reçues, ce jour, de l'Afrique du Sud, dit-il,
sont de nature à réjouir et attrister tout à la fois nos cœurs.
Elles réjouissent en ce sens qu'elles annoncent que les
troupes canadiennes ont, sur le champ de bataille, reçu le
baptême du feu et supporté leur sort d'une façon qui les
honore elles-mêmes et leur pays.... Nous savons que nos
hommes sont morts à leur poste, et que leur courage a été
à la hauteur de notre attente. Mais le côté triste existe de
même. La nature de la guerre est telle que le triomphe est
toujours mêlé de pleurs.... Nous ne pouvons rien faire pour
consoler les familles qui ont été éprouvées, mais nous pouvons leur donner l'assurance, et nous la leur donnons, j'en
suis convaincu, de tous nos cœurs, que leur perte n'est pas
exclusivement la leur, mais bien la nôtre et celle de notre
pays.

* * *

C'est l'époque des grandes joutes parlementaires dont
la guerre du Transvaal est la cause génératrice. Le
remarquable talent de sir Wilfrid Laurier tient l'arène
politique en émoi. C'est là son arme de conquérant, son

procédé de séduction, c'est là son magique pouvoir qui, nourri de saines et patriotiques idées, l'éleva jadis sur un piédestal, d'où il domine loyalement aujourd'hui peuple et parlement.

La séance des Communes du 14 mars est toute d'éloquence. A M. Bourassa, qui dénonce la guerre comme étant d'une injustice flagrante et tonne contre M. Chamberlain, succède le premier ministre. Il fait entendre certaines paroles qui resteront gravées dans l'histoire et prononce un discours qui prendra les proportions d'un événement.

Ce que nous avons fait, nous l'avons fait de notre libre volonté. En ce qui concerne les guerres futures, je n'ai à dire que ceci, c'est que si le peuple canadien voulait plus tard prendre part à une guerre quelconque d'Angleterre, le peuple canadien agirait de sa propre volonté. Naturellement si notre future contribution militaire venait à être considérée comme ayant un caractère de contrainte — ce qui n'est pas — je dirais à la Grande-Bretagne : « Si vous voulez que nous vous aidions, appelez-nous à vos délibérations. » Il me semble que, s'il est une circonstance qui ne comporte aucune voix de dissentiment en cette Chambre, c'est bien celle à laquelle je fais allusion. Mon honorable ami craint les conséquences de l'envoi par nous d'un contingent militaire en Afrique du Sud. Laissez-moi vous dire en toute sincérité que mon cœur déborde de l'espoir que je nourris de voir cette action couronnée de bons résultats. Quand nos jeunes volontaires ont quitté nos côtes pour aller rejoindre l'armée anglaise en Afrique, nous avions tout espoir qu'ils déploieraient sur ces lointains champs de bataille le même courage dont leurs pères ont fait preuve dans les guerres du siècle passé. Dans beaucoup de poitrines, il subsistait un sentiment de malaise à la pensée que la première décharge de mousqueterie pour des combattants inexpérimentés est toujours une dure épreuve. Mais lorsque le télégraphe nous a appris que la bonne impression faite.

par nos volontaires était telle que le commandant en chef
les avait placés au poste d'honneur, au premier rang, pour
partager le danger avec le fameux corps des Gordon High-
landers, quand nous avons vu qu'ils avaient pleinement
justifié la confiance mise en eux, qu'ils avaient chargé
comme des vétérans, que leur conduite avait été héroïque,
qu'ils avaient mérité l'éloge du commandant en chef et
l'admiration sans mélange de leurs compagnons d'armes
ayant déjà vu la mort en face sur cent champs de bataille
dans toutes les parties du monde, est-il un seul homme
dont la poitrine ne se soit pas gonflée d'orgueil, de ce plus
noble des orgueils, de cet orgueil du pur patriotisme, de
cet orgueil que nous donne la conscience de cet accroissement de forces, de cet orgueil de voir aujourd'hui au grand
jour cette révélation au monde de la naissance à l'ouest
d'une Nouvelle Puissance?...

A ces paroles, des applaudissements nourris éclatent
sur tous les bancs sans distinction de partis, l'émotion
est à son comble, l'admiration de la Chambre ne connaît
plus de bornes.

En réponse à une question de M. Bourassa demandant
si l'attention du gouvernement avait été appelée sur une
déclaration, faite à la Chambre des Communes anglaises
par M. Goschen, relativement aux études de l'Amirauté
sur l'organisation d'une réserve navale se rattachant aux
colonies, sir Wilfrid Laurier répond qu'aucune négo-
ciation n'a été conclue, mais que des communications
officielles ont été échangées.

Dans son existence qui, dominée par une nécessité politique supérieure, se déroule droite et logique dans sa
grandeur, sir Wilfrid Laurier est demeuré le protecteur
des modestes; son âme ouverte à la générosité apporte
aux humbles les paroles d'encouragement et de récon-
fort; ses ressources de cœur sont inépuisables; sa bonté
sert de cadre à sa nature élevée. Bien qu'occupant la
première situation du Canada, il n'oublie jamais ses

amis, et ses moindres actes, empreints de fraternité, glorifient ce grand caractère et l'idéalisent en l'expliquant.

On raconte qu'un Canadien qui lui avait rendu visite à Québec fut invité par le premier ministre à une promenade dans la vieille capitale française. Sir Wilfrid Laurier intéressait son visiteur aux différents points de vue, lorsque leur voiture pénétra dans les vieux quartiers de Québec. Sir Wilfrid Laurier devint alors enthousiaste, il s'animait et parlait aux gens qui se tenaient près de leurs portes comme s'il eût été l'un d'entre eux.

— Ah ! oncle Basile, dit-il à un vieillard assis au seuil de sa maison, il y a bien longtemps que nous ne nous sommes vus. Comment va ce rhumatisme? Il vous ennuie toujours? Et petite Anne, où est-elle? Quoi, mariée! Mais non, ce n'est pas possible ; sa fille, cette petite-là sur cette marche de la porte? Comme le temps s'envole! »

Et le premier ministre descendit de voiture, prit l'enfant dans ses bras, l'embrassa, puis, laissant quelque argent à oncle Basile, il continua son chemin.

— Ce sont mes enfants, dit-il, et je les aime beaucoup.

Il serait difficile de s'abstenir de réflexions sympathiques en face de ce trait touchant qui révèle une nature délicate par excellence, fait la part belle à l'homme de cœur et souligne la noble et affectueuse bienveillance de l'homme d'État.

La Chambre des Communes votait en juin une Adresse à la Reine Victoria. Sir Wilfrid Laurier se joignait aux débats.

La fin de la guerre, dit-il, est heureusement prévue, bien que nous ne puissions espérer qu'elle soit terminée. Il y aura, sans doute, encore bien des combats, et, la guerre finie, les autorités britanniques se trouveront face à face des plus graves problèmes. Mais, bien que la campagne dure toujours, nous prions et nous espérons que le long règne de Sa Majesté ne sera plus troublé par la guerre et que le temps qui lui reste à vivre portera l'empreinte de la paix.

Nous prions dans l'espérance qu'à la fin de ce glorieux règne les sujets de Sa Majesté dans l'Afrique du Sud auront appris à apprécier ces institutions britanniques qui, à l'heure actuelle et en tous lieux, signifient liberté et égalité de droits. Nous prions pour que ce glorieux règne ne finisse que lorsque l'Empire sera uni et lorsque la paix et la bonne volonté prévaudront parmi les hommes.

La campagne électorale se dessinait en septembre. Sir Wilfrid Laurier était alors en Nouvelle-Écosse. Ce voyage politique voyait se succéder sans trêve discours, banquets et réceptions.

Durant son séjour dans les provinces maritimes le chef libéral, qui a la haute main sur la direction des affaires, met à contribution ses aptitudes remarquables. Sans avoir la prétention d'imposer sa pensée, il l'indique avec éloquence et la précise nettement; développant avec facilité des considérations que la longue pratique des choses et sa puissante méditation rendent générale ment profondes, il sait entraîner ses partisans et restreindre le nombre de ses adversaires par l'imperturbable maturité de sa discussion.

Sir Wilfrid Laurier, qui a sa conscience et le fond de ses intentions pour le satisfaire, a gardé le privilège rare entre tous de faire concorder les actes du lendemain de la victoire avec les paroles prononcées, la veille du combat, dans l'inquiète et fiévreuse attente des élections.

Au milieu des fluctuations politiques, au milieu des succès alternés du libéralisme et du torysme, la tolérance politique et l'oubli des querelles de race n'ont pas eu de plus ardent défenseur que ce grand citoyen, de qui émane le triomphe du libéralisme.

Il ne les aura, d'ailleurs, jamais défendus plus opportunément qu'en cette période de préoccupations électives.

Portant sur toute question une vue d'autant plus nette qu'elle n'est obscurcie par aucune arrière-pensée, il poursuit sa campagne avec esprit de suite et ténacité et consacre également à son pays et à son parti le concours de son intelligence et de son savoir. C'est ainsi qu'il multiplie, chemin faisant, le nombre de ses admirateurs et crée de nouveaux et fervents adeptes à ces principes libéraux qu'il personnifie avec tant d'éclat.

Dans l'atmosphère de haute estime qui semble l'entourer, sir Wilfrid Laurier, représentant attitré d'une race affranchie d'entraves et prospère, Laurier, « le nom vivant d'une grande victoire anglaise », rappelle qu'il vient d'une province éloignée, mais qu'à quelque endroit qu'il se trouve, soit chez les Écossais, soit chez les Irlandais, soit chez les Anglais, il a toujours été accueilli comme un frère.

Nous sommes ici, dit-il, sur une terre historique, où, il y a cent ans passés, mes ancêtres et les vôtres ont combattu, l'un contre l'autre, pour défendre la cause de leur pays respectif. Que ces souvenirs soient oubliés, ou qu'ils soient chéris uniquement pour se rappeler que c'est le devoir de chacun de soutenir sa patrie ! Que vous soyez, que nous soyons Écossais, Irlandais, Anglais ou Français, il est de notre devoir de marcher ensemble la main dans la main, pour notre patrie commune. Mon ambition est de faire de notre grande colonie une nation dont on parlera dans les temps à venir. Lorsque les Canadiens ont été appelés à combattre pour la Reine sur les terres lointaines, ils ont prouvé que le sang qui coulait dans les veines de leurs ancêtres n'avait pas dégénéré.

Les élections fédérales ont eu lieu le 7 novembre. Le résultat en est favorable au cabinet Laurier et son succès est accueilli avec une égale faveur en Angleterre, en

France et aux États-Unis. L'idée libérale exalte de plus en plus les espérances du peuple canadien ; elle vient de s'affermir par l'omnipotente volonté de la grande consultation nationale dont le monde anglo-saxon a suivi les péripéties avec un primordial intérêt.

Dans une Chambre de 213 députés, la majorité libérale atteint 60 voix. Sur 65 mandataires nommés par la province de Québec, huit conservateurs seulement sont élus ; c'est un des plus beaux triomphes de ce groupe très zélé et très choisi que sir Wilfrid Laurier couvre du prestige de son éloquence et de l'autorité de son nom. Les principaux leaders conservateurs ont été, en effet, battus dans leurs propres circonscriptions. D'autre part, cette victoire est un succès pour la race canadienne-française qui, sur les exhortations de son grand chef, s'est portée au combat dans une communion parfaite de principes et de conduite. Le résultat prouve de quel poids pèse le vote français dans la politique de la Confédération.

Le parti libéral a désarmé toutes les défiances et son horizon s'est agrandi d'autant. Le ministère Laurier peut compter sur un nouveau bail de cinq ans. C'est désormais un fait incontestable que la politique libérale étroitement liée aux aspirations canadiennes paraît le mieux convenir aux intérêts du pays et semble avoir enchaîné la fidélité publique aux hauts desseins que médite et porte en son cœur le Canadien-Français qui la symbolise. Sir Wilfrid Laurier, son porte-drapeau, reçoit pour la deuxième fois la mission de veiller aux destinées de la Confédération. Avec l'assentiment de la nation, le proverbe « The right man in the right place » se trouve à nouveau sanctionné. L'esprit libéral, dont les symptômes se trahissaient depuis 1891, a définitivement conquis l'appui décidé du Canada. Les vainqueurs de 1896, qui n'ont d'autres torts que leurs succès mêmes, ont détrôné les Tories dont la popularité chancelante ne semble pas près de se relever.

La province d'Ontario s'est prononcée différemment de celle de Québec. On ne peut attribuer ce déclin libéral qu'à l'absence d'un chef jouissant d'une certaine autorité. Peut-être même ce déplacement de suffrages doit-il être attribué à une question de races. En outre de la question de religion, la question de langue est une cause de séparation profonde. « Applaudissons, messieurs, disait éloquemment M. Gaston Boissier, à ces efforts d'une race énergique et fidèle pour conserver son idiome qui fait sa nationalité et qu'à travers l'océan la vieille France envoie ses encouragements à cette France lointaine. » A Toronto, ville anglaise par excellence, on redoute la « French domination ». Telles sont sans nul doute les raisons majeures de la mise en minorité du parti Laurier. Seul le doigté supérieur du Premier Canadien est à même de mitiger cette divergence d'opinions, prompte à se fortifier de toute cause irritante.

Le grand libéral, dont la loyauté ne saurait être suspectée de personne, ne disait-il pas le 20 septembre dernier :

Il est de l'intérêt des réformistes de Québec et d'Ontario de s'unir sur le terrain législatif dans un esprit de paix, d'union, d'amitié et de fraternité.... Je répète que le salut du pays aujourd'hui, comme en 1847, repose dans l'alliance des libéraux anglais et des libéraux français.

Et lorsqu'on sait — énonçait M. Bruneau dans une conférence à Montréal — qu'en parlant ainsi sir Wilfrid Laurier représente les pensées, les sentiments et les aspirations des intelligences les plus brillantes et les plus distinguées qu'il y ait dans la population canadienne-française, ne voit-on pas dans l'alliance intime qui existe aujourd'hui entre tous les libéraux du Canada une nouvelle garantie de la stabilité des institutions de notre commune patrie? »

La presse américaine donnait en ces termes sa note sur les élections canadiennes :

« Le triomphe de sir Wilfrid Laurier est bien vu aux États-Unis, aussi bien au point de vue personnel qu'au point de vue public; il est, d'ailleurs, personnellement goûté à Washington comme à Londres. Dans les malheureuses controverses qui ont existé entre les deux nations nord-américaines, nous avons trouvé en sir Wilfrid Laurier un adversaire adroit, peut-être entêté, mais par contre toujours honorable, toujours sincèrement animé du désir de s'arranger. Nous l'identifions avec cette magnifique explosion de loyalisme canadien qui se traduisit par l'envoi de troupes en Afrique du Sud, envoi qui donna au Canada un nom dans le monde militaire. En résumé, le Canada est un voisin avec lequel nous désirons, politiquement et commercialement, demeurer amis. Nous pensons qu'il y a toutes chances d'entretenir ces bonnes et amicales relations, maintenant que le ministre libéral est gratifié d'un nouveau mandat. »

***

En janvier 1901, sir Wilfrid Laurier se trouvant à Halifax assiste à un banquet donné en son honneur. Il y prononce, entre autres, ces paroles :

Si l'Empire britannique était tel qu'il le souhaiterait devoir être, il lui faudrait avoir pour assises cette large plate-forme de la justice et de l'équité. Si les États-Unis et le Canada jouissent d'amicales relations, diverses questions n'en sont pas moins à régler. Deux façons sont susceptibles de les faire aboutir, l'arbitrage ou le consentement mutuel. Tout partisan convaincu de l'Angleterre et tout Canadien qu'il était, il professait le plus haut respect pour les États-Unis. Il ne partageait pas cette conviction que le patriotisme comporte la haine des pays rivaux. Il voulait un Canada national dans lequel tant qu'un homme serait Canadien il trouverait l'égalité des droits et de la justice.

Quelques jours plus tard, à Toronto, il prenait part au banquet offert à M. Sifton, ministre de l'Intérieur.

Il affirmait dans la capitale de l'Ontario que le Canada, quoique toujours colonie, est manifestement une nation indépendante. Bien que personne ne suppose que ses relations présentes avec la Grande-Bretagne puissent durer, elles sont, cependant, satisfaisantes actuellement. Si, dit-il, dans l'avenir, de nouveaux problèmes surgissent, nous les regarderons en face et les résoudrons sur les bases les plus strictes de la nationalité canadienne et du droit de cité anglais.

Sir Wilfrid Laurier témoignait gracieusement de ses sentiments pour la France en adressant une généreuse offrande au Comité du monument de Bossuet, à Meaux.

Février voyait s'ouvrir la session fédérale.

« Chaque pays a son heure, — écrit à ce sujet M. Hector Fabre, — la nôtre a sonné ; il y a, sur tous les points de notre territoire, comme une floraison soudaine et continue. Nous cueillons les fruits d'une longue série de travaux, d'efforts, en même temps que nous bénéficions des avantages d'un territoire qui renferme tant de richesses et de ressources variées. Notre pays n'a aucun obstacle sur sa route qui s'oppose à son entière fortune. Tout le favorise, tout semble conspirer pour lui : l'Angleterre le protège et tient à lui rendre en prestige l'appui moral que vient de lui apporter son concours aux yeux du monde hostile; la France lui reste accessible à toutes relations nouvelles; les États-Unis se comportent en somme en bons voisins, ne donnant, il est vrai, selon les préceptes modernes, rien pour rien. Enfin il a sa propre vitalité de peuple jeune, actif, agissant, en pleine possession de l'avenir, sûr de lui-même. »

La mort de la reine Victoria survient à cette époque et produit dans le monde entier une douloureuse et profonde émotion. Un voile de deuil s'est étendu sur le Canada qui, tout entier, s'incline devant la tombe qui se referme sur la dépouille mortelle de la reine et salue avec une entière confiance l'avènement d'Édouard VII.

Sir Wilfrid Laurier prononce à la Chambre des Communes un discours sur la mort de la souveraine d'Angleterre. Il porte dans cet art difficile de l'oraison funèbre un talent particulier. Jamais le Premier Canadien n'a parlé avec plus d'élévation et de sentiment. Ce discours demeure un modèle du genre. Son éloquence soulève dans l'auditoire une émotion profonde, car jamais parole humaine ne s'est à la fois montrée plus contenue et plus émue ; elle mêle « au regret national l'expression d'un regret humain ».

La Chambre s'est assemblée à l'ombre de la mort qui a causé le deuil le plus universel dont l'histoire fasse mention. Ces paroles ne renferment pas d'exagération, elles sont l'expression de l'exacte vérité. Le Royaume-Uni, les colonies, et plusieurs des îles et des continents qui forment partie du vaste Empire sur lequel la reine Victoria étendait sa suprématie, sont en deuil. Ce deuil est profond, sincère, vivement ressenti dans les manoirs des grands et des riches de même que dans les chaumières des pauvres et des humbles ; car la Reine a toujours été jusqu'à la fin de son long règne pieusement vénérée par tous ses sujets riches ou pauvres, puissants ou misérables. Toutes les nations de l'Europe regrettent sincèrement la mort de la reine Victoria, car toutes, elles avaient appris à estimer, à admirer, et à envier ses nombreuses qualités, ses multiples vertus publiques et domestiques qui faisaient l'orgueil de ses sujets. Des pleurs et des gémissements se font entendre parmi les peuples sauvages et barbares de son vaste empire, dans les wigwams de nos tribus indiennes, dans les huttes des races de couleur de l'Afrique et de l'Inde pour lesquelles elle fut toujours la mère puissante, l'incarnation de la majesté et de la bienveillance. Le deuil a aussi envahi les fermes du Sud-Africain, qui furent et sont encore dévastées par la guerre. En effet, au milieu du cliquetis des armes, au-dessus des colères allumées par ce conflit, le nom de la reine Victoria a toujours été entouré de beaucoup de respect et considéré comme un symbole de justice, même par ceux qui luttent contre ses troupes, et peut-être comptait-on sur l'action bienfaisante de la reine pour l'heure de la réconciliation.... En quoi consiste la grandeur? Il est d'usage d'appeler grands ces personnages exceptionnels que le ciel a gratifiés de ses dons les plus rares, qui étonnent et éblouissent l'univers par le rayonnement de leurs facultés, développées à un point phénoménal, alors même que celles-ci sont déparées par des défauts et des faiblesses qui leur enlèvent leur utilité. La pondération de l'esprit, l'équilibre entre des facultés bien agencées, le flambeau lumineux d'un jugement calme sont des dons qui se rencontrent aussi rarement chez un être humain, que ces qualités plus éblouissantes quoique moins solides. Et quand ces dons sont l'apanage de celui qui exerce l'autorité suprême et qu'ils se trouvent alliés à une âme pure, à un cœur tendre, à des desseins généreux, à des vues élevées et à l'amour du devoir, nous avons, il me semble, l'idéal le plus élevé de la grandeur qui sera une source abondante de félicité et de gloire pour le peuple régi par un souverain ainsi doué. Si je ne me trompe, tel fut le caractère de la reine Victoria et tels furent les résultats de son règne sous lequel nous avons eu le privilège de vivre, règne qui fut, on doit l'admettre, un des plus illustres de l'histoire, égalant en durée et surpassant en gloire le règne prolongé de Louis XIV, qu'il dépassera peut-être en splendeur aux yeux des âges à venir. Dans une vie où il y a tant à admirer, ce qu'il y a peut-être de plus admirable, c'est ce naturel, cette simplicité de caractère dont la reine a fait preuve dans les actions que je viens de signaler. Du premier au dernier jour de son règne, elle sut se concilier l'affection de son peuple, et cela, parce qu'en toutes circonstances elle avait le don de faire précisément ce qu'il fallait, de la façon la plus simple et la plus naturelle du monde. Elle n'est plus, que dis-je ! Elle vit toujours dans le cœur de ses sujets; elle vivra dans l'histoire. Et à travers l'évolution des siècles, à mesure que sa noble figure se dessinera davantage à l'horizon du temps, la postérité ratifiera le jugement de ses sujets; elle a rehaussé la royauté, ennobli l'humanité et le monde est meilleur depuis qu'elle y a passé.

Ce sont là d'éloquentes paroles et de touchants accents de douleur, dont il importe d'évoquer le souvenir. Témoignage d'un sincère respect, ils honorent les hauts faits d'un règne majestueux entre tous et révèrent la mémoire d'une noble vie, en elle-même un grand exemple.

Les députés des Communes s'associèrent unanimement à ces profonds regrets si dignement exprimés.

* * *

Le Parlement réuni, la polémique a repris ses droits. A la Chambre des Communes, l'opposition conservatrice, décapitée de ses chefs, doit se reformer pour reprendre position. La mort de Sir John Macdonald, la retraite de Sir Charles Tupper ont lourdement pesé sur ce groupe et accentué d'autant son déclin.

Le parti libéral, sûr d'un lendemain de cinq ans, se sent maître de ses forces, il peut diriger le pays à son gré et l'esprit qui l'anime le porte avec une nouvelle ardeur au combat.

L'arène parlementaire est ouverte aux partis. En mars était présentée à la Chambre des Communes cette motion « qu'en signe des libertés religieuses et civiles et de l'égalité de droits garantis à tous les sujets britanniques de la confédération canadienne, le souverain de la Grande-Bretagne ne fût pas appelé à faire une déclaration offensante pour des sujets de la couronne britannique ! »

Cette résolution avait trait à certaines expressions se rattachant à la cérémonie du Couronnement et tendait à faire libérer Édouard VII de la nécessité de prononcer, dans le palais de Westminster, des paroles blessantes pour des millions de ses sujets, appartenant non seulement au Royaume-Uni, mais également à toutes les colonies.

La presse canadienne protestante, elle-même, s'est fait l'écho de cette motion, qui vient à point en ce xxᵉ siècle dont le plus grand honneur est d'avoir dissipé l'ignorance et d'avoir fait pénétrer les lumières et les doctrines du Rationalisme dans les parties non civilisées de l'Univers. « Une déclaration calme et digne de sa fidélité à l'église d'Angleterre — dit le *Guardian*, l'un des journaux protestants les plus respectables publiés dans le Royaume-Uni — est tout ce qu'il faut. Les nations portent aujourd'hui une attention beaucoup plus grande aux déclarations royales qu'aux premiers temps de la dynastie de Hanovre. Nous regrettons sincèrement qu'Édouard VII soit obligé de se servir de mots qui traiteront d'idolâtres superstitieux le roi du Portugal, le roi des Belges et un grand nombre d'autres têtes couronnées qui pleurent la mort de la Reine. »

Sir Wilfrid Laurier, en tant que Conseiller de la Couronne et Chef des délibérations de la Chambre, exprime son avis à cet égard :

Laissez-moi vous dire, tout d'abord, que ce n'est pas une

question sur laquelle il peut y avoir des sentiments de parti. C'est une de ces questions dont il vaut mieux abandonner complètement la solution au jugement de chaque député, qui peut la résoudre soit d'une manière soit de l'autre, d'après ce qu'il croit être le plus grand intérêt du pays et de l'Empire dont nous faisons partie. Personnellement, je puis dire que je suis en faveur de la proposition de mon honorable ami et je n'ai aucun doute que, si elle était acceptée unanimement par cette Chambre, elle aurait un effet des plus salutaires dans le sens de la paix et de l'harmonie entre toutes les croyances et toutes les races, non seulement en ce pays, mais par tout l'Empire britannique....

... On pourra me demander quelle raison y a-t-il de faire disparaître cette déclaration ? Il y a la raison bien simple qu'elle est offensante. Elle est pénible pour les sujets catholiques romains qui honorent leur roi et lui sont loyaux, qui sont prêts à combattre et à mourir s'il le faut pour sa couronne.... Que cette proposition soit ou ne soit pas adoptée ; que si elle est adoptée on en tienne compte ou non en Angleterre ; que ce serment soit ou ne soit pas maintenu dans la loi, la loyauté des catholiques romains n'en sera pas ébranlée. Ils continueront à être de tout cœur, ce qu'ils sont aujourd'hui, des sujets bien disposés de Sa Majesté le roi Édouard VII et de ses successeurs. Mais il est permis d'admettre que l'orgueil et le dévouement que nous ressentons tous à l'égard de ce grand Empire, qui a été le premier refuge de la liberté de conscience quand la liberté de conscience était encore bannie du reste du monde, croîtraient en enthousiasme si ce serment, ce reliquat des époques de persécution, ce dernier vestige des âges dont j'ai parlé, était rayé des lois de la libre Angleterre.

La session est maintenant en pleine activité. A chaque instant surgit une question nouvelle en quelque point de l'horizon. Le 12 mars s'élève à la Chambre des Communes un éloquent débat sur une motion présentée par M. Bourassa et en partie ainsi conçue : « Que tout en affirmant sans réserve le principe fondamental de l'auto-

nomie canadienne et en refusant de reconnaître que l'intervention du Canada dans l'Afrique australe ait pu lier
ce pays à une participation future dans les guerres et la
politique de la Grande-Bretagne..., cette Chambre déclare,
de plus, qu'il n'est pas nécessaire d'envoyer de nouvelles
troupes canadiennes dans l'Afrique australe et que l'enrôlement des recrues pour le corps de gendarmerie sud-
africaine ne devrait pas être permis au Canada. »

Puis M. Bourassa, dans une éloquente harangue, s'élève
contre la guerre du Transvaal : « La liste des morts
s'allonge de jour en jour, — s'écrie-t-il, — le flot de sang
grossit toujours. Ce n'est plus une guerre de soldats;
c'est le commencement d'un conflit de races.... Oui,
M. Chamberlain est au pouvoir, et la guerre n'est pas
terminée, mais la reine Victoria est morte. Et la rumeur
publique, et la conscience publique et le sentiment
public nous disent que ses jours ont été abrégés par
cette guerre décevante et sans gloire. »

Sir Wilfrid Laurier, qui a pleine conscience « de ses
droits comme citoyen canadien et de ses devoirs comme
citoyen britannique », lui répond :

Quant à la première conclusion énonçant qu'il n'est pas
nécessaire au Canada d'envoyer des troupes en Afrique, je
suis tout à fait d'accord avec mon honorable ami, non pas
cependant pour les raisons qu'il a exprimées, mais parce
que la guerre touche à sa fin.

... Quant à la deuxième conclusion tendant à établir que
l'enrôlement des recrues pour le corps de gendarmerie sud-
africaine ne devrait pas être permis au Canada, j'en demanderai à mon honorable ami la raison. S'il y a ici des hommes
qui, pour un motif quelconque, soit pour gagner leur vie,
soit pour satisfaire à l'impulsion d'un esprit aventureux ou
à l'inspiration plus noble de combattre pour leur souverain,
si, dis-je, il y a au Canada des gens qui veulent faire partie
de la gendarmerie sud-africaine, de quel droit le gouvernement canadien viendrait-il le leur défendre? Mon honorable

ami a parlé avec éloquence de la liberté, dont il s'est constitué, pour ainsi dire, l'unique champion dans cette Chambre.
Je lui demanderai quelle serait cette liberté qui défendrait
à un sujet anglais d'aller, à un titre quelconque, se mettre
au service de son roi ?....

... Sans regretter la guerre autant que mon honorable ami,
je n'en crois pas moins que c'est le plus grand malheur qui
ait fondu sur l'Angleterre depuis quarante ans, car elle aura
eu pour conséquence de lui imposer la tâche et le devoir de
gouverner l'Afrique australe et les deux races qui y vivent
dans une inimitié que les cruels souvenirs de la guerre perpétueront peut-être durant des générations.... Que mon
honorable ami oublie pour un moment que lui et moi
sommes sujets britanniques : au nom de la civilisation, au
nom de l'humanité, qui doit gouverner ce pays éloigné....
Mon honorable ami admettra avec moi que lorsque le drapeau britannique flottera sur le Sud-Africain, ces contrées
posséderont ce que l'on possède ailleurs depuis les soixante
dernières années à l'ombre de ce drapeau : liberté pour
tous, égalité pour tous, justice pour tous, et droits civils
pour les Anglais et les Hollandais.

Tout est pesé, tout est réfléchi dans cette allocution
qui affirme une opinion clairvoyante et reflète directement les justes pensées du chef libéral. On ne saurait
exprimer plus noblement le respect de la conscience ni
mieux avoir l'intelligence de la liberté.

***

Quelque temps après, M. Borden prenait la parole à la
Chambre des Communes; il gourmandait gravement
certains ministres de se livrer au persiflage envers l'opposition et, d'être au surplus quelque peu sarcastiques à son
égard, et passant à de plus graves questions, reprochait
au gouvernement libéral de n'avoir réclamé la dénoncia-

tion des traités relatifs à l'Allemagne et à la Belgique que dans l'unique pensée de donner son plein effet au tarif préférentiel et cela sans avoir suffisamment pesé les conséquences qui en résulteraient et les représailles qu'elle provoquerait. Il accusait au même titre le ministère de rester les bras croisés et de piétiner sur place sans rien tenter pour obtenir de l'Angleterre un régime de préférence commerciale.

D'un ton, au début, assez ironique qui revient ensuite peu à peu à son habituelle sévérité, sir Wilfrid Laurier proteste hautement contre les allégations du leader conservateur. Son calme ne se dément point, il n'oppose que la hauteur de son caractère politique à des interpellations dont il semble apprécier avec indulgence le mobile secret. Son langage sollicite l'attention.

La voilà cette merveilleuse politique, voilà ce programme fiscal tout frais sorti des lèvres du chef de l'opposition et le croirait-on ! ce n'est qu'une réédition de l'ancien système du protectionnisme. Oui, c'est bien cela : l'ancien système du protectionnisme agrémenté de quelques nouveaux ornements qui, bien loin de corriger les traits repoussants de l'original, ne font qu'en accentuer davantage la laideur.... Il n'y avait rien de nouveau sous le soleil il y a trois ou quatre mille ans, il n'y a rien de nouveau dans le parti conservateur aujourd'hui.... Quel est le système qui doit l'emporter? Est-ce le protectionnisme absolu, ou bien le régime adopté en 1897, régime qui ne repose pas sur la protection, mais dont la protection n'est qu'un accessoire? Les résultats du système adopté en 1897 sont évidents ; jamais le pays n'a joui d'une pareille prospérité.

Que ces messieurs se donnent donc la peine de citer mes paroles dans toute leur intégrité, sans les tronquer, et ils verront que jamais le parti libéral n'a prétendu qu'à son avènement au pouvoir il adopterait immédiatement le système du libre-échange en vigueur en Angleterre.

Nous l'avons mainte et mainte fois répété ; nous sommes

partisans du régime du libre-échange en théorie : mais
aussi nous savons parfaitement qu'il faut demander à la
douane des revenus nécessaires à l'administration des services publics et il s'écoulera encore bien des années avant
qu'il nous soit possible d'établir ici le régime du libre-
échange en vigueur en Angleterre.... Je dirai tout de suite
et non pas pour me moquer d'eux ni pour leur faire un
reproche que si ces messieurs les conservateurs préfèrent
la protection à tout autre système, ils feraient bien de l'appliquer contre la Grande-Bretagne. Mais je leur demande,
au nom du sens commun, s'ils croient à la protection contre
l'Angleterre, comment se plaindraient-ils de ce que le
peuple anglais, de son côté pense trouver la meilleure protection possible dans un système de libre-échange avec
tout l'univers.... Mais il est difficile de convaincre les honorables membres de la gauche, pour la raison qu'ils ne
veulent pas être convaincus, et qu'il n'y a de pires sourds
que ceux qui ne veulent entendre, ni de pires aveugles que
ceux qui s'obstinent à ne pas voir. De même que les idoles
du paganisme, ces messieurs ont des yeux, mais ils ne
voient rien, des oreilles, mais ils n'entendent rien.... La
gauche sait qu'il est impossible de suivre ses conseils ; elle
fait miroiter aux yeux du public cette proposition que le
chef de l'opposition désapprouve dans l'espérance d'en
tirer profit ici ou là. Faisons résolument face à la situation.
Posons en principe que, quel que soit le tarif américain,
seul notre intérêt sera la mesure de nos actions.... Si nous
avons forcé la main à l'Angleterre pour lui faire dénoncer le
traité allemand, ce n'est pas parce que nous étions mus par
un sentiment d'hostilité envers l'Allemagne, mais parce que
nous désirions recouvrer notre liberté d'action.... Mon
honorable ami (M. Borden) conviendra avec moi qu'avant
que cette question devienne l'objet de discussions acerbes
dans le Parlement et le pays, il faut épuiser tous les
moyens diplomatiques ; nous devons nous présenter devant
la Chambre, avouer franchement notre insuccès et prendre
d'autres mesures. Mais le chef de l'opposition admettra que,
d'ici là, il est préférable de laisser aux autorités impériales

et au gouvernement canadien le soin de régler sans bruit cette question.

La possession de l'île d'Anticosti par M. Menier, citoyen français, servit de thème à une interpellation de M. Taylor. Ce député réclamait la réunion de tous télégrammes, correspondance et rapports relatifs à cette acquisition, cela sous prétexte que l'île pouvait être fortifiée de façon que les navires de guerre fussent empêchés de remonter le Saint-Laurent en temps de conflit. Il demandait finalement la réintégration des anciens propriétaires de l'île, injustement dépossédés par M. Menier.

Sir Wilfrid Laurier se contente de répondre :

Qu'il ne s'oppose pas à la revision des diverses pièces relatives à cette affaire. En faisant appel à ses plus lointains souvenirs, il ne se rappelle pas qu'aucune correspondance ait été échangée avec le gouvernement impérial concernant l'exploitation de l'île par M. Menier. Les autorités impériales n'ont jamais appelé l'attention du gouvernement sur le fait que M. Menier devrait être exproprié, parce qu'il constitue un danger pour le Canada ou pour l'Empire. En supposant que des batteries soient placées dans l'île, l'imagination la plus ardente ne saurait concevoir que celles-ci fussent à même de s'opposer à l'entrée des navires dans le Saint-Laurent, en raison des 60 milles d'eau libre de chaque côté de l'île. En cas d'hostilité, il y aurait lieu de voir si le gouvernement doit ou non prendre possession de l'île d'Anticosti. Quant à l'assertion relative à ce que M. Menier aurait arbitrairement dépossédé des citoyens anglais, sir Wilfrid Laurier affirme qu'ils ont été expulsés, non par le gouvernement, mais par l'autorité judiciaire. C'est, admet-il, un cas délicat. Mais rien ne saurait empêcher un citoyen quelconque, d'une nation civilisée, d'exercer ses droits dans une propriété dont il est détenteur de par la loi.

La visite de l'héritier du trône d'Angleterre au Canada

appelait sir Wilfrid Laurier à Québec. C'est, en effet, par Québec, tête et cœur du pays français, que le duc de Cornouailles avait voulu faire son entrée au Canada, marquant ainsi par cette préférence tout le prix que l'Angleterre attache au loyalisme canadien français.

Sir Wilfrid Laurier accompagnant le duc de Cornouailles durant son voyage à travers le Canada, rien ne devait manquer pour donner essor à l'enthousiasme des populations.

Entre temps, le Président des États-Unis tombait victime du plus honteux et du plus lâche des attentats. Dans un télégramme envoyé à l'ambassade anglaise de Washington, le Permier canadien exprimait dans toute sa profondeur le sentiment produit au Canada par cet acte criminel.

Je viens, sur la demande de Son Excellence le Gouverneur général, prier Votre Honneur de bien vouloir transmettre à M. Hay, secrétaire d'Etat, toute l'expression des sentiments canadiens, à la nouvelle du lâche attentat commis sur la personne de M. Mac-Kinley. Le gouvernement et le peuple canadiens espèrent fermement que la Providence ayant frappé d'impuissance la main de l'assassin, une vie sera préservée que le peuple des Etats-Unis et le peuple du Canada révèrent hautement.

Le banquet de l'Association des Fabricants canadiens eut lieu à Montréal, le 6 novembre ; y assistaient sir Wilfrid Laurier, lord Strathcona, M. Fielding, etc.

Sir Wilfrid Laurier reçoit toutes les marques d'un enthousiasme général. Le commencement de son discours est agrémenté d'un petit retour sur le passé :

Je n'ai pas eu la chance, dit-il, d'être producteur. Je ne suis qu'un simple et très humble consommateur. Mais j'ai eu la chance, durant ces vingt-cinq dernières années, de voir une

bonne partie du développement des industries canadiennes.
Pendant vingt-cinq ans et plus, j'ai joui du privilège d'appartenir à la Chambre des Communes. Vingt-cinq années
représentent une longue période de la vie d'un homme,
mais ce n'est qu'un point imperceptible dans la vie d'une
nation. Mais que ces vingt-cinq années se comptent dans la
vie d'un homme, ou dans la vie d'une nation, elles donnent
certainement lieu à de nombreux changements. J'ai vu l'extension des relations entre le Canada et l'Empire. J'ai vu
avec un plus grand intérêt encore le développement de la vie
canadienne. J'ai noté les hauts et les bas de la politique.
J'ai vu monter et descendre la marée des partis. J'ai appartenu au cabinet Mac Kensie, j'ai combattu contre sir John
Mac Donald, et j'ai ressenti, comme vous tous, la perte de
ces deux grands hommes, l'un mon chef de parti, l'autre
mon chef d'opposition, tous deux mes amis personnels.
Mais au milieu de ces changements et de ces vicissitudes, il
est une chose demeurée constante autant qu'inaltérée ; c'est
la dévotion — si je puis employer cette expression et je
l'emploie intentionnellement — c'est la dévotion que toutes
les classes représentées au Parlement canadien ont invariablement montrée pour l'industrie.

Le Parlement canadien a octroyé plus de temps à la discussion des questions intéressant l'industrie du pays qu'à
toutes les autres questions réunies. Il me serait difficile,
messieurs les industriels, de citer une année où les problèmes
vous concernant n'aient pas appelé notre attention et occupé
nos délibérations. Il n'est que trop naturel, évidemment
que ces sujets soient débattus, étudiés, minutieusement
examinés ; on ne leur consacrera jamais assez de temps....
Je me trouvais, il y a trois ans, à Washington. J'eus
le plaisir d'y rencontrer un grand industriel, et un grand
philosophe, M. André Carnegie. Conversant sur divers sujets
intéressant l'industrie, il en arriva à me dire : « Le commerce
de la Grande-Bretagne, dans le domaine du fer, est une
chose du passé. Nous nous emparerons du commerce de
l'Angleterre en tous points où la concurrence sera susceptible de s'établir. » Je lui répondis : « Monsieur, vous êtes en

ceci mieux au courant que moi. Il est très possible que
vous enleviez le commerce du fer à l'Angleterre, mais laissez-moi vous dire que, lorsque ce commerce sera entre vos
mains, nous vous l'enlèverons à notre tour.... » Si nous
pouvons supposer un état de choses — supposition peu
difficile à établir et à pressentir — si nous pouvons supposer
qu'il y aura mutualité et libre-échange entre les 300 ou 400
millions d'êtres humains qui composent l'Empire britannique, nous aurons prévu le plus grand développement
commercial qu'il sera donné à l'humanité de contempler.
Les assises de l'Empire britannique furent autant, sinon
plus, la colonisation et le commerce que la conquête, et
c'est en suivant la vie commerciale qu'il acquerra son plus
grand développement. L'Empire britannique a été fondé
sur des lois d'équité et de justice, et bien qu'à l'heure
actuelle il se trouve déchiré par la guerre, nous espérons
que ce conflit cessera prochainement et que, dès lors, les lois
de justice prévaudront sur toute la vaste étendue de l'Empire,
ces lois de justice, dis-je, d'équité et d'égalité de droits, dont
l'Angleterre a été le premier des champions dans le monde
moderne.

Des applaudissements prolongés accueillirent la fin de
ce discours.

* *
*

Le Parlement était à peine réuni que M. Borden, chef
de l'opposition, ouvrait l'ère des controverses, soumettant
le discours du trône à une ample critique et mettant iro-
niquement en doute les capacités du ministre des travaux publics, M. Tarte.
Sir Wilfrid Laurier répond au leader conservateur.
D'une netteté sans réserves, son langage exprime la pensée
du pays au nom duquel il parle et s'émaille plaisamment

par instants, de spirituelles remarques à l'égard du député d'Halifax.

Mon honorable ami, dit-il, a suivi le discours du trône phrase par phrase. Je n'ai pu m'empêcher de penser dès le début de son discours — et je crois que mon impression était juste — que mon honorable ami n'a pas bien reposé la nuit dernière, qu'il s'est éveillé, ce matin, sous l'influence de quelque cauchemar ayant troublé sa sérénité habituelle..... Au nombre des bienfaits que la Providence accorde aux nations, se trouve celui d'une saine administration. Un bon gouvernement, il faut bien le reconnaître, est un bienfait plus grand peut-être encore que la plus abondante des moissons, et l'histoire nous apprend que la Providence se sert parfois de ses plus humbles serviteurs pour conférer ses bienfaits à un peuple ; si, dans les circonstances présentes, la Providence a eu recours à nous, tout indignes que nous sommes, pour conférer un de ses grands bienfaits au peuple du Canada, je suis persuadé que toute la droite est prête à essuyer le feu de la critique. Mon honorable ami se plaint de ce que le gouvernement n'a pas mentionné le fait que nos relations commerciales avec l'Allemagne ne sont pas aussi bonnes qu'elles devraient l'être, ou aussi bonnes qu'on aurait pu l'espérer. Si elles ne sont pas aujourd'hui ce qu'elles étaient il y a 5 ou 6 ans, si le tarif allemand ne nous est pas aussi favorable aujourd'hui qu'autrefois, c'est parce que le Parlement du Canada, les conservateurs aussi bien que les libéraux, la nation entière, ont réclamé la dénonciation même du traité qui existait alors et nous favorisait sur le marché allemand.... Après avoir traité divers sujets, mon honorable ami avait épuisé le bon naturel qui lui restait ; aussi le vit-on devenir morose et mélancolique, et la fin de son discours se trouve ainsi rempli des pensées tristes et plaintives d'une âme que le mécontentement a blessée. Rien ne lui fait plaisir maintenant, pas même la prospérité qu'il voit fleurir de tous côtés, cette prospérité sans précédent dans notre pays, qu'aucun peuple ne connut plus grande ; pas même les moissons quasi-miraculeuses du nord-ouest ; pas même

la constante augmentation du revenu; ni même l'importance de plus en plus grande de notre commerce et de notre
industrie....

... Il se produit dans l'est du Canada un mouvement
d'un autre ordre, un mouvement qui ne m'inspire aucune
crainte. C'est avec plaisir, au contraire, que je salue l'entrée des capitaux américains au Canada. Qu'il nous vienne
d'Angleterre ou des États-Unis, c'est toujours le capital
qu'il nous faut! Si les Américains viennent placer leurs
capitaux dans nos industries, qu'entendent-ils faire? Développer ces industries et leur faire produire des bénéfices.....
Pourquoi certains Américains placent-ils leurs capitaux sur
nos chemins de fer? Pour développer ces voies ferrées de
façon à répondre aux besoins du Canada et des États-Unis
en transportant les marchandises jusqu'au bord de la mer.
Mais de quel rivage s'agit-il, demandera-t-on? De celui qui
est le plus rapproché et qui se peut atteindre à meilleur
compte, c'est-à-dire la route du Saint-Laurent.... Aussi,
loin de voir d'un mauvais œil le placement des capitaux
américains dans ces industries, je prends plaisir à le
constater.

Ces déclarations du Premier libéral recevaient toute
l'attention de la Chambre.

Quelques jours après, M. Bourassa, qui ne saurait être
suspect de tendresse envers la politique britannique, présente une motion réclamant des éclaircissements sur la
correspondance échangée entre les autorités canadiennes et américaines au sujet de l'abrogation du traité
Clayton-Bulwer et des règlements de la frontière de
l'Alaska. « Le gouvernement canadien a-t-il consenti à
la révocation du parti Clayton-Bulwer, sans exiger, je ne
dirai pas le règlement préalable de la question d'Alaska
mais simplement sa mise en délibération ? »

La réplique du premier ministre donne suffisamment
à entendre que les intérêts canadiens n'ont été nullement sacrifiés à l'avantage des États-Unis.

Je ne me laisserai pas en ce moment entraîner à discuter la question qui fait le fond, non pas de la motion, mais du discours de l'honorable député de Labelle. Le discours de l'honorable député est pour le moins déplacé. Je ne suis pas plus que l'honorable député, un admirateur de la politique britannique sur le continent d'Amérique. On l'a dit déjà, et pour ma part je suis fâché de dire que dans bien des cas les Canadiens ont cru qu'ils n'ont pas eu dans le passé ce qui leur était dû peut-être ; mais, tandis que je n'en fais pas de mystère, tandis que j'exprime volontiers ma propre opinion à ce sujet, j'espère que nous n'en sommes pas venus à vouloir que la Grande-Bretagne déclare la guerre aux États-Unis si les négociations relatives à une difficulté qui date de longtemps, durent un peu plus que nous n'aimerions.

Ce discours ne clôt cependant point le débat, car au courant de mars M. Monk, député de Jacques-Cartier, tente un retour offensif et revient sur cette question, prétendant qu'il est de son devoir de connaître si le gouvernement canadien a fait valoir ses droits devant les autorités impériales. C'est un fait notoire — dit-il — un fait officiel que le traité Clayton-Bulwer a été aboli ; comment le gouvernement peut-il refuser de déposer devant le parlement de ce pays des documents qui ont été communiqués à la Chambre des Communes en Angleterre ?

Sir Wilfrid Laurier fait à nouveau valoir les arguments qui dictent sa ligne de conduite.

Il nous serait impossible de déposer la correspondance sur le bureau de la Chambre sans lui soumettre les termes mêmes des propositions et des contre-propositions qui ont été formulées.... Déposer sur le bureau de la Chambre les documents que demande l'honorable député serait non seulement impolitique, mais, en outre, une violation de l'étiquette observée de nation à nation, en même temps qu'une atteinte portée aux intérêts les plus sacrés du peuple canadien, relativement à la frontière de l'Alaska.

Le 11 mars, sir Wilfrid Laurier déposait sur le bureau de la Chambre le texte de la correspondance échangée par l'intermédiaire de Lord Minto entre M. Chamberlain et le gouvernement canadien. Cette correspondance, relative à l'un des problèmes les plus vivement controversés de ce temps, appartient à l'histoire et l'importance des documents dont elle se compose, n'échappera à personne.

En décembre 1901, M. Chamberlain informait le gouvernement fédéral que la date du couronnement de Sa Majesté Edouard VII était fixée au 25 juin 1902; l'invitation était, en conséquence, transmise à sir Wilfrid Laurier de vouloir bien y assister.

Le 23 janvier, nouvelle note de M. Chamberlain à Lord Minto, ainsi conçue.

Le gouvernement de Sa Majesté projette de saisir l'occasion de la présence des premiers ministres des colonies aux fêtes du couronnement, afin de discuter avec eux les questions relatives aux relations politiques entre la métropole et les colonies, la défense de l'empire, les relations commerciales et autres sujets d'un intérêt général.

Pour le cas où vos ministres auraient des propositions ou résolutions définitives à soumettre sur ces questions, ou pour le cas où ils auraient quelque nouveau sujet de discussion à présenter, je vous demanderais de bien vouloir m'en communiquer les données générales par câblogrammes afin que je puisse à mon tour en informer les autres gouvernements.

Afin de mener à bien la conférence que l'on projette de tenir, j'ai l'espoir que votre premier ministre pourra séjourner quelque temps parmi nous, disons durant trois semaines, après les fêtes du couronnement en qualité d'hôte du gouvernement de Sa Majesté.

Ainsi par une de ces infatuations dont il est moins que tout autre exempt, M. Chamberlain, champion fervent d'un impérialisme casqué, botté et éperonné, revenait à la charge sur cette question de la fédération qui, pour être chère aux partisans prodigieusement tenaces de la *Greater Britain*, n'en avait pas moins été close à cette sensationnelle première que fut la conférence pro-fédérative de 1897. La motion anglaise relative à la constitution d'un « conseil d'empire » y avait été en effet réduite à néant par la cavalière réponse des Premiers coloniaux.

En dépit de son zèle englobant et dans l'impossibilité de voir ériger en dogme son idée directrice, M. Chamberlain avait dû s'incliner devant cette inflexible résolution. Sa hantise d'un Empire britannique, un et indivisible dans l'offensive comme dans la défensive, que son ardente imagination se plaisait à enfanter gigantesque et son arrière-pensée à concevoir grandiose, demeurait à l'état platonique.

La réponse de sir Wilfrid Laurier avait été des plus franches et des plus catégoriques, lors de cette discussion sur les projets de défense impériale, dont la réalisation devrait être, aux yeux du cabinet anglais, la preuve tangible du loyalisme colonial envers la mère patrie.

On aurait pensé qu'en présence d'un piteux échec agrémenté de déclarations équivalentes, M. Chamberlain ait dû éprouver quelque désarroi, remiser ses illusions fédératives et mettre au rancart des espérances si explicitement répudiées par la représentation coloniale. Il n'en était rien et ses deux dernières missives attestent que la leçon fut et demeure incomprise.

Mais le ministre des colonies comptait sans la lucide clairvoyance et la largeur de vues du politique éminent qui, depuis 1896, occupe avec éclat la présidence du gouvernement fédéral canadien; de l'homme d'Etat également circonspect, habile et réfléchi, que seule guide, dans l'accomplissement de ses fonctions, la confiance inébranlable en sa patrie, dont il juge les destinées égales aux plus hautes. Dans son ferme vouloir de préserver sans restriction l'entière liberté du pays dont il se réclame et les intérêts légitimes de la race dont il s'honore, sir Wilfrid Laurier faisait parvenir à M. Chamberlain cette peu engageante réponse datée du 3 février dernier.

En réponse à votre dépêche du 27 décembre, je prends plaisir à vous informer que mon gouvernement accepte l'invitation que vous avez faite au premier ministre d'assister aux fêtes du couronnement. Sir Wilfrid Laurier partira, vers le 12 juin, accompagné de lady Laurier, mais la date exacte du départ ne peut pas encore être déterminée.

Relativement aux diverses questions mentionnées dans votre dépêche du 23 janvier, la seule de ces questions qui, de l'avis de mes ministres, pourrait être discutée avec profit, serait celle qui a trait aux relations commerciales entre toutes les parties de l'empire britannique. Les relations politiques, existant actuellement entre la métropole et ses grandes colonies, se gouvernant elles-mêmes, particulièrement le Canada, sont considérées par mes ministres, excepté sur quelques points de minime importance, comme étant extrêmement satisfaisantes, et il ne prévoit pas que, dans les conditions où se trouvent ces colonies, il puisse y avoir lieu de tomber d'accord sur un plan de défense englobant toutes les parties de l'Empire.

Mes ministres sont donc d'avis que la conférence que l'on projette de tenir aura des résultats d'autant plus heureux que le champ des sujets en discussion sera plus restreint. Néanmoins, mes ministres se rendent parfaitement compte de l'importance qu'il peut y avoir de saisir toutes les occasions possibles pour discuter, avec les autres ministres coloniaux et le gouvernement de la métropole, toutes questions quelconques intéressant le bien-être et la prospérité de l'Empire, et le représentant du Canada sera prêt à prendre en considération toutes propositions qui pourront lui être soumises par le gouvernement de Sa Majesté ou par les représentants d'autres colonies.

Réplique laconique et réfrigérante d'un politique prudent autant qu'avisé.

Le gouvernement d'Ottawa exprimait ainsi avec une intransigeante fermeté le désir de s'abstenir de toute combinaison tendant à inféoder le Canada à l'Angleterre et à l'enchaîner au char de l'impérialisme anglo-saxon. C'était sans esprit de retour que le Premier canadien traçait si franchement sa ligne de conduite et faisait volontairement crouler l'échafaudage patiemment érigé sur les bords de la Tamise.

Cette réponse est toute à son honneur ; elle implique une certaine déception pour la diplomatie anglaise dont elle tempère les velléités suzeraines ; elle est par contre instructive pour la France qui ne peut manquer d'y percevoir les indices de conséquences lointaines, mais non moins significatives.

Cette attitude a été confirmée et accentuée par le chef libéral en des discours qui donnent la clef de la position politique canadienne en cette question de participation à la défense de l'empire.

Le 15 avril, surgit le premier de ces débats sur l'impérialisme politique, économique et sentimental. M. Mac Lean, député conservateur, discutant la conduite du ministre libéral en présence de la cordiale invitation anglaise, présentait cette attitude comme un nouvel exemple de l'insouciance du gouvernement et de son imprévoyance en regard des grands problèmes nationaux : défense impériale, traitement privilégié des colonies.

« Voilà — s'écriait le membre de l'opposition — des questions d'une immense portée, voilà des sujets d'actualité qui s'imposent à l'examen du peuple canadien et de la nation anglaise. Elles exigent du gouvernement une connaissance parfaite de la diplomatie, et je regrette de dire que, jusqu'ici il n'en a pas été fait preuve. »

A cette attaque véhémente, le Premier canadien se

lève et répond par une magnifique protestation, dans
cette langue élégante, qui fait le charme de son langage,
comme la foi énergique, dont il est animé, en fait la
force :

Je regrette que mon honorable ami, jugeant opportun de
saisir la Chambre d'une question de cette importance, ne
se soit pas conformé à l'usage et n'ait pas fait connaître ses
intentions au gouvernement, afin que ce dernier fût prêt à
engager le débat.... L'honorable gentleman nous reproche
la réponse que nous avons faite à l'Angleterre qui nous a
invités, ainsi que les autres colonies, à prendre part au congrès qui aura lieu à Londres cet été. Pourquoi ce blâme?
Que trouve-t-il à redire à notre attitude? Puisqu'il n'aime
pas l'attitude que nous avons prise et que nous avons fait
connaître à la Chambre il y a plus de six semaines, que
n'a-t-il le courage de formuler ses objections sous forme de
motion que la Chambre pourra discuter? Des discours sans
suite ne suffisent pas; si l'opposition a une opinion à exprimer, qu'elle propose une motion dont l'Univers pourra
prendre connaissance et qu'elle fasse connaître sa pensée.
Nous avons été invités à discuter la question des relations commerciales, politiques et militaires. Nous avons répondu au cabinet de Londres que nous étions prêts à discuter la question des relations commerciales. Nous avons
ajouté que nous étions satisfaits de nos relations politiques
et militaires. L'honorable député est-il d'un avis contraire?
Nous avons déclaré aux autorités impériales qu'à notre avis
les liens qui unissent le Canada à la Mère patrie sont suffi-
sants. Mon honorable ami veut-il prendre une autre attitude?.... L'honorable député doit pourtant se rappeler que
ce n'est pas d'aujourd'hui que ce problème s'impose à notre
attention. En 1897, nous avons été invités presque dans les
mêmes termes à discuter certaines questions concernant
les colonies et la Mère-patrie. A la conférence de Londres,
la question des relations politiques de l'empire fut débattue
par les représentants du gouvernement impérial et des
colonies autonomes, à savoir : le Canada, la Nouvelle-

Zélande, le Natal, la colonie du Cap, la Nouvelle-Galles du Sud, etc., et, à deux exceptions près, toutes furent unanimes à déclarer que les relations entre les colonies et la Grande-Bretagne donnaient pleine et entière satisfaction. Depuis cette époque, à mon avis du moins, il ne s'est rien produit de nature à modifier cette opinion ou à faire supposer qu'il y eût lieu d'améliorer ces relations.

La pierre angulaire de l'Empire anglais, la clef de sa prospérité, c'est l'autonomie de ses différentes parties, et je ne vois rien à l'heure actuelle qui nous justifient d'apporter le moindre changement à la situation présente.... Ce serait pour le Canada un véritable suicide que de se laisser englober dans un plan de ce genre. Ce serait un vrai suicide pour le pays que de se lancer dans le gouffre des dépenses où les nations européennes, y compris l'Angleterre, ont été entraînées par les besoins d'armements formidables.

Quelle est la situation respective de la Grande-Bretagne et du Canada? La Grande-Bretagne est l'une des premières nations de l'Univers, la première peut-être sous plusieurs rapports, le centre du plus puissant empire de nos jours, du plus grand empire depuis la chute de l'Empire romain. Par là même, elle est obligée de maintenir une nombreuse armée permanente. La plus grande partie du budget de l'Angleterre est dévorée par les dépenses navales et militaires et l'honorable député voudrait nous mettre dans une pareille position et nous faire partager ces dépenses. Tout autre est la situation du Canada.... Quels sont les plus lourds articles de son budget? Les travaux publics, la colonisation, etc., etc. Voilà le champ où doit s'exercer notre activité et ce serait un crime de détourner une partie des deniers nécessaires à l'accomplissement de ces travaux pour acheter des canons, des fusils et des munitions de guerre.

A entendre ce langage où règnent la logique et la fermeté, on n'est pas seulement convaincu; on se sent élevé par la hauteur des pensées.

Par une faveur rarement départie aux orateurs, si

grands soient-ils, on ne peut rien ajouter à l'autorité des assertions et à la puissance des démonstrations de sir Wilfrid Laurier; le retentissement de sa voix ne nécessite aucun écho de plus.

Le 9 mai, nouvelles déclarations de Sir Wilfrid Laurier relativement au couronnement et à la prochaine conférence des Premiers coloniaux. Le débat est soulevé par M. Borden, qui blâme à nouveau la réponse du gouvernement à l'invitation de M. Chamberlain; au nom de l'opposition, il réprouve le refus du premier ministre de discuter les projets de défense impériale.

L'Australie — répond sir Wilfrid Laurier — a suivi la même ligne que le Canada et se refuse à étudier tout projet de défense impériale applicable aux colonies. Le gouvernement canadien serait néanmoins disposé à discuter cette proposition, mais seulement en ce qui concerne sa propre défense; il est, d'ailleurs, toujours prêt à faire son devoir dans ce sens. Mais il y a en Angleterre et au Canada une école ayant des adeptes dans le Parlement canadien, dont le désir est de jeter le Canada dans le militarisme, actuellement la folie et la damnation de l'Europe. Le premier ministre ne pratique point cette politique; il se rend en Angleterre, sur l'invitation du gouvernement impérial, pour discuter les relations commerciales. Un impôt sur les grains et la farine existe à l'heure présente, qui a permis au Canada de faire des offres qu'il n'aurait pu présenter en 1897. Un premier pas a été fait qui permettra d'obtenir la préférence pour les marchandises canadiennes.

Sir Wilfrid Laurier conclut, au milieu des applaudissements, qu'il est prêt à discuter avec le chef de l'opposition, la résolution à adopter par la Chambre.

Le 12 mai, le premier ministre, toujours sur interpellation de M. Borden, réitère ses déclarations et règle définitivement cette délicate et importante question. Sa décision est bien arrêtée de défendre — au prix de tous les sacrifices — l'autonomie octroyée au Canada par l'histoire et par les traités.

Si l'on veut, dit-il, discuter ce que le Canada peut faire pour assurer sa sécurité comme portion de l'empire, pour protéger la terre qui nous est chère et qui constitue le fleuron de la couronne impériale, nous sommes prêts à le faire, il n'est pas besoin de conférence pour cela. Mais nous ne nous laisserons pas détourner de notre devoir pour caresser des utopies.

Voilà mon attitude sur ce point.

La sincérité de Sir Wilfrid Laurier, quand il affirme être prêt à tout mettre en œuvre pour assurer cette protection, est amplement prouvée par le discours du ministre de la milice où celui-ci expose le plan complet qui doit être mis à exécution afin d'assurer, en cas de guerre, la défense de la Confédération canadienne.

Les déclarations du premier ministre du Canada relativement à tout arrangement militaire entre l'Angleterre et le Dominion ont été cordialement reproduites par les journaux australiens. M. Barton, premier ministre de la Confédération australienne, s'est montré tout aussi affirmatif que sir Wilfrid Laurier en ce qui concerne les aspirations fédératives du cabinet anglais. Il est disposé à discuter tous projets économiques qui lui seront soumis, mais il est résolument adverse à une coopération militaire quelconque.

* * *

Durant les deux premières années de sa seconde présidence, le ministère Laurier s'est invariablement inspiré des intérêts supérieurs du pays. Sans peut-être avoir répondu à toutes les espérances qu'il avait fait naître, sans avoir obtenu tous les résultats qu'il se flattait lui-même d'atteindre, il peut, à l'heure actuelle, faire montre de travaux et se reposer sur des actes qui ne sauraient être ignorés du peuple canadien. L'on peut affirmer que le Canada jouit aujourd'hui d'un rang qu'il n'avait jamais atteint auparavant. Les ministres libéraux peuvent s'enorgueillir de leurs efforts et de leurs succès. L'administration Laurier a inauguré un retour à la prospérité qui englobe toutes les industries canadiennes ; le développement de ressources, qui en résulte, ouvre les plus larges espérances au progrès et cela dans un avenir immédiat. L'industriel canadien étend sa fabrication ; le fermier est plus à l'aise qu'il ne l'a été depuis bien des années ; le commerçant augmente ses débouchés et accroît ses affaires. La richesse minière du Yukon a pu trouver la main-d'œuvre et le capital nécessaires à son exploitation. L'exode aux États-Unis est une chose du passé. Les Canadiens français, jadis émigrés dans la Nouvelle-Angleterre, reviennent peu à peu au Canada.

Sir Wilfrid Laurier ne peut mieux mettre en lumière sa politique et la défendre avec efficacité qu'en rappelant les négociations de Washington et de Québec, témoignage tangible de son sincère désir de rendre plus amicales et plus intimes ses relations avec la république américaine.

Il est facile de se rendre compte que le Canada du xxe siècle travaille à remplir sa destinée avec une vigueur, une confiance et une réussite identifiant la cause du libéralisme avec celle de l'indépendance nationale.

Ces constatations donnent une force singulière au grand citoyen qui imprimait jadis au parti libéral le coup de barre décisif, et ne cessait, depuis, de battre en brèche l'organisation conservatrice. Les Anglais n'ont pas assez de louanges pour lui ; quant aux Français, ils se disent avec juste raison : « C'est un des nôtres, soute-nons-le ». La tâche qu'il remplit est, en effet, loin d'être aisée. Mais, avec sa finesse habituelle, il s'est rendu compte qu'une attitude intransigeante lui était impossible et, quoique ses préférences aillent naturellement vers l'élément français, il se considère comme le premier ministre du Canada tout entier, et agit invariablement comme tel. M. André Siegfried le caractérise ainsi : « Sir Wilfrid Laurier est un homme qui ne brusquera jamais les choses et saura prévenir ou adoucir les heurts et les froissements. Les hasards de la politique l'ont amené à faire pour l'Impérialisme plus qu'aucun de ses prédécesseurs anglais. C'est lui qui a rapproché le Canada de l'Angleterre et qui a fait à la Mère-patrie le cadeau d'un tarif préférentiel. C'est lui qui, au jubilé de la reine, a mené le chœur des Impérialistes coloniaux, et c'est encore lui qui a envoyé des troupes canadiennes dans l'Afrique du Sud. Si quelques mécontents dans l'Ontario trouvent que ce n'est pas assez, ils sont vraiment difficiles et les Anglais de Londres ne pensent pas comme eux. Sir Wilfrid Laurier est *persona grata* auprès du ministère impérial et quelque chose en rejaillit sur ses compatriotes français de la province de Québec. Ceux-ci le comprennent à merveille. Ils se disent qu'il vaut mieux être au pouvoir avec un programme de compromis que de s'épuiser dans une opposition stérile. L'Impérialisme s'appuie sur eux, mais sous son ombre ils grandissent et prospèrent. La sagesse opportuniste des Anglais les a pénétrés; à leur école ils ont appris toutes les ressources de la politique. »

Le Premier puissant de la jeune et vigoureuse communauté canadienne compte à son actif six ans de pouvoir, six ans de travail opiniâtre que le plus ponctuel des hommes d'État, le plus assidu des ministres, a loyalement consacrés à l'affermissement d'une habile et saine politique.

A tous ceux — disait tout dernièrement M. Marc Sauvalle — qui ont pu pendant quelque temps prêter une oreille attentive aux rumeurs persistantes lancées dans la presse anglaise, relativement à la santé du premier ministre, nous aurions souhaité de se trouver à Ottawa, durant ces longues journées de Chambre où, de onze heures du matin à trois heures du matin, les détails les plus harassants de la besogne parlementaire se déroulaient sous l'œil toujours calme, mais attentif, du chef du gouvernement. Sir Wilfrid Laurier met à assister aux séances et à suivre les débats les plus fastidieux, une constance réellement merveilleuse. C'est bien simple, il est toujours là, et toujours il prête une oreille intéressée aux interminables controverses de la tribune. Il ne perd pas un incident, il ne laisse pas sans riposte un mot dangereux, un avancé hasardeux, une assertion discutable. Le repos qu'il sollicitait après la session était bien légitimement gagné. La session de 1902 ne s'est pas prêtée à un grand déploiement d'éloquence; néanmoins la déclaration du Premier Canadien sur l'attitude qu'il comptait prendre à la conférence coloniale du Couronnement, fut un discours de grande allure empreinte de beaucoup de noblesse. »

A l'occasion du désastre de la Martinique, la profonde sympathie du Canada et de son premier ministre s'exprimait largement en un don de 125 000 francs destinés aux sinistrés de la Colonie française, contribution particulièrement appréciée en raison des souvenirs et des liens ethniques qui nous attachent aux Canadiens-Français.

Le 15 mai eut lieu la clôture de la session avec tout le cérémonial usité en pareille occurrence. Il fut, à cette occasion, remis à sir Wilfrid Laurier, son portrait grandeur naturelle dû au maître-pinceau de M. Forbes.

L'adresse suivante accompagnait ce cadeau :

Au Très Honorable sir Wilfrid Laurier, K. C. M. G., K. C., D. C. S., L. L. D., P. C.

Cher sir Wilfrid,

Nous, vos amis et admirateurs du parti libéral, désirons vous présenter votre portrait à l'huile comme gage de notre haute estime et de notre considération.

D'autres ont déjà accompli un semblable devoir, mais nous désirons que ce souvenir soit l'expression spéciale de notre loyauté envers vous comme citoyen, et de notre dévotion à la cause que vous défendez si bien. Nous sommes attachés à vous personnellement et nous sommes orgueilleux de vous comme chef.

Votre vie a été consacrée à promouvoir la paix et l'harmonie au sein de toutes les classes de la société, indistinctement de religion et d'origine, et vos succès dans cette belle et noble tâche seront votre gloire, superbe exemple pour les hommes d'État canadiens à l'avenir.

Votre direction dans l'opposition ou comme premier ministre vous a valu notre loyauté sans mélange. Dans ces deux positions, vous avez cimenté le parti libéral dont vous êtes le plus noble chef. Ce souvenir vous rappellera que vous pouvez en tout temps compter sur notre dévouement.

Vous devez visiter notre nouveau roi, comme vous avez visité son illustre mère. Nous ne craignons pas que le Canada ne soit représenté, à cette occasion avec plus de gloire pour le pays, qu'il ne le serait par aucun autre Canadien. Tous les fidèles libéraux et les vrais Canadiens vous appuient dans les efforts que vous faites pour augmenter la valeur de notre héritage commun et ajouter à son importance. Nous serons avec vous de cœur et applaudirons à toutes vos actions. Nous vous souhaiterons une enthousiaste bienvenue à votre retour au pays pour reprendre votre grande œuvre d'édification d'un Canada uni, loyal de sentiment et rempli de tout ce qui peut rendre un pays glorieux.

Nous prions la Providence d'accorder à lady Laurier et à

vous-même une vie longue et heureuse, dont la visite internationale que vous êtes sur le point d'entreprendre formera
l'un des épisodes les plus brillants, et que vous reviendrez
tous deux au pays natal pour continuer, pendant de longues
années à venir, à jouir de l'affection et de l'estime du peuple
canadien.

Quoique très ému, Sir Wilfrid Laurier est néanmoins
très heureux dans sa réponse.

En remerciant les donateurs, il fait l'éloge de M. Forbes,
l'artiste; il exprime l'espoir qu'il sera sous peu possible au
Canada d'encourager l'art, plus qu'il n'a pu le faire dans le
passé. Depuis quatorze ans qu'il a pris la direction du parti
libéral, — ajoute-t-il, — il a toujours tenté de faire son
devoir et de conduire les débats d'une manière parlementaire. Il est très touché de l'allusion faite à sa tâche de
cimenter les différents groupes du peuple canadien et de
maintenir, autant que faire se peut, l'entente, l'harmonie
et la concorde en ce pays. La visite qu'il va faire en Angleterre sera pour lui l'occasion de tenter un nouvel effort
dans l'intérêt de sa patrie, et, s'il ne peut espérer plaire à
tous, il fera son possible pour accomplir son devoir dans
l'intérêt général du Canada.

Ces paroles sont couvertes d'applaudissements.

Les adieux émus de ses partisans, les souhaits sincères
de ses adversaires politiques l'accompagneront dans l'importante mission dont il est investi.

Ce sont tout autant de témoignages de respect et d'admiration qui consacrent cet éloge de sir Wilfrid Laurier
prononcé à l'ouverture du Parlement par M. Archibald
Campbell :

« Les premiers ministres des différentes colonies
seront, on le sait, invités à assister aux fêtes du Couronnement, et, parmi cette brillante pléiade d'hommes distingués et remarquables par leur intelligence, venant non
seulement des colonies anglaises, mais de toutes les

parties du monde, appartenant à différentes nationalités, s'exprimant en diverses langues, celui que tous se plairont à honorer, celui qui dominera de la tête tous les autres, celui qui, dans une circonstance antérieure, à l'époque du jubilé de la reine Victoria, s'est vu élever sur un piédestal de gloire et d'honneur, cet homme, dis-je, c'est le premier ministre du Canada. C'est pour nous un juste sujet d'orgueil que de pouvoir réclamer comme notre chef un homme d'État aussi habile, doué de tant de magnétisme et d'influence, et qui, non seulement aux yeux des colonies anglaises, mais aux yeux du monde entier, est un des hommes d'État les plus distingués, les plus éminents et les plus brillants que le Monde ait jamais produits. »

Une fois de plus, l'artisan du splendide mouvement ascensionnel du Canada, maître en éloquence, maître en libéralisme, imbu de la sérénité d'une conscience sans faiblesse, va justifier une renommée qui s'est répercutée d'échos en échos. Une fois de plus, dans les diverses manifestations de son esprit et de sa parole, vont jaillir la grandeur et l'autorité d'un nom, véritable talisman pour la race qui bénéficie du concours de ses talents et de ses vertus.

Attachante figure aux mobiles les plus élevés comme aux mobiles les plus nobles, qui fut et demeure, pour la communauté canadienne-française, un grand bienfaiteur ayant souvent plaidé et souvent gagné sa cause ; un grand initiateur et un puissant levier ayant affirmé ses droits, relevé ses espérances et surexcité ses enthousiasmes.

Pour elle il a lutté et triomphé ; pour elle il est le premier des conseillers ; pour elle enfin, dans le mouvement qui l'emporte vers les plus hautes destinées, il est le meilleur des guides et le plus sûr des amis.

C'est l'heure des grands événements, l'heure où l'Angleterre propose, où les colonies disposent ; l'heure où, prélude de suprêmes conséquences, doit s'agiter une suprême question touchant par de multiples points à l'existence et à l'avenir du Royaume-Uni.

Dans son indestructible nostalgie d'Impérialisme, l'Angleterre,

> Joyeux comme l'on est lorsqu'on n'a qu'un seul vœu,
> Qu'on est du même peuple, et qu'ensemble on respire[1],

se prépare aux fastueuses cérémonies du Couronnement. Elles refléteront à nouveau la vitalité du sentiment national de ce peuple anglais dont le moi remplit l'Univers et dont l'orgueil chauvin s'égare parfois dans le domaine humain des illusions et des rêves.

* * *

La conférence intercoloniale va se greffer sur de somptueuses fêtes, tout à l'honneur de Sa Majesté Édouard VII.

Un plan gigantesque dont se berce l'Impérialisme : la fédération des colonies anglaises, lui tient lieu de programme.

Au lendemain d'une paix ardemment souhaitée par l'humanité, alors que l'astre de la race anglo-saxonne se lève à nouveau à l'horizon, le haut aréopage des Premiers Coloniaux va se réunir à Londres et délibérer avec le cérémonial d'usage, sur une question ouvrant une perspective indéfinie aux destinées de la « Greater Britain ».

Cette seconde conférence internationale, où se coudoieront les chevilles ouvrières de la grandeur britan-

1. Victor Hugo.

nique, empruntera sa grande portée historique à cet
espoir d'incontestable hardiesse : la fédération impériale, question brûlante dont la réalisation gratifierait
l'Angleterre puissance « mondiale » d'un surcroît de
force et de richesse inappréciables.

Pour la deuxième fois, M. Chamberlain va tenter d'ériger sur ses bases le colossal édifice tendant à affaiblir
ou à paralyser le concert européen.

Si l'Angleterre est ambitieuse, M. Chamberlain ne l'est
pas à un moindre degré; il possède — c'est incontestable — une vue nette et juste des conditions auxquelles
peut se développer et s'imposer à la longue l'Impérialisme anglo-saxon dont il aspire à conquérir la haute
direction. Aussi la conférence intercoloniale sera-t-elle
grave de conséquences; si la fédération impériale s'ef-
fectuait, la moindre difficulté internationale serait une
épée de Damoclès suspendue sur l'empire colonial de
l'Europe continentale.

Mais les colonies n'ont pas encore fait connaître leur
dernier mot à l'égard de cette grandiose conception qui
serait le couronnement d'une prospérité étayée sur l'infatigable constance de la fortune et la tenace obstination du peuple anglais.

« Pour créer l'empire colonial dont la Grande-Bretagne
est si justement fière, il a fallu une longue préparation,
un ensemble de circonstances fortuites et d'essais incohé-
rents. Les intérêts particuliers ont servi au bien commun; tout s'est arrangé par une sorte de fatalité. Les
Anglais ont été mis au monde pour dominer sur les mers
comme les abeilles pour faire du miel; ils se sont aban-
donnés à leur destinée, dès qu'ils l'ont connue[1]. »

Comme en 1897, vont être mis à l'ordre du jour les
problèmes relatifs à l'impérialisme politique et militaire ;

____

1. G. Valbert.

comme en 1897, n'y seront probablement résolues que des questions d'extension commerciale et de fusion industrielle.

Que l'on se rende compte de l'importance que comporterait une ligue commerciale de toutes les colonies anglaises, véritable zollverein s'engageant à repousser les produits étrangers et à ne consommer que les siens. Quelles conséquences désastreuses compterait pour le commerce européen cette hypothèse vraisemblable.

Que l'on prête l'oreille à l'opinion émanant d'un journal anglais qui pose la question en ses véritables termes :

« Il est fort possible que nous soyons un peuple pratique, mais nous manquons d'imagination.... Il appert que nous sommes aujourd'hui à un tournant de notre destinée et qu'il faut prendre un parti. Deux alternatives se présentent. D'une part, nous pouvons nous avouer battus par les Américains, et nous tirer le moins mal possible de cette situation. Tout en abandonnant la bataille, nous tenterons de rester bien avec le vainqueur et de partager avec lui comme associé — associé passif — les bénéfices de l'esprit d'entreprise des Américains. Mais si, d'autre part, nous avons le courage de tenir pied ferme et que nous ayons quelque espoir, non seulement de garder les positions acquises, mais encore d'agrandir notre maîtrise, il nous faut tenter une autre voie. Cette voie nous est ouverte. Il s'agit de faire ce que nos concitoyens coloniaux nous sollicitent et nous prient de tenter, soit de considérer les choses uniquement au point de vue insulaire et de les envisager au point de vue de l'empire tout entier. Cet empire pourrait se soutenir par lui-même, en pleine prospérité, contre le monde entier.

« Pourquoi, par exemple, ne pas exploiter le Canada ? Le Dominion est la meilleure carte que nous ayons à jouer contre l'agression américaine. Nous avons été sourds et aveugles sur bien des points, mais sur aucun

comme dans notre négligence relative à l'égard d'une con-
trée territorialement si vaste et possédant des ressources
naturelles aussi grandes que celles des États-Unis, exceptions faites pour le coton et le tabac, offrant même certains avantages positifs que n'ont pas les Américains.
Nous avons gaspillé l'esprit d'entreprise et les capitaux
dans des parties du monde chimériques ; en revanche nous
n'avons fait que fort peu de chose pour le Canada en
proportion des magnifiques perspectives d'avenir que
nous offre ce pays. Nous commençons vaguement à entrevoir ces possibilités ; mais déjà les Américains ont montré
plus de clairvoyance que nous. L'émigration américaine
envahit le Canada à grandes enjambées. Le capital américain aussi l'envahit, pour accaparer, autant que possible, les ressources naturelles et les jeunes industries
géantes du Canada. Allons-nous rester les bras croisés ?
Le Canada peut devenir une nouvelle Amérique sous les
auspices britanniques ; nous ne manquons ni de prévoyance ni de volonté.

En matière de colonie plus qu'en toute autre chose, il
est moins difficile de créer que de conserver. Pour garder
ce que l'on a conquis, il faut joindre à l'intrépidité dans
les desseins l'esprit de suite et l'art de gouverner.

Sous quelque latitude que s'exerce le champ de son
activité, le peuple anglais sait accomplir de grandes
choses lorsque les circonstances critiques se font pres-
santes ; mais ne semble-t-il pas qu'elle soit insurmon-
table cette tâche d'assujettir à un contrôle réel de la part
du gouvernement impérial les demeures éparses de la
race anglo-saxonne ? De plus, à l'examen attentif, cette
fédération rencontre de sérieux obstacles ; la part d'influence à faire à chacun des États confédérés sera certainement très difficile à déterminer ; la répartition de la
dette nationale, celle des taxes, la fixation de l'impôt
sont autant de difficultés, cela sans préjudice de la part

qui leur incomberait dans les charges militaires et navales, le sentiment pénible du fardeau de la guerre et
l'imposition des sacrifices qu'elle entraîne.

« Est-il possible, a dit lord Blackford, que des nations
indépendantes et extérieurement divisées par l'Océan,
comme l'Angleterre, le Canada, l'Afrique méridionale et
l'Australie, demeurent éternellement unies dans le seul
but de déterminer une politique étrangère qui n'offre pas
un but commun ? »

Qu'on se remémore à Londres cet avertissement de
lord Salisbury, cinq ans passés, au moment de l'historique
Jubilé :

« Nous tentons une grande expérience, disait-il, dans
un discours de Jubilé où le lyrisme n'éclate qu'à la fin,
comme jailli de la réflexion ; nous tentons la grande expérience d'essayer de maintenir un tel Empire (il venait de
constater la fragilité des entreprises analogues du passé)
exclusivement sur la base d'une bonne volonté, d'une sympathie et d'une affection mutuelles. On parle d'union fiscale
et d'union militaire !... Notre Empire doit reposer sur une
autre base ; il reposera sur le grand développement de sympathie, de pensées communes et de sentiments entre les
hommes qui sont pour la plupart des enfants d'une même
race et qui se glorifient du même passé historique.... Le
succès dépendra de nos législatures. Qu'elles aspirent à
jouer au-dessus des classes et des intérêts le rôle d'arbitre !... Elles créeront un empire tel que le monde n'en aura
jamais vu et qui sera la marque d'une puissante étape dans
la marche en avant de l'humanité. »

Et ce dernier de quelques jours à peine :

« Il y a des hommes de grande intelligence et de grande
autorité qui croient le moment venu pour nous d'agir légis-
lativement en vue d'une fédération des colonies. Je leur
conseille instamment de penser à ce qu'ils font avant

d'agir, et de réfléchir aux résultats qu'ils attendent d'une fédération. »

Que serait cette problématique fédération que pour toute âme britannique représente « l'extension de la puissance anglaise des institutions de la liberté, du gouvernement représentatif anglais à la plus grande partie de la terre habitable, fédération gigantesque qui guiderait le monde vers le règne de l'industrie et de la paix. »

Quelle force, quelle puissance, inoculerait-elle à ce mot fascinateur entre tous : l'Impérialisme. Indubitablement, l'Angleterre désire refréner les autonomies coloniales, et la grande préoccupation actuelle des plus éminents hommes d'État d'Angleterre est de faire accepter par les diverses colonies une intime solidarité avec la métropole.

« L'attachement des colonies pour la mère patrie, disait Disraëli au Palais de Cristal en 1872..., dans mon opinion aucun ministre d'Angleterre ne fera son devoir, s'il néglige l'occasion de ressusciter autant que possible notre empire colonial et de répondre à ces lointaines sympathies qui peuvent devenir pour notre pays la source d'une force et d'une prospérité incalculables. »

Tant pour le Canada que pour l'Australie, le lien qui les rattache à la mère patrie est devenu si ténu qu'il a toutes chances de se rompre prochainement si M. Chamberlain ne réussit pas à découvrir le moyen efficace susceptible de le renforcer. Les colonies n'ignorent pas, en effet, que dans un avenir rapproché l'accroissement de leur population et le développement de leur richesse leur assureront un rôle prépondérant. Elles sont en conséquence portées à faire peu de cas des considérations qui guident la politique étrangère de l'Angleterre. Jalouses de leurs droits, défiantes de tout empiètement sur leurs libertés, la paix doit de ne pas avoir été troublée à la réserve prudente et à l'effacement volontaire du Royaume-Uni. Le système colonial a fait son temps. L'Angleterre lui doit, il est vrai, sa prodigieuse expansion, mais désormais le prestige du nom britannique ne doit plus rien en attendre.

Et pourtant la question devient de jour en jour plus vitale. Quelle ligne de conduite va suivre cette agglomération de races et de pays qui voit devant elle un avenir sans limite? Que va devenir cet Empire colonial qui porte aux quatre coins du monde la gloire du nom anglais?

Il s'agit de modifier profondément un système désormais condamné, car les colonies anglaises, telles les « verges dispersées d'un faisceau, » sont pour l'Angleterre plutôt une cause d'affaiblissement que de puissance.

« Il importe de savoir — énonçait déjà, il y a vingt ans, la *Westminster Gazette* — si cette vaste juxtaposition d'États reliés entre eux par des liens trop lâches, sera modelée par une maîtresse main en un grand et prestigieux Empire sans égal pour l'étendue, sans rival pour la richesse, sans pareil pour les institutions publiques, ou si on le laissera se dissoudre et s'émietter en une foule d'États de troisième ordre. »

De l'avis unanime des Anglais, il importe de centraliser les forces générales de l'Empire britannique, de les appuyer d'une armée et d'une marine impériales et d'en cimenter une fédération aussi redoutable au point de vue économique qu'au point de vue militaire.

Il faut réunir les baguettes éparses du faisceau anglo-saxon et les relier entre elles sous peine d'une scission imminente qui léserait au suprême degré les intérêts impériaux de la race britannique.

« How shall we retain the Colonies? » s'écriait autrefois lord Grey. « How shall we retain the Colonies? », clame aujourd'hui sur le même ton M. Chamberlain.

Espoir bien problématique, en présence d'un composé de parties à la fois si dissemblables et si considérables, si diverses par leurs intérêts, si distantes les unes des autres.

« Ce sera l'affaire des hommes d'État, des penseurs, des pasteurs d'hommes, des deux côtés de la mer, d'avancer par tous les moyens, conférences, ligues, écrits, l'éducation du sentiment impérial, d'en favoriser le progrès, de le délocaliser, sans hâte et sans répit — en attendant que l'Empire, selon l'énergique expression de sir Wilfrid Laurier, soit devenu un besoin. »

Le Canada autonome renoncera-t-il de gaieté de cœur à une situation qui lui assure tous les avantages d'une entière liberté et lui en épargne tous les inconvénients, qui lui octroie le prestige d'une grande puissance et lui laisse le choix de prendre sa part des succès de la Mère patrie ou de décliner sa part de responsabilités?

« M. Chamberlain et sir Wilfrid Laurier, écrivait récemment M. Hector Fabre, sont des esprits d'ordre bien différent; mais ce n'est pas la première fois qu'on verrait les opposés se rejoindre, les contrastes s'harmoniser. Les idées du premier, en passant sous la plume du second, deviendraient accessibles aux colonies; les propositions les plus osées en apparence de M. Chamberlain, remaniées par sir Wilfrid Laurier, seraient admissibles pour ce dernier même. Ce fantôme de fédération, cette apparence d'Impérialisme que lord Salisbury vient de dissiper, feraient place à une conception nette et pratique des choses. Il y va de l'intérêt du Canada et aussi de l'intérêt de l'Angleterre. »

Les Canadiens n'ont aucune tendance à se créer un abri à l'ombre de l'impérialisme; ils vivent et prospèrent sous l'égide d'institutions qui leur assurent « le libre exercice de tous les droits et de toutes les résistances ». L'esprit de nationalisme est profondément enraciné chez eux. Ils ne sauraient s'accommoder d'une restriction quelconque de leur liberté nécessaire pour coordonner leur activité avec les intérêts généraux de l'empire.

De tous les Premiers Coloniaux présents à la conférence, sir Wilfrid Laurier est certainement le plus politique ; son autorité, exercée sans emportement, l'est également sans faiblesse ; nulle crainte qu'il ne livre là direction de la politique canadienne à des influences ambitieuses qui, dénaturant son objectif, arriveraient infailliblement à le compromettre.

Peut-être un nouvel ordre de choses se lève-t-il à l'horizon de la confédération canadienne, peut-être cet état de choses est-il de nature à changer dans un avenir assez rapproché les conditions économiques et politiques du Canada et à modifier de ce chef ses relations avec l'univers ? En cela la nécessité des faits aura déterminé en temps utile la maturité des idées.

Étranges sont les présomptions qui se flatteraient d'arrêter dans sa cause le développement d'espérances créées par la volonté nationale et de faire ainsi reculer les destinées d'une nation en l'enchaînant irrévocablement à la fortune de la Grande-Bretagne.

Le solennel et somptueux acte du Couronnement rappelle en Angleterre le Canadien éminent qui a embrassé d'une vue si large et si pénétrante l'avenir de son pays, le citoyen prophète qui a dit : « Nous sommes cinq millions au Canada, nous pouvons attendre. Quand nous serons dix millions, il nous faudra, ou couper le câble qui nous unit à l'Angleterre, ou devenir une portion de la Grande-Bretagne. »

Le Premier du Dominion sera, dans quelques jours, à Londres. Objet de la prédilection nationale, sa haute personnalité symbolise une consigne libérale et patriotique répétée de génération en génération ; elle personnifie sans réserves les justes aspirations et les légitimes exigences d'une nation qui chérit la liberté et salue l'avenir comme une espérance. Cette espérance, sa conscience et ses convictions lui dictent un même rôle, lui tracent une même voie.

Jaloux de ses jeunes libertés, le Canada, dans sa voie sans cesse ascendante peut, sans courber le front, attendre en toute confiance les occasions que les événements ne tarderont point à lui offrir. A sir Wilfrid Laurier revient l'honneur d'avoir jeté les fondements de la grandeur canadienne, dont il est l'organe transcendant.

Le premier ministre, point de ralliement des cœurs et des espoirs canadiens, est digne de toute investiture, quelque noble qu'elle soit, quelque puissante qu'elle se révèle.

Là où les exigences des intérêts combinés exigent la sagacité, la mesure et l'opportunité, là, sir Wilfrid Laurier, de par l'équilibre de ses grandes facultés, s'impose comme le pilote nécessaire. N'avançant que sûrement et à pas sagement comptés, il est le diplomate qui domine et règle la situation, l'homme d'État qui comprend la grandeur de sa mission, le politique qui en pressent toutes les obligations, le patriote qui en discerne toutes les conséquences.

CONSIDÉRATIONS

« Les conquêtes les plus glorieuses sont celles qui nous gagnent les cœurs. »

MASSILLON.

La lutte prime tout ici-bas. Son domaine est l'univers. Sa religion s'impose à tout être vivant. Puissante et régnante, elle maîtrise toute individualité, subordonne toutes les rivalités, courbe toutes les vanités. Toute existence humaine a ses espérances et ses déboires. Toute politique a ses bienfaits et ses fatalités. Tout homme d'État a ses élévations et ses chutes. Parmi les grands modeleurs de destinées, il en est peu qui ne subissent les bizarres et parfois inconcevables alternatives de somptueuse gloire et d'étrange déchéance.

Privilégié entre tous, sir Wilfrid Laurier ignore encore ce que peuvent être les revers de la destinée.

Esprit de hautes conceptions, de judicieuses et loyales visées, la droiture et l'élévation sont les traits essentiels de son caractère; la bienveillance et la générosité en sont les plus purs agréments.

Ame éprise de mansuétude, cœur épris de liberté, il exerce sur l'opinion publique une profonde influence dont l'histoire des quinze dernières années porte l'incontestable empreinte.

Sa vie de labeur et de droiture fut et demeure son suprême honneur, et l'éclat qui couronne son nom suffit à l'impatience de ses ambitions.

Premier orateur national, figure la plus populaire du monde politique libéral ou conservateur, haute personnification de ces grandes vertus qui engendrent de grandes actions, il s'est révélé comme le plus Canadien de tous les Canadiens, demandant au patriotisme ses plus éloquentes inspirations, mettant au service du libéralisme ses plus nobles actions.

De tels citoyens évoquent les profonds desseins de la Providence ; de tels exemples légitiment tous les enthousiasmes et planent au-dessus de tous les commentaires.

Sir Wilfrid Laurier est un homme d'État que ses qualités classent au premier rang ; dans sa carrière, marquée par une invariable fidélité au libéralisme et à l'honneur, la diversité de ses connaissances et l'abondance de ses idées, sa supériorité et sa vigueur d'intelligence, se juxtaposent et se coordonnent au point que « chaque fardeau lui crée une force, chaque emploi un mérite ».

Ses qualités personnelles n'ont cessé de grandir au pouvoir, l'homme s'est affiné, le politique s'est élargi ; il n'existe chez lui ni heurts ni contradictions d'aucune sorte ; il hérite des généreuses doctrines de la race française, sans en avoir les regrettables écarts.

Ce don précieux de « savoir où il convient d'aller et de ne jamais s'en écarter » se discerne nettement en lui. Puissant par le sang-froid, brillant par le jugement, imposant par les intentions, c'est un politique dont les fines déductions et la pénétrante analyse annoncent au plus rare degré les dons et le tempérament du chef parlementaire.

Le Premier canadien est un de ces hommes destinés à laisser leur trace dans l'histoire des peuples ; il a véritablement droit à toutes les appréciations qui découlent du respect et témoignent de l'admiration.

Après avoir longuement étudié et profondément médité, l'homme de gouvernement a triomphé de toutes les épreuves; ne cessant de marcher de succès en succès, il a répondu à toutes les espérances que faisait jadis concevoir l'homme de l'opposition.

Généreux à l'excès de son temps, de ses conseils et de son expérience, il sait, aux lucides conceptions, unir la résolution et joindre la persévérance, il sait marcher d'un pas égal et sans arrêt, il sait affronter les obstacles pour les vaincre; toujours habile à couvrir ou à réparer les fautes de ses collègues; démêlant rapidement le parti à prendre et s'y tenant avec fermeté.

On a vu poindre et prendre racine dans son esprit ces idées d'union et de tolérance qui, se développant, de jour en jour, sous l'empire de la réflexion, devenaient l'inspiration souveraine de sa politique.

Parlementaire de premier ordre, doué de toutes les clairvoyances et enclin à toutes les prudences, il a merveilleusement compris la tâche qui lui était échue; il en supporte allègrement les lourdes responsabilités et lui consacre sans réserve toute son initiative et les efforts de son génie personnel.

Par son gouvernement habile fondé sur l'exacte compréhension des intérêts canadiens, il a mis en pratique cette politique de conciliation, seule susceptible de prévaloir en présence d'un peuple formé de deux races bien distinctes. Grâce à une sincérité parfaite que ne dépare pas un doigté consommé, il tient la balance rigoureusement exacte entre ces deux races dont les susceptibilités demeurent sans cesse en éveil. Cette agrégation canadienne semi-latine, semi-anglo-saxonne, existe et prospère ainsi, sans qu'un conflit réellement grave soit survenu par suite de cette différence d'origine nationale.

Premier citoyen d'un pays où tous les citoyens sont égaux, la partie la plus frappante de son œuvre est d'avoir affermi, aux côtés de la puissance officielle anglaise, une puissance morale, la nation canadienne, susceptible par les forces dont elle dispose de tenir en échec sur tous points essentiels un gouvernement anglais qui se pourrait croire assez puissant aujourd'hui pour se passer de contrôle.

« Les hommes valent moins dans l'ordre politique par ce qu'ils sont que par ce qu'ils représentent. Les mérites qui leur sont propres ne se séparent point des causes qu'ils personnifient, et, dans le choix qu'on est appelé à faire entre eux, on ne saurait se désintéresser ni de la signification que le succès de chacun des concurrents peut avoir, ni des conséquences qu'il peut entraîner. » C'est à ce double point de vue que les Canadiens, par un juste sentiment de leurs intérêts vitaux, ont décerné à l'homme, dont le nom dispose d'un magique pouvoir et que nul n'égale en popularité, la première place parmi ses contemporains. Il semble que ce jugement sera, sans conteste, celui de la postérité.

Le Canada est, à l'heure actuelle, en pleine possession de ses droits. Sir Wilfrid Laurier, « dans le cadre d'une grande destinée marquée par une singulière unité morale », travaille à garantir ses destinées. Une magnifique floraison de discours où se retrouvent toutes les qualités distinctives de son éloquence indiquent en ce grand parlementaire un homme de bon sens ayant par surcroît le courage de montrer qu'il en possède. Leur attentive analyse laisse percer sa sollicitude très vive pour les grands intérêts nationaux de la France américaine.

Sir Wilfrid Laurier est un homme supérieur. Il a plu au Destin de lui assigner une place toute spéciale dans l'histoire canadienne. Les qualités des deux races, qu'il conduit à l'avenir, se sont unies en lui pour l'élever au plus haut rang. Parlant également bien les deux langues, rompu aux affaires par une longue vie politique, froid, « debater » avec les Anglais, orateur entraînant avec les Français, il a atteint le point culminant, et son nom, sans rival au Canada, y est aussi respecté qu'estimé pour la dignité de son caractère, pour l'élévation de son esprit, pour la noblesse de ses sentiments.

M. Bruneau[1] lui consacre ces paroles flatteuses :

« Le gouvernement Laurier nous a donné une administration intègre, active, honnête, après lequel le parti libéral soupirait depuis longtemps ; il s'est montré l'ami dévoué et le bienfaiteur des classes ouvrières et agricoles ; sa politique a été avant tout celle d'un gouvernement qui veut le progrès, la grandeur et la prospérité du pays ; il n'a eu qu'un seul but, gagner l'affection de l'électorat par une politique de justice, de modération et de conciliation. Il ne désire favoriser aucune race ni aucune religion au détriment l'une de l'autre, mais les mettant toutes sur le même pied d'égalité, ayant pour elles le même respect, la même bienveillance, il travaille à cimenter la concorde et l'harmonie qui doivent exister dans un pays composé, comme le nôtre, de nationalités et de croyances différentes. Dans l'application de cette politique, qu'il a inaugurée avec les résultats bienfaisants qui se sont manifestés d'un océan à l'autre, Laurier a dû nécessairement dépenser une énorme somme de travail.

« Homme d'État soucieux des grands intérêts confiés à sa garde, ne désirant que la satisfaction, du devoir accompli et l'approbation de ses concitoyens, il s'est mis à l'œuvre avec courage, aplanissant toutes les difficultés qui se sont présentées, satisfaisant, autant qu'il le pouvait, à toutes les exigences politiques, faisant droit à toutes les demandes légitimes, multipliant son dévouement.

« Le peuple a su comprendre ce travail incessant, ce dévouement patriotique et Laurier possède aujourd'hui

1. Député de Richelieu.

pour récompense et remerciement l'entière confiance, la plus profonde estime et l'admiration la plus sincère de tous les véritables patriotes du pays. »

Lorsque sonnera pour la « Puissance du Canada » l'heure propice de l'indépendance, lorsque, par un coup de baguette du Destin, une volonté de plus pèsera dans la balance internationale, indéniablement la nation canadienne s'estimera heureuse de posséder un homme de cette haute valeur, apte à faire prévaloir ses droits et à diriger la défense de sa sécurité extérieure.

* * *

Quels que soient les événements futurs, la nation canadienne est appelée à développer avec le temps, trame nécessaire des grands efforts et des longues patiences, son immense champ d'activité. L'œuvre, soigneusement étayée et méthodiquement conduite, ne risque pas d'être compromise, car ses membres sont gens de volonté et d'action calculée ; l'intelligence et l'activité ne leur font pas défaut ; dédaigneux des stériles exaltations chauvines, ils repoussent les utopies dangereuses qui les écartent de leur but. Aplanissant les obstacles de sang-froid, ils n'ont recours pour résoudre les difficultés qu'aux saines notions du calme et du possible.

Dans leur marche lente, mais continue, vers l'émancipation, ils ont su comprendre que le soin de leurs intérêts propres ne saurait s'accommoder d'une lutte sans trêve contre le drapeau britannique. La doctrine, la tactique et les mots d'ordre de conflit de race et de révolution n'ont guère trouvé accès dans les milieux canadiens qui se sont refusés à servir de marchepied à l'ambition de certains politiciens. Ce sont, à l'heure actuelle, des citoyens loyaux, mais d'un loyalisme, il faut le dire,

subordonné au respect des privilèges et des prérogatives immuablement chers au cœur de ces irréductibles
Canadiens.

Le désir de préserver son intégrité territoriale contre
les insatiables convoitises du redoutable et puissant voisin qui l'enclave au nord et au nord-ouest, est le motif
primordial qui retient ce jeune peuple sous la tutelle
anglaise; ce ne pourrait être, en effet, le passé historique
de l'Angleterre dont il se glorifie, et c'est encore moins
son idéal politique qu'il envisage.

Deux races fières, vaillantes, mais opiniâtrément rivales
vivant sous les mêmes institutions, gouvernées par les
mêmes hommes, subissant des influences mutuelles, iné-
vitables; deux races collaborant aux mêmes lois, se
rencontrant à chaque pas, sont là, vivant côte à côte
sans fraterniser, sans fusionner.

« La paix règne et c'est un miracle, — écrit à ce sujet
M. André Siegfried, — car on ne peut rêver deux races
plus différentes. L'union s'est faite par nécessité d'abord,
puis par raison, jamais par inclination. Un Canadien-
Français l'exprimait un jour avec esprit : « La France,
disait-il, est notre mère, et l'Angleterre... notre belle-
mère. »

En dépit de son infériorité numérique, l'élément français, qui tient de son origine la vaillance combative sans
la mobilité de caractère, semble se consolider de jour
en jour.

Doué d'une force de résistance telle, qu'elle, lui a permis de battre en brèche l'influence dominatrice de l'Angleterre, il n'en a pas moins profité dans une grande
mesure de sa maîtrise en matière politique et commerciale. Il s'est peu à peu familiarisé avec la discipline des
partis, l'ordre des discussions, la forte tradition du
régime parlementaire que détient la race anglo-saxonne.
Des intérêts communs ont à la longue émoussé son anta-

gonisme à l'égard d'une race appelée à partager ses destinées.

Vivre en bonne intelligence avec leurs compatriotes d'origine anglaise, se montrer loyaux sujets de l'Angleterre qui, en retour de leur loyalisme, a délibérément adopté vis-à-vis d'eux une politique de libéralisme et de justice (1) et sauvegarde aujourd'hui leur autonomie et leur fierté nationale, semble devoir être la plus profitable ligne de conduite pour les enfants de la Nouvelle-France.

« L'Angleterre — écrivait récemment M. Paul Hamelle — laisse la colonie maîtresse de ses destinées, respecte sa personnalité, ses intérêts. Elle ne confond pas unité avec uniformité ; elle ne cherche pas à couler l'infinie variété des énergies humaines dans la rigidité d'un même moule. Elle les laisse libres de se développer selon leur loi intérieure. Elle a compris hautement sa mission, renfermée dans la devise que lui légua John Bright : « L'Angleterre mère des nations vivantes. »

La race canadienne-française, nécessaire au maintien de l'équilibre américain, est le suprême appui des derniers vestiges de la domination anglaise dans l'Amérique du Nord ; elle est le seul auxiliaire propre à maintenir le Canada sous sa domination, et la Grande-Bretagne

---

1. La constitution actuelle du Canada est un modèle de libéralisme : c'est celle d'une république fédérative où l'Angleterre ne fait sentir sa suprématie que par la nomination du gouverneur. Le régime parlementaire y est une réalité et le ministère n'y est responsable que devant les élus du peuple. La liberté est rendue plus complète encore par une profonde décentralisation ; chaque province est un petit État doué d'une autonomie presque complète, possédant son Parlement, son ministère responsable, faisant ses propres lois et les appliquant à son gré. Décentralisation, liberté du haut en bas de l'échelle, tel est le mot d'ordre dont les Canadiens sont justement orgueilleux et tel est l'esprit du régime dont l'Angleterre a doté sa libre colonie. (André Siegfried.)

n'ignore point que la vitalité exceptionnelle de nos frères
d'outre-Atlantique est le grand obstacle à l'annexion
américaine ; c'est un titre puissant à la reconnaissance
de la Couronne britannique, soucieuse de la grandeur et
de la prospérité de la Nouvelle-France, dont le développement progressif lui est primordialement précieux au
point de vue politique et stratégique.

Par une politique logique, rationnelle et positive, par
la sagesse de ses mœurs et la discrétion de ses visées,
par la puissance qu'il déploie dans le travail, le Canada
français, docile aux conseils d'un sage patriotisme, progresse avec un relief prodigieux dans la voie du progrès
et de la civilisation.

Nous pouvons donc envisager avec confiance l'avenir
de cette seconde France qui tient avec modération, mais
avec fermeté, la clef de la situation politique dans le
Dominion.

Cette branche cadette de la race française a jeté sur le
continent américain de profondes et vivaces racines.
Son expansion surprenante décèle les signes distinctifs
de notre indestructible vitalité.

Cette poussée d'ensemble et sans précédent, venue des
profondeurs mêmes de la nation, cette source jaillissante
d'une natalité qui se meut en dehors de toute compréhension comme au delà de toute croyance, autorise
tous les espoirs orgueilleux d'une suprématie future et
révèle aux yeux du monde étonné la prestigieuse résur-
rection d'une communauté ethnique, fière de son essor,
forte de ses aptitudes et confiante dans son avenir. En
elle, nous retrouvons le secret de notre grandeur, le
génie de notre race, le triomphe de notre homogénéité.

Émergeant de son état de colonie britannique, le
Canada est inévitablement appelé à jouer un jour ou
l'autre un rôle brillant parmi les peuples du Nouveau
Monde, un rôle important peut-être dans l'Univers. L'in-

dépendance ouvre un horizon presque infini au développement de ses destinées.

Nation jeune aux longues perspectives, aux grandioses espérances, l'unique desideratum du peuple canadien doit être la politique des mains libres : sa richesse, sa prospérité en dépendent ; sa future grandeur en est le prix.

SIR WILFRID LAURIER

SON CARACTÈRE

> « Lorsqu'on veut connaître a
> fond ces hommes qui répandent
> de la lumière, il ne faut pas moins
> s'éclairer de leur caractère que de
> leur génie. Le génie, c'est le flam-
> beau du dehors ; le caractère, c'est
> la lampe intérieure. »
>
> VICTOR HUGO.

Au-dessus des hommes politiques que le Canada s'honore d'avoir vu naître ; au-dessus de cette brillante phalange dont s'enorgueillit, à juste titre, la Nouvelle-France et qui compte dans son sein les Cartier, les Chapleau, les Mercier, etc., un nom s'élève qui s'impose et domine tous les autres : celui de sir Wilfrid Laurier.

* * *

Fils de la race gallo-latine dont le génie plane sur tous les continents ; élève de la race anglo-saxonne dont il réunit à un rare degré les prédominantes qualités, cet enfant du Canada, Français de cœur et d'esprit, de sang et d'intelligence, occupe aujourd'hui la présidence du gouvernement canadien avec cet éclat et cet ascendant que recèle invariablement l'union généreuse d'une âme impartiale et d'un esprit cultivé.

Sir Wilfrid Laurier est de ces merveilleux exemplaires d'hommes incarnant toutes les qualités qu'une race se complaît à revendiquer, de ces hommes en un mot qui, surgis de la foule, conduisent un peuple par la parole et nourrissent en lui la foi dans l'avenir; une de ces individualités remarquables, sous l'égide desquelles une nation libre se groupe, grandit et s'élève à une hauteur inattendue.

Personnalité au relief puissant, son imposante situation de Premier du Dominion, témoignage de gratitude d'un peuple reconnaissant, a justifié toutes les espérances d'une race qu'il fait aimer par ses vertus autant que respecter par son exemple, et récompensé tous les efforts d'un parti qu'il a grandi par son crédit et son talent.

Dans cette haute dignité que lui ont acquise l'importance et la gloire de services rendus au Canada, il exerce ses fonctions avec une noblesse et une modestie, marques distinctives de la hauteur et de la fermeté de ses principes.

« Pareil à ces beaux fleuves qui traversent des marécages sans y souiller leurs eaux, il passe au milieu des bassesses et des vénalités de ce temps sans rien y laisser de la pure limpidité de sa carrière. »

* * *

L'ensemble physique de ce Canadien d'élite, calme et maître de lui-même dans tout son maintien, est marqué au coin d'une aisance naturelle, nuancée d'une agréable et correcte simplicité.

Il a l'attitude empreinte de réserve, qui convient à la prééminence de sa situation politique. Avec une grande dignité de manières, il possède l'abord aimable et bienveillant. De haute taille, de fière contenance et de dis-

tinction exempte de toute affectation, ayant quelque peu
l'aspect austère du pasteur protestant, il est, de par
l'autorité qui s'attache à son caractère, le prototype
accompli du « gentleman » et le symbole par excellence
du « gentilhomme ».

Empreinte de raison calme, de douce énergie et de cette
noblesse personnelle qui tient au respect de soi-même,
sa physionomie possède un attrait particulier où la fierté
naturelle se tempère d'une avenante courtoisie. Du reste
jamais une parole dure, jamais un mot discourtois.

Tête de penseur, vraiment doué, inspirant la déférence ; visage imberbe de ce ton mat dont César disait
qu'on peut tout craindre autant que tout espérer ; son
regard expressif dont la fixité se fait parfois pénétrante,
est un miroir d'aptitudes diverses et de facultés dominantes, où débordent les plus fiers sentiments de l'âme.

Cheveux grisonnants, figure ouverte et sympathique,
rayonnante de la plus haute intelligence, tel est l'homme
de rare droiture et de mœurs exemplaires, à la fois
Canadien par patriotisme, Français par affection, Anglais
par devoir, qui garde comme une arche sainte l'édifice
auquel il a si puissamment contribué, et qui personnifie
avec tant d'incomparable dignité et d'impressionnante
maîtrise, ces idées libérales que le peuple canadien prise
à l'égal du peuple français.

« Truth is quiet — La vérité est calme », a dit John
Morley. Sir Wilfrid Laurier est calme comme la vérité et
laisse, à l'examen, l'impression d'un grand caractère qui
rappelle les traditions et les gloires de son origine.

*
* *

Au moral, nature d'élite, d'un sens droit et pénétrant,
respectueuse de toutes les libertés, protectrice avérée de

tous intérêts légitimes, recélant cette noble impartialité et cette liberté d'esprit qui nous la font nettement apprécier et mesurer à sa véritable grandeur.

Sympathique aux jeunes, il s'efforce, dans sa spontanéité, de plaire indistinctement à tous. Ayant souvent à leur égard de ces traits de délicatesse qui tiennent à une nature libéralement douée, il apparaît parfois comme leur défenseur d'office. Il s'est toujours plu à encourager leurs essais et à leur signaler les dispositions qui semblaient, à ses yeux, leur présager quelque avenir.

Sévère et de profond bon sens, son caractère est de même élevé et indépendant avec la mesure et l'équité qui conviennent à sa droiture.

D'une fermeté exempte de rudesse, Sir Wilfrid Laurier est, par-dessus tout, passionné pour la grandeur de sa patrie. Sans rancune, sans haine et sans jalousie, il a les charmes qui attirent et les mérites qui attachent.

Vaste intelligence prompte à s'assimiler les idées et à les coordonner avec dextérité, elle se trouve être au surplus servie par une mémoire excellente ; l'orateur et le parlementaire puisent à pleines mains dans cet arsenal bien fourni.

On ne saurait méconnaître la pénétration de ses vues justes et profondes, de ses fortes et saines convictions jamais déracinées.

D'une probité qui n'a jamais souffert ni une éclipse ni une atteinte, sa conscience, qui voit juste et de haut, ignore les interrègnes et n'a jamais subordonné ses sentiments à l'intérêt personnel. Ses fautes, s'il en a pu commettre, ne furent jamais de « lucratives erreurs ». C'est une qualité qui lui a déjà valu maints succès parlementaires et populaires.

Ses conceptions marquées au coin d'une juste mesure dénotent l'irrécusable sagacité d'un esprit observateur et pénétrant qui connaît profondément la nature humaine.

Son jugement d'homme d'État, d'orateur et d'écrivain demeure invariablement libre sur les hommes ou sur la politique. Chez lui « l'instinct semble aussi droit que le calcul est juste ».

De convictions sincères, ce lumineux et fécond esprit, très ouvert et très cultivé, s'inspire en toute circonstance du droit et de la loyauté; écartant de parti pris les questions inutiles et les conflits irritants, c'est avec une clairvoyance profonde qu'il plonge dans l'avenir. Tenant de la France les sentiments qui l'animent, par contre l'Angleterre prédomine dans sa forte éducation pratique et politique, où la sagesse s'accompagne d'un réel amour de la conciliation.

S'il est exact que l'esprit français est surtout remarquable par la netteté de ses idées et sa logique parfois excessive, il faut reconnaître que sir Wilfrid Laurier le représente, en tous points, dans ses tendances et ses inspirations.

Cœur assez haut pour se mettre passionnément au service du progrès; fermement épris de justice et de vérité les grands sujets lui sont accessibles et lui conviennent comme les plus humbles.

> Ce cœur qu'a peu souvent froissé la calomnie,
> Bat au nom de gloire, au saint nom de patrie,
> S'attendrit au récit d'une belle action,
> Frémit d'une injustice et d'une oppression,
> A, pour les maux publics, des larmes toujours prêtes
> Et tressaille d'espoir aux chants des grands poètes[1].

Dans le secret de sa conscience, fermée aux suggestions de l'intérêt personnel, rien d'exagéré, de chimérique et d'impraticable.

Sir Wilfrid Laurier est esclave de sa conscience. Il ne

____
1. Viennet.

dissimule pas qu'elle inspire sa conduite et la dirige à son gré. « Dès qu'à travers tous les obstacles, sa conscience parle, toutes les autres voix se taisent. » Maîtresse de ses volontés, elle fixe ses décisions. « Avec elle ni discussion, ni transaction. Elle est l'impératif catégorique. Là-dessus le Premier libéral ne varie pas. Dans les circonstances ordinaires aussi bien qu'aux heures décisives, il n'a jamais failli à l'interroger, ni, quand elle avait parlé, à obéir. Elle est le tribunal souverain et universel qui ne connaît pas les exceptions pour incompétence et les fins de non-recevoir[1]. »

*
* *

Doux et bienveillant, sympathique et charitable, il impose par l'intégrité de son caractère, il séduit par une éloquence brillante autant que sévère qui apparaît comme « le talent de passionner la raison ».

Haïssant d'instinct la médisance et la calomnie, il tient en horreur ce qui est inconvenant et fuit le vil et le grossier.

Quelque peu nerveux, il est parfois enclin à l'impatience, mais il garde néanmoins dans la discussion cette agréable modération de langage qu'inspirent au même degré le savoir-vivre et la courtoisie.

Le contrôle qu'il exerce sur lui-même est tel qu'on en arrive à se demander, puisque rien en elle ne les décèle, si cette nature supérieure possède un défaut quelconque.

Le chef du parti libéral incarne moralement et intellectuellement la raison prévoyante autant qu'éclairée. Sa croyance en l'influence de l'honneur et des nobles sentiments le porte à croire qu'ils suffisent à diriger les

---

1. *Hommes et choses d'outre-mer*, par Paul Hamelle.

hommes dans le droit chemin ; il se trouve ainsi naturellement prédisposé à leur accorder trop d'empire.

Après avoir été l'espérance du peuple canadien, de degré en degré, d'échelon en échelon, il en est aujourd'hui devenu l'orgueil. Parfait honnête homme, jugeant les faits d'après ce que lui dicte sa seule conscience, parfait parlementaire soucieux avant tout de l'intérêt national, il est unanimement considéré comme un homme d'État d'une remarquable ampleur.

Ce politique de paix et de conciliation, diplomate de premier ordre, résolu à ne brusquer ni ne froisser d'irritables éléments enclins au chauvinisme et prompts à l'*intransigeance* en matière ethnique, a su louvoyer au milieu des « distinctions trop précises et des conclusions trop nettes », susceptibles, en Canada, de réveiller les passions assoupies.

Il possède, il est vrai, un sens très précis de la politique canadienne et de ses compromis nécessaires, de cette politique que les facteurs de race, de langue et de religion embrouillent et faussent à plaisir. C'est ainsi qu'avec de la prudence et du tact il lui a été généralement possible d'adoucir les heurts de deux peuples qui, à vivre côte à côte, ont nécessairement accentué leurs caractères distinctifs, et de calmer dans une certaine mesure cet antagonisme latent de deux races ardentes à se disputer l'hégémonie.

Une chose qu'on nous reproche amèrement, dit-il, c'est d'avoir conservé notre individualité comme race. On assure que c'est une marque de déloyauté que de vouloir rester nous-mêmes. La justesse de ce reproche m'échappe. J'admets que nous gardons notre langue, notre religion, nos mœurs, mais je ne vois pas en quoi il est juste de nous le reprocher. Il y a plus : il me semble que nous serions indignes de toute estime, indignes du nom de Canadiens-Français, si nous n'avions pas conservé, comme une chose sainte, la mémoire de nos ancêtres. Je le répète, j'aime l'Angleterre, j'honore et j'estime les institutions anglaises, mais que ma main droite se dessèche si jamais la mémoire de mes ancêtres cessait d'être chère à mon cœur. On nous reproche également de vouloir franchir la limite des prérogatives et des libertés anglaises; on prétend que nous cherchons à faire prédominer nos institutions et notre langue. Je repousse cette imputation.

C'est bien l'homme de sa patrie, dont il suit tous les progrès avec une sollicitude qui ne s'est jamais démentie; c'est l'homme providentiel,

<blockquote>Qui fit de tant d'éclat rayonner son histoire.</blockquote>

C'est l'homme qui incarne l'intelligence sous toutes ses faces et le patriotisme sous toutes ses formes.

*
* *

Avocat distingué, journaliste remarquable, sir Wilfrid Laurier, l'un des plus brillants esprits, l'un des plus nobles cœurs qui aient honoré le Canada, a reçu de la Providence l'inappréciable don d'une prestigieuse éloquence. Vibrante, passionnée et parée par surcroît d'une extrême élégance, il semble « qu'elle n'eût qu'à se méfier de sa perfection ».

Embellie de formes séduisantes, elle flatte l'oreille et l'esprit par l'écoulement harmonieux de mots savamment choisis et propres à fasciner tout auditoire sensible aux charmes de la parole.

« Le style c'est l'homme même », a dit Buffon. Le style de sir Wilfrid Laurier, franc, lucide et logique, donne une idée parfaite de son caractère. Point d'ombres à sa pensée, point de phrases vagues, difficilement intel-

ligibles ou présentant un double sens ; pas d'expressions
évasives ou obscures. Ramenant tout débat au point essentiel, il est de ceux qui « disent à un moment donné, avec
une netteté qui surprend tout le monde, le mot de la
pensée de tous ».

Novateur sans chimères, conservateur sans préjugés,
ses opinions n'ont jamais varié ; telles elles étaient il y a
trente ans, telle elles sont aujourd'hui mûries par l'expérience. Jamais homme n'eut moins de goût pour les
apostasies.

M. Ulric Barthe professe pour le talent de sir Wilfrid
Laurier une admiration poussée jusqu'à l'enthousiasme.
Il est nécessaire d'affirmer qu'il exprime un sentiment
partagé par toute une génération. « Il se dégage de son
éloquence, écrit-il, des chocs galvaniques d'un puissant
effet, d'une force irrésistible. A quoi cela tient-il? C'est
que sir Wilfrid Laurier n'est pas un simple rhéteur ;
c'est que son éloquence n'est pas une statue de marbre,
et que, dépouillée de la périssable beauté des formes
extérieures, il lui reste une âme encore plus belle : la
pensée, la pensée vraie, forte et convaincue. »

« Lisez à tête reposée une dissertation de sir Wilfrid
Laurier, ce qui vous frappe d'abord, c'est la limpidité
de la pensée. La discussion est une synthèse comme celle
d'autres puissants orateurs est une analyse. Toute son
œuvre oratoire se tient, ses discours sont comme les
chapitres d'un livre, comme les périodes d'une démonstration.

« C'est le cri persistant d'une âme honnête, d'un cœur
généreux, d'un esprit large contre les honteuses défaillances, contre l'iniquité, le despotisme et l'injustice,
contre tout ce qui sent le fanatisme et l'intolérance.
Depuis 20 ans qu'il parle, il n'a pas dévié d'une ligne de
son rôle de penseur et de censeur. Les plus grands
adversaires l'admirent et le respectent ; c'est tout dire! »

L'heureux emploi qu'il a su faire du langage limpide et pénétrant, dont il détient le secret, n'a pas peu contribué aux succès d'une existence que les dons octroyés par la nature ont faite brillante et glorieuse.

Voulant servir avec autorité sa patrie, il a pensé avec juste raison qu'il fallait préalablement plaire. De là son infatigable constance à cultiver cet exceptionnel avantage qu'il a, d'ailleurs, développé en un art manifestement supérieur.

Sir Wilfrid Laurier s'était rendu compte qu'il ne suffit pas de convaincre, qu'il faut entraîner, et que pour faire triompher la raison chez un peuple éternellement amoureux du cliquetis des mots, quelque chose de plus que la raison elle-même s'impose nécessairement. C'est alors que l'art de bien parler et de bien dire devient et demeure une véritable ressource.

L'éloquence est, en effet, la toute-puissance de l'homme, elle commande aux passions, dirige les esprits, et, des doctrines qu'elle proclame, frappe l'opinion et s'impose à la multitude.

Si l'éloquence mise au service d'idées nettes et pratiques est un moyen de dominer les hommes, sir Wilfrid Laurier est né pour la domination, car il est éminemment doué de la toute-puissance oratoire.

Ce qui distingue entre beaucoup cette loyale et bienveillante nature, c'est l'art d'imprégner ses discours de cette distinction qui en est l'un des plus grands mérites.

Ce qui est essentiellement propre à cet homme qui incarne le noble caractère et l'indiscutable notoriété du talent, c'est d'avoir compris que l'orateur doit symboliser cette franchise qui recherche naturellement la vérité, va toujours droit au but et ne laisse place à aucun fauxfuyant, à nul sous-entendu.

Sur quelque sujet que ce soit, dans le domaine des choses

humaines, le vrai ne se manifeste pas également à toutes les intelligences. Il en est dont le regard plonge plus loin dans l'inconnu, mais embrasse moins à la fois; il en est d'autres dont le regard, s'il est moins pénétrant, aperçoit plus nettement dans la sphère où il peut s'étendre. Cette distinction primordiale explique de suite jusqu'à un certain point l'idée libérale et l'idée conservatrice.

Par la noblesse et la hauteur de ses pensées, par la fermeté de son langage et la puissance de sa dialectique, il est indéniablement le parlementaire le plus remarquable que possède à l'heure actuelle le Canada.

Orateur favori d'un auditoire choisi de lettrés et de délicats sensibles à la netteté d'une exposition bien suivie et d'une dialectique convaincante, on se rend compte à l'écouter que cet incomparable don de la parole est, chez lui, l'écho d'un esprit juste et étendu, d'un cœur bien fait, d'un âme anoblie par la notion supérieure des mots sacramentels : droit et devoir. De l'aveu unanime, on éprouve à l'entendre un incessant plaisir.

Réchauffée par un cœur foncièrement latin, son éloquence de franche venue, véritable séduction de l'oreille et de l'esprit, inspire la confiance et porte la conviction : nourrie par une impeccable compétence, elle s'est maintes fois surpassée au sein d'une assemblée dont il détient à la fois le respect et l'admiration, et où il exerce l'influence que donne la raison lorsqu'elle sait être éloquente.

« Pour dominer dans les assemblées libres — a dit un écrivain célèbre — il faut cette rapidité d'esprit, cette ardeur de caractère, cette verve de talent qui font penser plus vite, vouloir plus vite, parler mieux que les autres, et permettent de les décider en les éclairant, de les conduire en les devançant. »

Sir Wilfrid Laurier est éminent en ce point comme en tout autre.

Nul n'excelle mieux que lui à s'emparer de ses auditeurs. Toujours écouté, toujours applaudi, il convainct et persuade par l'élévation que les grands desseins impriment aux grands caractères. Une diction choisie, un geste sobre et dominateur, un raisonnement toujours rigoureux, un merveilleux talent d'exposition font de lui l'orateur accompli. C'est avec une élégance naturelle, soutenue et sans efforts, qu'il s'exprime d'une voix agréablement timbrée; c'est avec une belle et tranquille assurance, avec une ardeur de sympathie aussi bienveillante que communicative qu'il entre en communion avec ses compatriotes attachés et entraînés comme nous Français par le pouvoir hypnotique des mots et possédant, également comme nous, ce goût inné des réputations consacrées.

De sa phrase soignée et ciselée sans rien d'emphatique, jaillit une langue très pure, à la fois souple et claire qui s'agrémente d'un tour d'esprit tout à fait français, se vivifie d'une inspiration élevée et se colore d'un relief incomparable.

Sir Wilfrid Laurier est de ces grands hommes d'État, dont la parole « élève, pour ainsi dire, l'âme d'un peuple, et sait donner une voix aux rêves généreux d'une nation fière ».

D'une composition aussi harmonieuse qu'expressive, sa phrase, variée de forme, très soutenue de ton, apparaît imprégnée d'atticisme; généralement lumineuse, toujours facile et toujours aisée, toujours robuste même dans ses élégances les plus exquises, elle se déroule d'un mouvement large et rythmé avec ampleur et harmonie; on y trouve à l'analyse autant d'art que de simplicité.

Dans un ensemble d'une impeccable et supérieure netteté, où la clarté demeure dominante, les périodes s'entrelacent en de souples et faciles liaisons; sans heurt ni dissonances, elles s'ordonnent avec justesse et se déroulent avec aisance en des développements étendus et variés au gré des sujets et des circonstances.

Par le charme accaparant et la magistrale supériorité d'une parole révélatrice de sa maîtrise intellectuelle, il séduit les esprits; par la logique de son argumentation, par la chaleur et la puissance qui émanent de son élocution, il conquiert l'auditoire.

Souple et animée, sa diction, qui ne saurait être plus nette et plus assurée, est claire autant que concise; on est gagné par la bonne grâce de cette parole où ne se fait entendre d'autre accent que celui de la pure raison, où les démonstrations probantes sont également abondantes.

Elle fait saillir en relief des mots bien scandés dans la continuité d'une facile articulation. Maître absolu de sa parole, le Premier Canadien la réduit à loisir au strict nécessaire, ce qui en explique la puissance et la force de pénétration. Le ton de ses discussions est grave, parfois austère. Son débit est facile, ses sentiments vrais, ses pensées nobles, parfois ironique, quelquefois sarcastique; son langage correct, élégant et châtié accuse une connaissance approfondie de l'art oratoire et porte la marque indéniable d'un esprit d'essence essentiellement française.

Il parle aussi bien par devoir que pour l'agrément d'énoncer avec un tact infini d'excellentes choses qui, tôt ou tard, porteront leurs fruits ; grâce à la fécondité de ses idées et à leur élévation morale, grâce aussi à la justesse de ses aperçus, au bien fondé de ses raisonnements et aux ressources de son esprit, il le fait sans efforts, avec une aisance qui ajoute encore à l'attrait de ses dires et qu'on admire chaque jour davantage.

« Le Canadien comme le Français — a très justement écrit M. André Siegfried — aime l'éloquence. Aucune fête pour lui n'est complète si quelques discours ne la terminent, et, par amour du beau langage, il est prêt à écouter adversaires aussi bien qu'amis. C'est par d'éloquentes paroles qu'on entraîne une assemblée canadienne. Pas n'est besoin de l'entretenir d'affaires; il faut la bercer de phrases mélodieuses et la réveiller par des tirades retentissantes. Pour la moindre affaire de village, il faut invoquer les plus grands principes et faire appel aux plus glorieux souvenirs. Comme de vrais Français, alors, les Canadiens enthousiasmés, féliciteront l'orateur et voteront pour lui. »

Cette magie de l'éloquence atteint chez sir Wilfrid Laurier son maximum d'intensité. L'élite intellectuelle n'a pas assez de louanges pour lui; les classes populaires en raffolent, cela dit sans exagération.

Le 17 avril 1901, devant le club libéral de Montréal M. A. Bruneau, député de Richelieu, s'exprimait en ces termes : « Laurier est arrivé au sommet de l'échelle sociale par un noble chemin, la voie droite, la route de l'honneur. Il doit la position honorable qu'il occupe, la plus haute que nous puissions lui donner, à la largeur de ses vues, à la noblesse de son caractère, à l'intégrité de sa conduite politique, au désintéressement dont il a toujours donné l'exemple parmi nos hommes publics, à cette grande éloquence parlementaire qui l'a fait surnommer « la bouche d'argent », et surtout à cette idée véritablement nationale dont il s'est fait l'incarnation politique en voulant faire de notre beau Canada un pays uni et prospère sous un même drapeau. Grâce à son prestige, notre race, qui avait tant perdu de son influence par la politique maladroite des ministres conservateurs canadiens-français, s'est relevée, s'affirmant digne de la liberté dont elle jouit en ce pays, digne de ses ancêtres et de ses brillantes destinées. Laurier est le chef reconnu, respecté et aimé de tous ceux qui veulent le progrès dans l'ordre, la liberté dans la paix. Laurier a réuni autour de lui la presque totalité de la députation canadienne-française et il commande une dévotion personnelle que peu de chefs politiques ont pu obtenir. »

* * *

D'une forme attrayante, ses discours sont clairs et précis, la composition et la forme en sont également de premier ordre; un savoir aussi solide que varié, des vues élevées mûries par l'expérience et la réflexion, des idées profondes s'y expriment dans une langue vigoureuse sans fausse couleur et sans fausse éloquence: des considérations habiles, des arguments serrés, de hautes et prévoyantes raisons y sont éloquemment énoncées en traits d'une saisissante originalité de conception, et tout cela sans ombre de déclamation, ni d'artifice, avec l'autorité d'un penseur et la franchise d'un honnète homme que l'histoire a trempé en l'instruisant.

Les occasions sont nombreuses où ce grand esprit s'est élevé au niveau des questions capitales, déployant ses facultés dans des causes dignes de son cœur et de son éloquence.

Il n'est pas un seul de ses discours qui n'atteste l'union de remarquables qualités littéraires et d'une intelligence politique infiniment clairvoyante; en tous il s'est montré également supérieur.

Abondants en profonds jugements invariablement énoncés dans une langue sévère, ses discours ne sont pas seulement des documents politiques de la plus grande importance : un haut sens moral les anime, une inébranlable confiance dans le triomphe du droit les éclaire.

Ils méritent à tous les titres de figurer au premier rang de l'éloquence anglaise et de l'éloquence française; ce sont littéralement des modèles « de cette rare combi-

naison du genre et du talent » qui constitue la maîtrise
oratoire.

Ils ont fait sensation et laissé un souvenir ineffaçable,
car une veine intarissable de vibrant patriotisme les
parcourt, les imprègne d'un irrésistible magnétisme et
en rehausse encore le style à nos yeux. Dans cette âme
large, « l'Angleterre ne s'est pas substituée à la France,
elle s'y est superposée : il a deux patries, voilà tout[1] ».

Orateur au jugement sain, à l'intelligence cultivée,
aux convictions arrêtées, il évite avec soin de se perdre
dans les nuages, n'a garde de se laisser égarer par l'imagination et ne se paye ni d'illusions, ni de fictions
complaisantes.

« Son œuvre oratoire embrasse le champ entier de nos
contentions politiques, sociales et nationales, elle pourrait être résumée en une poignée de formules, d'idées
mères, sur lesquelles M. Laurier a déjà dit des volumes
sans jamais lasser l'attention de ses admirateurs, c'est-
à-dire de la population entière[2]. »

Sa parole est empreinte de « cette force qui commu-
nique l'habitude des silencieuses méditations, de cette
puissance que donne à l'esprit un effort préalable de
réflexions prolongées.

Aux heures solennelles et décisives, l'expression de
sa voix s'élève et s'anime ; on sent qu'il porte le drapeau
d'une cause qui lui est chère et qu'il le porte haut et
fièrement. La profondeur de la méditation et l'éclat de
l'éloquence rehaussent la précision de ses conceptions et
la grandeur de son langage. On croirait alors entendre
« un de ces Anciens formés à l'art de penser et de parler
par les agitations de la place publique en même temps
que par les discussions du Portique et de l'Académie ».

Respectueux du passé, attentif au présent, prévoyant

1. Paul Hamelle, *Hommes et choses d'outre-mer.*
2. *M. Laurier à la tribune.*

l'avenir, il se montre pratique autant que positif et s'inspire plutôt de la raison que de l'enthousiasme. Toujours maître de sa pensée, il conduit ses discours avec sang-froid et sagacité; en une élocution ferme, précise, et décisive à bon escient, il ne dit que ce qu'il veut et le dit de franche et persuasive façon.

Supérieurement doué de l'esprit philosophique nécessaire à l'orateur, le Premier Canadien embrasse, d'un coup d'œil, tous les côtés d'une question, puis joignant la séduction de l'éloquence à la force d'une logique serrée, la dégage de tous ses voiles et en fait ressortir dans une ordonnance excellente les principes dominants; ses raisonnements s'enchaînent logiquement, ses arguments se déroulent avec une clarté et une précision dont il tempère la sécheresse par des développements imprégnés d'un loyal accent de sincérité.

Aucun orateur canadien n'a plus brillé de cet éclat ferme et vivant de l'homme vraiment supérieur qui se révèle un maître dans les hautes régions intellectuelles et dans toutes les sphères de la pensée humaine.

En des harangues qui retranchent à ses auditeurs la faculté d'apprécier la durée du temps, sir Wilfrid Laurier, doué pour les grandes paroles comme pour les grandes choses, porte dans son langage le ton sérieux et décisif qui convient aux esprits sûrs d'eux-mêmes, et sème ses idées d'un accent convaincu qui se fait singulièrement impressionnant lorsque ses convictions les plus chères se trouvent en jeu.

Jamais il ne plie ou ne louvoye, ne cède ou ne marchande, son attitude est invariablement d'une droiture virile, sa vigilance est constante et infatigable; son franc parler ne ménage aucune influence et remplit jusqu'au bout les plus sévères obligations. Ces vertus qui l'inspirent heureusement pour parler au cœur lui octroient au même titre le droit de parler aux intelligences.

En lui l'orateur enveloppe, domine, transfigure l'homme ; il l'emporte sur tous ses compétiteurs par la liaison logique de toutes les parties de ses discours, par la pureté de la diction, par le tact d'un langage d'où se trouvent bannies l'invective et l'acrimonie.

Le parfait équilibre de ses forces intellectuelles a déterminé chez lui cette parole mesurée qui le caractérise et sied merveilleusement à l'autorité du Parlement. Sir Wilfrid Laurier est aux yeux des lettrés canadiens comme un souvenir, comme un suprême écho du génie latin.

Quelle énergie de pensée et quelle puissance communicative dans le développement régulier du principe qu'il pose.

Quand la lutte se fera sur les pures questions de principes, quand les actes seront jugés d'après les pensées qui les inspirent et les pensées d'après leur valeur propre ; quand on ne craindra plus d'accepter ce qui est bien ou de rejeter ce qui est mal de peur qu'en acceptant ce qui est bien ou en rejetant ce qui est mal on ne rende trop fort un parti à doctrines perverses et à tendances dangereuses ; il m'importe peu de quel côté se trouvera la victoire. Quand je dis qu'il m'importe peu, je n'entends pas dire que je suis indifférent au résultat de la lutte. Je veux dire ceci : si la lutte tourne contre nous, l'opinion exprimée sera la libre expression du peuple ; mais j'en ai la conviction, un jour viendra où nos idées jetées en terre germeront et porteront leurs fruits, si le semence en est saine et juste.

Quelle impression de grandeur et de dignité se dégage de son éloquence où la pureté du langage le dispute à celle de la pensée !

Messieurs, lorsque dans cette dernière bataille qui rappelle le monument de Wolfe, et de Montcalm, la mitraille semait la mort dans les rangs de l'armée française ; lorsque les vieux héros, que la victoire avait tant de fois suivis, virent la victoire leur échapper; lorsque couchés sur le sol, sentant leur sang couler et leur vie s'éteindre, ils virent, comme conséquence de leur défaite, Québec aux mains de l'ennemi et le pays à jamais perdus, sans doute leur pensée suprême dut se tourner vers leurs enfants, sur ceux qu'ils laissaient sans protection et sans défense; sans doute ils les virent persécutés, asservis, humiliés, et alors, il est permis de le croire, leur dernier soupir put s'exhaler dans un cri de désespoir. Mais, si d'un autre côté, le ciel permit que le voile de l'avenir se déchirât à leurs yeux mourants; si le ciel permit que leur regard, avant de se fermer à jamais, pénétrât dans l'inconnu... n'est-il pas permis de croire que leur dernier soupir s'éteignit dans un murmure de reconnaissance pour le ciel.

On sent le cœur d'un grand patriote palpiter sous ces mots.

Quelle force de persuasion dans ses discours où pétille une flamme qui éclaire et réchauffe, où se répand une chaleur pénétrante qui subjugue l'auditeur !

Si nous, le peuple de la province de Québec — pour qui a été fondée cette Confédération, — devons être les premiers à l'attaquer, si nous devons être les premiers à porter une main sacrilège sur l'arche sacrée de nos libertés, combien de temps pouvons-nous espérer que ce système se maintienne ? Si nous devons être les premiers à attaquer le système fédéral, le canon de la citadelle de Québec aura encore à faire retentir sa grande voix pour sonner le glas de nos libertés provinciales.... Nous aimons le drapeau britannique parce que nous avons trouvé à son ombre le bonheur et la liberté. En même temps nous sommes des descendants de la France, de cette grande nation qui s'est placée avec l'Angleterre à la tête de la civilisation moderne ; nous avons puisé dans notre origine des traits caractéristiques et des institutions que nous regardons

comme un héritage national, et auxquels nous adhérons de
toute notre âme.

* * *

Sir Wilfrid Laurier, esprit méditatif porté aux hautes
improvisations, est né éloquent comme il est né honnête ;
l'inflexibilité de ses principes atteste que la probité la
plus stricte est compatible avec la politique.

C'est avec un art mesuré et avec toute la réserve que
lui imposent ses fonctions qu'il manie la polémique ; sa
préoccupation n'ayant d'autre règle que la recherche de
la vérité exposée avec modération.

Gratifié de la puissante vitalité d'un esprit sagement
démocratique, ce chef éloquent, capable de tout conduire
et de tout régler, fait preuve d'une supériorité marquée
sur tout ce qui l'entoure et le suit et possède une action
décisive sur un Parlement où nul orateur n'est écouté
avec plus d'attention et d'agrément.

Quelque grand que soit un homme, il ne l'est jamais
que de sa grandeur propre. C'est ainsi que sir Wilfrid
Laurier sachant tout ce que peut produire l'énergie persistante de l'activité individuelle ne perd jamais une occasion d'enrichir ses connaissances personnelles et d'or-
ner son imagination. Doué d'un grand talent d'assimila-
tion il lit, et s'instruit.

« Sir Wilfrid Laurier — remarque M. Willison —
a une prédilection marquée pour les meilleurs ouvrages
de philosophie et de haute érudition. Il est plus que
familier avec la meilleure poésie anglaise et place Burns
au premier rang des poètes. Mais les livres de son cœur
sont Shakespeare, Macaulay, les discours de John Bright
et les quelques discours et documents de Lincoln qui
ont été conservés. La touchante harangue de Lincoln à

Gettysburg et son second discours inaugural font l'admiration du chef libéral. C'est d'après les lignes politiques tracées par ces grands hommes que M. Laurier dirige sa carrière ; c'est dans le langage simple et puissant de Bright et de Lincoln qu'il raisonne, persuade et gagne le peuple à lui.

« C'est à la bibliothèque que le chef libéral consacre la plupart de ses loisirs. C'est là qu'il se sent le plus disposé à conduire la conversation sur des sujets qui révèlent sa profonde érudition, la solidité de son esprit, la force et l'étendue de son intelligence, les goûts et caprices du critique et du lettré. Peu d'hommes peut-être, au Canada, possèdent une plus belle collection des meilleurs ouvrages de littérature française et anglaise. Ici encore, le chef libéral n'a pas cherché à éblouir. Sa collection de livres est modeste, comparée à bien des grandes bibliothèques, indices trop souvent de la richesse plutôt que de la culture. C'est le contenu et non pas le couvert qui en a déterminé le choix. Ils ont été lus, non pas seulement exposés, et c'est dans les pages de ses auteurs anglais favoris qu'il a puisé cette pure diction anglaise, forte et sympathique, qui en fait l'égal des maîtres mêmes d'une langue qui n'est pas la sienne. »

A cette étude incessante, l'esprit du Premier Canadien est devenu la personnification de la clarté lumineuse dans l'ordonnance des raisons logiquement déduites, dans l'analyse minutieuse des faits et des idées.

Sa vie est le symbole du travail constant et persévérant de chaque jour, de chaque instant ; assouplir les qualités qu'il a reçues de la Providence règle sa conduite ; chacun de ses discours dénote un progrès marqué, un perfectionnement en cette éloquence innée qui, pour être un don de la nature, n'en a pas moins été développée par une étude opiniâtre.

Pénétrés de ses admirables facultés, les Anglais admi-

rent ce Canadien-Français qui a, maintes fois, fait montre
de son loyalisme et d'un patriotisme qu'il est merveilleusement propre à ressentir et à exprimer. Ils respectent ce chef libéral qui atteste chaque jour à nouveau
sa face et sa vigueur,

Ils tiennent en grande estime cet éloquent orateur aux
ressources de dialectique infiniment variées, cet éminent
diplomate qu'un patriotisme éclairé nourrit de sages
déductions, cet esprit judicieux qui parle admirablement
leur langue et connaît leur histoire et leur littérature
aussi bien sinon mieux que leurs premiers hommes d'État.

Ils aiment à l'entendre citer avec tact et commenter
avec érudition leurs célèbres historiens et leurs grands
parlementaires.

M. Blake, disait en 1884 sir Wilfrid Laurier, est sans
contredit une des organisations mentales les plus extraor-
dinaires qu'il y ait aujourd'hui dans le monde. Son éloquence n'emprunte rien aux moyens ordinaires de l'orateur; elle procède tout entière d'une seule force : la force
intellectuelle.

Sa puissante intelligence embrasse tout. Il possède
à la fois la vue d'ensemble et la vue de détail. Toutes les
lignes extérieures du plus vaste problème politique sont
nettes devant lui; aucun des points microscopiques de la
question légale la plus épineuse ne lui échappe.... Quand il
traite un sujet, il l'épuise, et, quand il le laisse, il n'y a plus
rien à dire, ni même rien à répondre, et quand enfin il
reprend son siège, ses partisans sont dans l'enthousiasme
et ses adversaires ne peuvent se défendre d'exprimer leur
admiration. Sir John Mac Donald est d'un genre tout différent. Chose singulière chez un esprit aussi alerte, l'expression chez lui manque de bonheur et de mouvement. Il hésite, il se répète, il est incorrect, mais dans tous ses discours surgit un clou qui va droit au but. Il excelle à saisir
le point faible d'un adversaire.... Ce qui caractérise
sir Charles Tupper, c'est la force et surtout l'audace. C'est

le Danton de la Chambre. Il parle avec l'abondance, la
véhémence, la fougue d'un torrent. Plus la cause qu'il doit
défendre est désespérée, plus il est audacieux. Il affirme
les propositions les plus insoutenables avec un aplomb
qu'aucune apostrophe, aucune interruption ne sauraient dé-
contenancer. Bien loin de là, si une interruption vive vient
démolir sur-le-champ une assertion trop hasardée, au lieu
de battre en retraite, ne fût-ce que de l'épaisseur d'une
semelle, il s'écrie invariablement : « Je remercie mon inter-
rupteur : ce qu'il vient de dire prouve tout ce que je dis. »
Puis il répète sa thèse précédente avec un redoublement
d'énergie, d'arguments et de vigueur.

Son talent où la dignité du penseur se mêle à la voix
grave de l'expérience les émerveille, sa fermeté de principes les frappe, son désintéressement et son inviolable
fidélité au drapeau libéral leur donnent l'exacte mesure
des multiples vertus qu'il symbolise à leurs yeux.

C'est sans colère qu'ils écoutent ses déclarations
patriotiques ; ils le savent, en effet, inébranlablement
attaché au culte de la liberté, de la justice et de
l'honneur.

* * *

Guidé dans l'accomplissement de ses devoirs par la
foi ardente et l'inébranlable confiance qu'il nourrit dans
les brillantes destinées de sa patrie, il a su, pour la servir,
allier une hauteur de pensées et une largeur de vues
peu communes, avec une circonspection et un tact non
moins dignes d'hommages.

Dans un temps où les renommées disparaissent aussi
rapidement qu'elles s'élèvent, la sienne ne pâlit point.
Son nom, qu'invoquent les opinions les plus diverses,
s'impose dans les discussions parlementaires.

Il a cet ascendant qui entraîne les hommes et domine

les situations. Il cumule la perspicacité qui devine, la prudence qui attend, le dévouement qui ose. Rigide initiateur d'une politique empreinte de la plus grande sagesse, cet esprit droit et pénétrant éclaire tous ses actes de la lumière la plus propice aux intérêts canadiens.

En ce pays où vivent deux races différentes, dont l'histoire a fait un seul peuple, sir Wilfrid Laurier, premier ministre français d'une colonie anglaise, a obtenu ce miracle de contenter tout le monde ; aussi jouit-il d'une faveur sans cesse croissante. Tout en flattant l'élément anglo-saxon, il a donné satisfaction à l'instinct patriote de sa race, et, de ce chef, resserré son unité sans cesse menacée par ces énergiques et entreprenants sujets anglais, adversaires naturels. des droits religieux et nationaux des Canadiens-Français.

C'est en favorisant la survivance continue de leurs traditions et de leurs attaches avec le passé qu'il a pour toujours trouvé le chemin de leur cœur, et c'est ainsi qu'au premier appel de sa volonté, la nationalité canadienne-française s'est affirmée avec puissance aux yeux des Anglo-Saxons.

Cet ascendant se doit attribuer aux sentiments dont sir Wilfrid Laurier est animé, « à son âme plus encore qu'à son génie ». Il ne connaît, en effet, ni l'esprit de rancune, ni l'esprit d'exclusion, et rend hommage à tous ceux en qui il reconnaît, comme en son propre cœur, la foi du patriotisme.

Durant la lutte électorale de 1891, l'abbé Casgrain s'exprimait ainsi à l'égard du chef du parti libéral :

« Malgré toutes leurs sympathies britanniques, les membres de l'opposition au Parlement fédéral ont été forcés de choisir pour chef un Canadien-Français, M. Laurier, dont la supériorité les a séduits et vaincus. M. Laurier est une riche nature. Doué d'un grand sens politique, il rappelle Lamartine par sa physionomie, son air inspiré, son éloquence.

« Il parle un français exquis et manie si admirablement la langue anglaise qu'on le regarde comme le député des Communes parlant l'anglais le plus pur. Dès que sir John Mac Donald aura disparu de la scène politique, l'homme de la situation sera M. Laurier. »

* * *

Homme fait pour l'action, il a l'esprit net et positif qui la suggère; à la fois très habile et très réfléchi, il concentre dans ses actes et dans ses visées tout ce qu'il y a d'applicable et de pratique. Nature large et prompte qui possède la double conscience de son but et de sa force, il a conservé, à travers toutes les fluctuations de la politique, la fidélité la plus intransigeante, le dévouement le plus absolu à une cause qui est celle du Canada même.

En dépit du loyalisme que cet incomparable entraîneur de conscience professe vis-à-vis de la métropole, il est loin de vouloir inféoder le Canada à l'Angleterre. Bien naïfs ou bien ignorants sont ceux qui lui en attribuent la pensée ou lui en supposent le désir.

J'aime la France qui nous a donné la vie, j'aime l'Angleterre qui nous a donné la liberté; mais la première place dans mon cœur est pour le Canada, ma patrie, ma terre natale. Certes, mes yeux ne se lassent pas de contempler ce Paris si plein de merveilles, Paris la ville lumière, comme Victor Hugo l'a appelée avec tant de vérité, la plus belle sans contredit de toutes les villes, mais Paris avec toutes ses beautés ne parle pas à mon âme comme le rocher de Québec.

Certaines voix autorisées ont également laissé percevoir la crainte que, dans sa préoccupation dominante de mener à bien l'évolution économique du Canada, sir Wilfrid Laurier ne perde de vue l'objectif constant du groupe canadien-français et n'assume ainsi la plus lourde et la plus grave des responsabilités. De telles appréhensions sont sans fondement, car, d'un esprit analytique et réfléchi chez qui tout relève du bon sens et de l'expérience, le Premier canadien n'a, par surcroît, ni goût ni faiblesse pour l'annexion.

Lui prêter de telles opinions c'est, en réalité, mettre en doute un patriotisme qui les a toutes inspirées, un patriotisme qui n'a, lui-même, d'autre limite que celle du dévouement.

L'avenir démontrera l'inanité de ces propos ; le temps en fera justice.

Sir Wilfrid Laurier, dont le sang est inoculé de « l'utile fièvre des idées françaises », est un esprit de vaste envergure ouvert à toutes les magnanimes aspirations ; doué de l'intelligence pénétrante des nécessités de l'heure, il ne s'attarde — en politique sensé — à aucune suggestion chimérique, et soumet tout au joug d'une sévère raison. Fondés sur un examen attentif des intérêts du Canada, ses desseins se trouvent être parfois à longue échéance et nécessitent, pour en préciser la portée, une réflexion aussi lucide que persistante.

Quoique interprète fidèle du sentiment anglais, il est foncièrement Canadien-Français et n'a pas un instant cessé d'être dominé par la pensée d'un avenir dont la garde lui est commise.

Je ne permettrai certes pas de me faire des lectures sur la loyauté : je suis sujet britannique et je m'honore, autant que qui que ce soit dans cette Chambre, de ce noble titre. Mais que l'on n'attende pas de moi que je laisse ce gouvernement fouler aux pieds des compatriotes sans amis, sans défenseurs et sans représentants dans cette Chambre.

L'âme de ce grand patriote a toujours vibré à l'unisson de l'âme canadienne, et son activité embrasse tous les objets relatifs aux intérêts fondamentaux d'où peut dépendre le bonheur de ses compatriotes.

« Comme M. Lafontaine, M. Laurier fut un jour arrêté et traîné devant les tribunaux de son pays, non pour avoir dénoncé le gouvernement, mais son factotum, son commensal. C'est le 20 avril 1881 que parut, dans l' « *Électeur* » de Québec, un article intitulé : « *La Caravane des quarante voleurs* » et suivi, le lendemain, d'un autre : « *L'histoire se répète* ». Voyant la dette provinciale augmenter dans des proportions alarmantes, un déficit annuel de 600 000 dollars dans les finances, notre crédit épuisé et le gouvernement mis dans la triste et pénible nécessité de quémander le secours du pouvoir fédéral, au détriment de notre autonomie provinciale, Laurier jeta le cri d'alarme dans l'intérêt public, afin de sauver notre Province de la honte et du déshonneur que l'administration du chemin de fer du Nord attachait à son nom. Le procès eut un immense retentissement. Le jury ne pouvant s'accorder, Laurier fut libre[1]. »

Malgré la faveur dont le chef du parti libéral bénéficie en Angleterre, malgré ses démonstrations de bon vouloir envers ce peuple orgueilleux de sa primauté nominale, loin de son esprit est l'idée d'imposer à son pays une solidarité forcée et de l'enchaîner de gaieté de cœur au char de l'impérialisme anglo-saxon.

Quant aux États-Unis, impatients de tous obstacles et de toute concurrence, le Premier Canadien n'a nullement fait le siège de leurs bonnes grâces; il n'est pas

---

1. *Lafontaine et Laurier.*

sans ignorer que cette agissante démocratie est le point menaçant de l'horizon dont tôt ou tard pourrait bien descendre le premier orage.

Le Canada est actuellement soumis à un régime qui donne satisfaction à toutes ses aspirations, lui permet de se développer à son aise et ne laisse subsister de suzeraineté que juste assez pour le mettre à l'abri des insatiables convoitises de ce puissant voisin, imprégné par atavisme de l'art « de bien surprendre et de bien prendre ».

Il serait malaisé de croire que sir Wilfrid Laurier ne soit pas au courant de la marche de ses desseins. Depuis longtemps déjà, dans son inconcevable présomption, l'Amérique yankee, dont l'appétit voile toutes les iniquités, rêve d'absorber le Canada, de le plier à ses vues, de le subordonner à sa politique, de l'enchaîner à ses destinées. C'est l'évidente et primordiale raison qui a fait des hommes politiques du groupe canadien-français, et de sir Wilfrid Laurier en tête, les partisans résolus de la tutelle anglaise ; car l'abandon d'une intégrité certaine et d'une indépendance, de quelque prix qu'on les paye, serait un irrémédiable désastre pour la nationalité française, un coup mortel pour l'avenir de cette race qui compterait pour bien peu dans l'immensité du territoire fédéral et perdrait à coup sûr l'égalité politique dont elle jouit actuellement.

Ce sont choses que sait pertinemment le chef du parti libéral dont la politique clairvoyante consiste à soutenir la couronne d'Angleterre qui se trouve être l'évidente sauvegarde des droits et privilèges d'une race dont il est la plus haute expression.

*
* *

« Parler de Laurier, c'est faire le portrait d'un grand patriote, d'un homme d'État distingué, d'un législateur

éclairé, d'un illustre chef de parti qui fait l'admiration
ds ses concitoyens et possède l'entière adhésion de ses
compatriotes dans la politique par lui suivie dans l'administration de la chose publique[1]. »

Entre tous les hommages dont s'est trouvé entouré
sir Wilfrid Laurier, il en est peu où le caractère de
l'éminent libéral ait été plus finement et plus sincèrement apprécié que dans les pages que M. Paul Hamelle
lui a consacrées. Elles obtinrent, d'ailleurs, pour remerciement, la lettre suivante adressée par le Premier
Canadien à l'écrivain français :

Ottawa, 25 février 1898.

Monsieur,

Je suis profondément touché par votre lettre et, dans
votre trop bienveillant article, je trouve à toutes les lignes
la main indulgente d'un compatriote. L'expression est de
vous, et je l'accepte de grand cœur. Je ne saurai assez
vous dire à quel point je vous suis reconnaissant de l'intérêt que vous portez à mon pays et à moi-même. Je n'ai certainement rien à reprendre à votre article et je n'ai pas
surtout à me prévaloir de l'invitation, que vous me faites,
de vous signaler les inexactitudes de faits qui auraient pu
s'y glisser. Il est évident que vous connaissez à fond ce
pays, bien que vous n'y soyez jamais venu, pas du moins
que je sache. Laissez-moi vous dire que vous avez saisi
avec une rare clairvoyance et exposé avec une claire netteté
les problèmes dont l'ensemble constitue aujourd'hui la
situation politique de la Confédération canadienne. Vous
avez parfaitement saisi et rendu le sentiment de fierté que
les Canadiens de race française conservent de leur origine
et le sentiment non moins profond qu'ils ont des devoirs

---

1. *Homme et choses d'outre-mer*, par Paul Hamelle.

que leur imposent les conditions nouvelles où ils ont été placés par la loi du destin.

Je nourris l'espoir qu'un jour — avant longtemps — vous visiterez le Canada. Vous éprouverez un grand intérêt à observer sur les lieux un pays où se trouve un état de choses qui, à mon avis, est sans précédent identique dans l'histoire.

Votre lettre est datée de Belfort. Que de souvenirs à la fois glorieux et pénibles ce nom évoque dans un cœur qui aime la France et qui a souffert de tout ce dont elle a souffert !

Vous êtes à préparer un volume d'études anglaises. Je suis un de ceux qui désormais attendront avec impatience la publication de votre ouvrage. Retardez-la pourtant et venez au Canada, vous trouverez ici un vaste champ pour vos observations et de belles pages à ajouter à votre œuvre.

Recevez, cher monsieur, l'expression de ma sincère gratitude et de ma respectueuse sympathie.

WILFRID LAURIER.

La sympathie filiale qu'il a montrée pour la France, la chaleureuse fierté, avec laquelle il a constamment revendiqué et hautement honoré le nom de Canadien-Français, prouve qu'une même âme peut sans contradiction unir les aspirations du patriotisme aux sentiments du loyalisme. On puise en cet exemple une confiance nouvelle dans l'avenir de ses principes.

Sir Wilfrid Laurier revendique le privilège, entre tous les hommes politiques du Canada, d'avoir, en des continents divers, plaidé la cause d'une patrie qui lui est souverainement chère.

En tous lieux et toutes circonstances, il s'est éloquemment expliqué sur les actes les plus considérables de sa politique, sur leurs causes et leurs raisons ; il a trouvé de fiers accents pour honorer sa patrie et dépeindre son avenir probable; il s'est, en un mot, acquitté de cette tâche avec tous les mérites d'une capacité douée d'action prépondérante, avec toutes les ressources d'un esprit ambitieux d'accroître encore les titres qu'il possède à l'estime et à la reconnaissance de ses concitoyens.

Ses succès, dont il ne semble pas qu'aucune âme française puisse se désintéresser, méritent de retenir l'attention sur cette individualité, absorbée dans les plus hautes préoccupations et parée d'un incomparable pouvoir de rayonnement.

Cette vitale éloquence, qui pourtant n'est pas le plus beau titre à sa renommée, il l'a fait entendre avec éclat aux plus retentissantes tribunes du vaste théâtre de la politique internationale. Elle a reçu sa consécration solennelle à Washington, à Chicago, à Londres, à Paris qui se flatte si légitimement, d'ailleurs, d'avoir été et d'être encore le siège de la véritable éloquence.

La sincérité d'opiniâtres convictions, la pénétration de son sens de haut politique révélant la marche d'un raisonnement juste et d'un calcul exact, le calme et la droiture d'une conscience inexorable que rehaussent encore le désintéressement d'un intègre caractère et la grandeur de conceptions invariablement bien fondées; la satisfaction d'une existence bien remplie, jointe au prestige d'une carrière parcourue, avec autant d'honneur que de modestie, tout concourt à faire ressortir la physionomie de sir Wilfrid Laurier et à lui prédire une destinée égale aux plus hautes.

M. L. O. David, historien canadien, en fait l'esquisse suivante : « Laurier est l'un des hommes les plus remarquables que l'avenir nous réserve. Le bas Canada a raison de compter sur lui. Il ne trompera point les espérances patriotiques que ses débuts éclatants ont fait naître, car son caractère est au niveau de son intelligence. »

Toutes les intelligences canadiennes oublient les dissidences politiques pour reconnaître que cette rayonnante figure fait honneur à la nature humaine.

Par son expérience et son habileté de tacticien, sir W. Laurier a acquis au Canada une sorte de prééminence parlementaire ; personnifiant l'un des deux grands courants de la politique canadienne, il est grandement supérieur à tous les politiques éclos durant l'ère confédérative.

« C'est à la demande réitérée du parti libéral — nous explique M. Bruneau, député de Richelieu — que Laurier a accepté de devenir son leader et lorsque, après la mort de sir John Mac Donald et de sir John Thomson, le mouvement de cohésion se fit de plus en plus sentir autour de Laurier, la presse tory, croyant l'enrayer, dans notre province du moins, prédisait que, si le parti libéral remportait la victoire aux élections de 1896, - Laurier serait prestement jeté par-dessus bord pour faire place à un Anglais. Le « Globe de Toronto », le plus grand organe de l'opinion publique anglaise protestante et libérale, repoussa cette imputation et fit cette réponse : « Le *Globe* est entièrement à la dévotion de M. Laurier dans l'opposition ou au pouvoir. Il réprouve comme une absurdité, un outrage, une injustice, la seule pensée que les libéraux pourraient faire porter à M. Laurier le poids de la bataille, puis remettre à un autre le prix de la victoire. Comme on a pu s'en rendre compte à la convention d'Ottawa et, plus récemment lors de la triomphale tournée de M. Laurier dans l'Ontario, tel est bien le sentiment des libéraux de langue anglaise du Dominion. Non seulement ils sont entièrement satisfaits d'avoir M. Laurier pour chef ; mais ils n'en veulent pas d'autre, tant qu'il voudra bien conserver la direction. Si l'on avait raison de soupçonner que M. Laurier pût être écarté de la charge de premier ministre à cause de sa nationalité, nous n'aurions plus qu'à admettre que la Confédération est un désastreux échec. Mais non, l'une des idées fondamentales de la Confédération réside dans l'égalité de tous les Canadiens de chaque province, de chaque nationalité, de chaque croyance. Jamais Québec n'aurait accepté d'entrer dans l'Union, sous la condition, même implicite, que la race canadienne-française aurait à subir l'infériorité à perpétuité dans cette union et qu'aucun de ses enfants ne pourrait aspirer aux plus hauts honneurs que le peuple peut décerner. Nous aurions honte de plaider la cause d'un parti qui, portant à faux le nom de libéral, refuserait d'accepter comme premier ministre, à cause de son sang, un homme aussi noblement doué de talent et de caractère que Wilfrid Laurier. »

* * *

Ayant reçu la forte culture du temps, son mâle esprit, mûri par le contact avec les réalités, s'est grandi et perfectionné avec les difficultés; il porte en lui toutes les garanties de durée et de bon ordre qui sont la garantie de sa sagesse et de ses jugements. Parvenu par l'étude et le raisonnement à la pleine maturité de son talent, devenu par la supériorité de ses facultés l'un des facteurs essentiels du parti libéral, il s'est hardiment jeté dans la mêlée, prodiguant dans la lutte une vibrante énergie morale.

Toujours prêt à juger les questions au point de vue strict de l'égalité, il risquerait jusqu'à sa popularité pour défendre un droit, un principe qu'il croirait injustement attaqué.

« Il n'est pas agressif outre mesure — nous apprend M. Willison — il n'engage pas de luttes irréfléchies, mais il est très ferme. Un homme calme, fort, persévé-

rant, qui n'abandonne jamais la lutte tant qu'il reste
l'ombre d'une chance de remporter la victoire, qui mesure avec justesse les difficultés à vaincre, qui possède
un degré peu ordinaire de ce courage qui consiste à
préparer des victoires futures, sur les ruines encore
récentes de la défaite. Il ne s'occupe guère des querelles mesquines de factions rivales. Il ne pourrait
jamais réussir par l'intrigue. Les influences qui dégra-
dent, démoralisent et corrompent, n'ont pas de place dans
sa tactique. Il ne combat bien que lorsque son cœur est
dans la lutte. Et son cœur n'est pas dans les trivialités
de la politique de clocher. Mais cet homme serait un géant
dans une grande crise nationale. Il n'est pas de travail
ou de sacrifice qu'il ne soit susceptible de s'imposer
pour une cause où son cœur et sa conscience seraient
engagés. Il n'est pas radical, il est libéral, libéral dans
toutes les convictions de son esprit; c'est un penseur
puissant, brave, indépendant, un homme qui sera poussé
par le devoir plutôt que par l'ambition à jouer un grand
rôle dans l'avenir de son pays ; jouissant de l'estime et
de la confiance de ses amis, honoré par ses collègues
parlementaires, il mérite toute la confiance du peuple
canadien ! »

Son attitude à propos de la question des biens des
jésuites, des troubles du Nord-Ouest fut celle d'un généreux patriote acquittant envers sa patrie la double dette
de sa conscience et de son talent.

En homme d'État fidèle aux principes et aux doctrines
du libéralisme anglais, il porte dans l'accomplissement
de son programme une largeur, une correction et une
compétence également dignes. Son autorité se trouve
chaque jour fortifiée par l'adhésion de plus en plus chaleureuse de son parti.

Dans l'exercice d'une vigilance politique à laquelle il
n'a jamais dérogé, sir Wilfrid Laurier a fait comprendre

à ses amis qu'il était de première nécessité de s'en tenir à la discussion des intérêts généraux et qu'il serait tout à leur avantage de s'y consacrer exclusivement.

Il y a lieu de remarquer que, se pliant le premier à cette obligation, il a prêché à la fois de précepte et d'exemple, en ne laissant examiner aucune question importante sans y coopérer par une discussion qui révèle le souci d'un homme de conscience soumis à l'idée dominante du devoir.

Par sa maîtrise en l'art de diriger un débat, par une énergie que rien ne rebute, une éloquence qui a peu d'égales, une clairvoyance indéniable, sir Wilfrid Laurier est un virtuose de la politique. Cet homme est deux fois grand par la fièvre libérale qui fait battre son pouls, par la fièvre patriotique qui fait tressaillir son cœur. Dans une carrière, source d'écœurements et de vicissitudes sans nombre, son âme riche, pourvue de puissances diverses, s'est épanouie dans sa plénitude, développant au profit du bien public tout ce qu'elle contenait de germes féconds.

Trente ans de luttes incessantes justifient la confiance conquise par cette judicieuse intelligence toujours prête à exprimer avec sincérité et conviction les graves questions dont son génie s'inspire.

Les stériles compromissions et les combinaisons plus ou moins louches de l'intrigue électorale, les déviations morales et les dégradantes pressions trouvent en lui un censeur impitoyable. Calomnie, scandales et médisances sont incompatibles avec les maximes de sa rigide conscience.

Sa délicatesse et sa dignité répugnent à toutes les vulgarités comme à tous les marchandages et planent visiblement au-dessus des luttes mesquines et des attaques infimes.

Sous l'athlète parlementaire aussi capable de grandes choses que de choses suivies, perce l'intransigeant et perspicace libéral possédant le coup d'œil qui discerne la ligne de conduite à suivre, l'esprit de décision qui la fait choisir et s'y orienter, l'esprit de persévérance qui s'y fait tenir, en dépit de tous les obstacles. C'est alors que ses aptitudes se précisent et dévoilent en lui un guide précieux. Il est grandement temps de faire face à la politique fantaisiste et surannée des Tories et de préparer les réformes indispensables à ceux qui travaillent et qui produisent. Le cœur agité des plus nobles passions, il se montre soutien expérimenté et conseiller précieux du parti libéral à cette époque difficile où ce parti nécessitait plus que jamais une méthode et une direction.

Toute l'influence qu'il a conquise à la Chambre des Communes, il l'a loyalement consacrée au service de ce groupe dont il devint le chef incontesté, lors de la retraite de M. Blake, retraite comportant le caractère d'un acte politique de premier ordre.

... Vous me félicitez, messieurs. Je dois le dire cependant, c'est avec la plus grande répugnance que j'ai accepté la position qui m'a été offerte par mes amis de la Chambre des Communes ; cette position, messieurs, le ciel m'en est témoin, je ne l'ai jamais cherchée, je ne l'ai même jamais désirée. Mes amis me l'ont donnée, ils m'en ont cru digne, mais moi je n'y aspirais point, je ne m'en reconnaissais pas non plus les aptitudes ; j'aurais préféré de beaucoup continuer d'être ce que j'avais été jusque-là, c'est-à-dire continuer d'être plutôt un franc tireur du parti libéral, en prenant part à la lutte lorsque les émotions m'entraînaient, plutôt que la lourde responsabilité qu'il me faut porter, maintenant que je suis chef. Cependant j'ai fait taire mes sentiments. J'ai cru qu'il était de mon devoir d'accepter la tâche, puisque mes amis insistaient dans ce sens. J'ai cru que les services que l'on se doit les uns aux autres me faisaient un devoir d'accepter dans mon parti le poste le plus exposé, puisque le poste le plus exposé m'était assigné....

... Dans l'exercice des fonctions dont j'ai accepté la lourde responsabilité, je ne réclame qu'un mérite : celui de m'être efforcé de les remplir au mieux de mon jugement, d'après les dictées de ma conscience, sans crainte et sans partialité pour personne.

Cet excellent connaisseur d'hommes a déployé, au lendemain de défaites désespérantes, une énergie et une activité de tous les instants, dotant son parti d'une utile discipline, coordonnant son unité de politique avec son unité de doctrines et l'élevant, de par ses éclatants services, du rang de force mineure au rang de force dirigeante.

Cette entreprise ardue dit de quelle trempe est faite sa volonté, de quelle laborieuse et courageuse activité est pétri ce dévoué serviteur du libéralisme.

Nous sommes en 1887; les cadres de l'organisation libérale sont flottants et incertains, sans préparation et sans unité. La majorité conservatrice est toute-puissante; elle patronne un exclusivisme de race jaloux et violent et elle vit dans la haine de tout ce qui est français et catholique. Mais c'est une force, il faut en conséquence compter avec elle.

Avec souplesse et persévérance, sans mettre en doute un seul instant le succès fort problématique de ses desseins d'organisation politique, sir Wilfrid Laurier prend de promptes décisions. De main de maître, il trace à l'opinion libérale la voie qui doit la conduire au pouvoir, il proclame les principes auxquels il demeurera invinciblement attaché, il fait appel à l'adhésion de toutes les bonnes volontés.

Au cours de son infatigable propagande, il s'emploie à grouper ses forces, à les organiser pour une œuvre commune, il relève et stimule le moral de ses partisans, leur inspire l'espoir de la victoire et les entraîne enthousiastes à la suite de son drapeau. Le parti libéral était désormais en marche; un chef lui était né. Le résultat devait légitimer les pensées de l'énergique pilote et combler ses espérances.

Élevé au pinacle par la volonté nationale, il est aujourd'hui l'âme du groupe politique pour lequel il a mis à l'épreuve ses brillantes facultés; il en est le mot d'ordre, sa pensée personnelle en est la pensée maîtresse; il en fait partie intégrante, et son nom restera à jamais inséparable de ce parti libéral, dont il a dégagé et rendu visible les grandes lignes, après l'avoir discipliné et marqué de son ineffaçable empreinte.

Il lui a consacré sa vie, sa carrière, de manière à lier indissolublement le chef au parti renaissant qu'il a fait sien.

De ses mains énergiques d'inébranlable champion, il en a cimenté l'œuvre : ouvrir à la Confédération de nouvelles et larges voies, faire du Canada une nation à la fois amie et indépendante de l'Angleterre, une puissance libre ne comptant que sur elle-même.

De caractère droit et tout d'une pièce, sa conduite dans l'opposition fut inflexible, mais loyale et sans acrimonie. Il invoquait fréquemment les exemples de l'Angleterre, car de tout temps l'admiration pour les Constitutions anglaises fit partie du patrimoine des libéraux.

A cet égard, M. Ulric Barthe résume ainsi les opinions du Premier canadien : « Il adore la liberté avec réflexion, c'est à elle qu'il ne cesse d'adresser de sublimes invocations. Il est épris de la Constitution britannique parce qu'elle ne prétend pas être le dernier mot de la liberté, parce qu'elle laisse la porte ouverte aux réformes. Il est pour les fédérations; il y voit le meilleur moyen de gouverner les hommes d'origines diverses et disséminés sur une vaste étendue de pays. Le régime américain lui paraît, par plus d'un côté, un modèle à suivre, parce que la ligne de démarcation y est nettement dessinée entre les pouvoirs des législatures et du gouvernement central, et que les conflits constitutionnels sont laissés à la décision du pouvoir judiciaire. Il voit l'avenir de loin. Il est « home-ruler » par conviction ; l'autonomie des provinces est pour lui une règle de fer, un principe fondamental dont il ne s'est jamais permis de dévier quelles qu'en soient les conséquences. Il est contre le « veto » fédéral contre les « better terms » laissés au caprice des gouvernants, en un mot contre tout ce qui peut porter atteinte à la liberté. »

Écouté avec déférence, il ne prétend point à la domination exclusive. Sa large part de personnalité, en tant que président du Conseil des ministres, ne l'a point rendu inaccessible aux observations.

Son libéralisme est un libéralisme sincère et intelligent « qui admet tout, parce qu'il comprend tout, qui est digne de la liberté parce qu'il sait la vouloir pour les autres, qui possédera l'avenir, parce qu'il respecte le passé ».

Au point de vue économique, sir Wilfrid Laurier n'est pas moins libéral qu'au point de vue politique. Ses opinions libre-échangistes sont bien connues. Il est un des partisans les plus convaincus de la réciprocité commerciale la plus étendue.

Je suis en faveur de l'établissement de relations commerciales plus étroites entre le Canada et la Grande-Bretagne. Je favoriserai ce mouvement de toute mon âme. Mais, s'il existe un homme pour croire qu'une telle alliance entre le Canada et l'Angleterre peut se faire sur une base autre que le libre-échange qui prévaut en ce dernier pays, c'est un

« Rip Van Wickle », qui a dormi non seulement durant les sept dernières années, mais qui dort depuis quarante-quatre ans.... Mais il existe tout près de nous une nation économiquement située comme nous — les États-Unis — et nous prétendons que cette alliance commerciale, qui n'est pas actuellement praticable avec l'Angleterre, est possible avec les États-Unis. La politique que nous avons préconisée, que nous préconisons encore, comporte la destruction des barrières commerciales, qui existent entre notre pays et la nation si bien favorisée, qui peuple le pays placé au sud du nôtre. Il n'y a personne dans cet auditoire, il n'y a pas un habitant du Canada, j'ose le dire, qui, s'il exprime sa conviction sincère, ne dira pas que ce ne soit là la politique la plus avantageuse pour le Canada.... J'ai appris, moi, que toute réforme demandait des années de travail et, pour ma part, je suis prêt à entreprendre ce travail de plusieurs années. Je n'espère pas réussir en un jour, mais je suis prêt à rester dans les froides régions de l'opposition jusqu'à ce que je triomphe et jamais vous ne m'entendrez m'en plaindre.

En raison de l'énorme attraction économique exercée par les États-Unis sur le Canada, il est aisé de se rendre compte que cette question prime toute autre en importance ; depuis un certain nombre d'années, le Canada se . sent naturellement entraîné vers le libre-échange et cède volontiers à ce penchant. En 1891 comme en 1896, de même qu'en 1900, la question douanière dominait sans conteste la préoccupation électorale. C'est aux inquiétudes et aux espérances tour à tour suscitées par ce problème qu'appartenait la première place aux différentes élections fédérales. Il absorbe toutes les pensées dans le Parlement et dans le pays. L'initiative prise par le parti libéral, entré résolument dans la voie des réformes, lui assure la direction de ce mouvement considéré comme national.

En exposant la genèse de ses idées politiques, sir Wilfrid Laurier a, maintes fois, tracé le rôle de son groupe, ainsi que son programme économique.

Écoutons-le, à Toronto, exprimer sa confiance dans le triomphe d'idées qu'il esquisse à grands traits :

On nous demande quelquefois quel est le programme du parti libéral, le voici : obtention du libre-échange continental. C'est notre programme pour le moment. Mais, me diront quelques-uns d'entre vous, est-ce là l'unique question, n'en est-il point d'autres qui requièrent une prompte solution ? Oui, messieurs, il y a d'autres questions et des plus importantes qui seront bientôt du champ de la politique active.... Mais une réforme à la fois, c'est autant qu'un parti peut opérer. Si nous fixons nos yeux sur une réforme et que nous consacrions toute notre énergie à la faire triompher, le succès couronnera bientôt nos efforts. Si nous fixons nos yeux sur le but avec obstination, nous atteindrons ce but qui est la réciprocité continentale illimitée.... Ce que nous voulons, ce n'est pas la fédération impériale telle qu'elle a été exposée récemment, mais une réforme commerciale et économique, une alliance qui ne soit pas seulement restreinte à l'Empire britannique, une fédération qui embrassera toutes les nations issues de souche anglaise. Peut-il y avoir une raison quelconque pour l'accomplissement de ce vœu ? Peut-il exister une raison justifiant l'exclusion des États-Unis des bienfaits de cette grande réforme ? J'avoue que je n'en puis voir aucune.... Je dis que la ligne de conduite ouverte au parti libéral est celle qui le conduira au prompt accomplissement de l'alliance de tous les éléments de race anglaise dispersés sur la face du monde. Et, si nous obtenons une alliance commerciale entre le Canada et les États-Unis, nous aurons formé un chaînon de la chaîne et nous ne devrons nous tenir pour satisfaits que lorsque nous aurons ajouté une maille à une autre maille jusqu'à ce que la chaîne fasse le tour du globe entier.

Sur ce sujet, comme sur tout autre, la voix de sir Wilfrid Laurier est celle d'un maître.

Jamais, dans ce qu'il a de plus noblement démocratique, le Canada, assuré de faire prévaloir son choix et de le faire librement reconnaître, n'a été plus dignement représenté que par cette autorité et cette expérience qui, n'hésitant pas à faire face à toutes les éventualités, sont aussi de nature à compter dans les déterminations que comporte le délicat et difficultueux problème de diriger et de gouverner un peuple.

L'importance des services de sir Wilfrid Laurier, et l'assentiment national, qui en est le prix, l'enveloppent d'une estime qui, ne se trompant jamais, se refuse à faillir. Les succès du parti libéral peuvent jusqu'à un certain point passer pour l'œuvre du temps et des circonstances. Ils sont en grande partie dus à la raison éclairée du Premier Canadien, à la patiente modération et à l'habile mesure d'un chef de parti qui ne suscite aucune espérance à laquelle il ne puisse répondre, et dont le génie politique fait de patience se double d'une ardeur qui croît avec les difficultés.

« On ne saurait nier, fait justement remarquer M. Bruneau, qu'il ait fallu à Laurier un grand courage, un courage extraordinaire pour résister à toutes les épreuves, dont la politique l'a abreuvé, eu égard à la sensibilité de son âme et à la noblesse de son caractère. Laurier ne s'est jamais découragé, et, jusqu'à son triomphe définitif, il a persévéré droit et ferme, sans peur et sans reproche, dans le droit chemin qu'il s'était tracé dès ses premières années. Ni les outrages, ni les insultes d'une presse adverse, ni les persécutions, ni les calomnies de tout genre dont il a été l'objet, n'ont pu, un seul instant, le faire dévier de son but. Durant la campagne électorale de 1896, à ma connaissance personnelle, les Torys se voilaient la figure en disant insolemment de Laurier qu'ils n'étaient pas surpris de l'avoir vu tuer le fameux bill remédiateur parce que c'était un catholique

de nom seulement. Rien de tout cela, cependant, n'a pu
le faire dévier de son chemin. Il s'est contenté de rester
sur le terrain politique, assez grand, d'ailleurs, pour y
développer sa vaste intelligence. Laurier n'a jamais
pensé à limiter les droits politiques de qui que ce soit.
Cette idée est trop antilibérale pour qu'il y ait jamais
songé. Mais ce que Laurier a le droit de blâmer à son
égard, ce sont les exagérations de langage, ces diatribes
furibondes, ces calomnies mensongères contre un homme
comme lui, qui n'a jamais connu dans la vie privée que
son dévouement à la religion et à sa famille, et dans la
vie publique que son dévouement à son pays. Laurier
n'a jamais voulu faire l'étalage d'une religion d'emprunt
pour tromper les autorités religieuses, afin d'obtenir au
bénéfice de son parti et de ses amis une influence aussi
respectable. Ce n'est pas au nom d'une religion que
personne n'attaque et que Laurier respecte et pratique
comme ses adversaires, qu'il fait la lutte. Non, c'est au
nom d'une politique nationale et patriotique, définie par
la convention du parti libéral à Ottava en 1895 et mise à
exécution depuis son arrivée au pouvoir. »

Ce qu'il avait à peine osé espérer en 1887 s'est, néanmoins, réalisé en 1896, date mémorable dans l'histoire
du parti libéral; les événements se sont prononcés en
faveur du groupe Laurier, sa sympathique personne
n'ayant d'ailleurs pas été étrangère au succès.

Depuis son arrivée au pouvoir, il a abordé avec indépendance et sans parti pris toutes les grandes questions
qui sont le patrimoine commun des deux races canadiennes et les a discutées avec la gravité d'une parole
supérieure aux passions des partis. Résolu à seconder
l'étude et la réalisation de toutes les améliorations
sociales, nous l'avons vu, en esprit pratique, aux opinions
mûres et raisonnées, développer une politique nouvelle,
qui répond aux exigences du mouvement économique

canadien et dont la Confédération est en droit d'attendre d'excellents résultats.

Il commande aujourd'hui à une imposante majorité qui lui permettra de réaliser les principaux points de son programme. Cet espoir ne saurait être mis en doute. Resté fidèle à ses promesses, l'homme de gouvernement s'est donné pour but d'effectuer la tâche tracée par l'homme de l'opposition.

L'étude attentive d'un régime commercial, le soin de créer des débouchés, d'établir et de reviser des traités, d'assurer l'adhésion des capitaux au travail national sont de grandes tâches qu'un homme d'État, fût-il soutenu par l'approbation unanime de l'opinion, ne réalise pas d'un trait de plume.

Sir Wilfrid Laurier possède sur ces points des vues précises, une pensée arrêtée, et sa ligne de conduite nettement tracée autorise à croire qu'il se maintiendra dans les positions conquises.

L'espoir de les rendre imprenables et d'éviter, de ce chef, à ses compatriotes la mauvaise fortune de retomber sous le joug des anciennes forces prépondérantes, sera pour lui l'occasion de rendre de précieux services à sa patrie et de produire à nouveau ses plus rares facultés.

****

Cet homme d'État supérieur, spontanément enfanté par la race française, personnifie cette vertu maîtresse qu'est le courage : le courage d'un patriote assidu qui, vivant et agissant comme tel, seconde et soutient, de ses efforts tous ceux qui font appel à son cœur combatif. Un idéal sévère a prestigieusement grandi ce majestueux orateur qui lutte, visage découvert et bannière au vent. Il n'en est point, même parmi ses adversaires, qui n'attachent un grand prix à ses efforts qui se juxtaposent et s'additionnent pour augmenter et développer ce « patrimoine intellectuel patriotique et social que le passé lègue au présent, que le présent doit léguer à l'avenir après l'avoir accru ou tout au moins préservé, et qui fait la valeur, la force et l'individualité d'un peuple ».

Dans le souffle puissant d'une voix vibrante et nette, l'inébranlable fierté de son origine tient invariablement la première place.

Mes ancêtres, — expose avec grandeur sir Wilfrid Laurier, — ont combattu l'Angleterre sur maint champ de bataille. Nulle part la valeur française et le courage anglais ne se sont rencontrés avec plus d'éclat que dans les forêts d'Amérique. Le sort de la guerre a fait de mes concitoyens des sujets britanniques. Leurs droits, leurs croyances, leur langue ont été respectés. Ils sont fiers de leur origine; ils ont aussi l'orgueil de leur gratitude.

Quand un homme s'attache à de telles réminiscences, se réclame de telles aspirations, sa grandeur s'explique et fait revivre à nos yeux la silhouette d'une puissante personnalité, d'un fervent apôtre de la religion du passé.

Dans la plaine d'Abraham — dit-il en Angleterre — le général vainqueur et le général vaincu tombèrent.... Si vous allez à Québec, vous verrez un monument commémoratif de cette bataille. Les monuments qui célèbrent une victoire ne sont rares ni en Angleterre ni en France. Celui-là, je crois, est unique au monde, car il confond dans un même bloc celui qui vainquit et celui qui fut vaincu, Wolf et Montcalm. En vérité, c'est le monument dressé à deux races égales en courage, en renommée, en gloire.

Cette égalité n'est pas seulement dans la pierre, elle est

partout dans le Canada d'aujourd'hui qui a résolu le problème de la tolérance religieuse et de la liberté civile et politique.

** **

En ce pays où l'Angleterre a fait succéder à la répression une juste et permanente liberté, c'est inlassablement qu'il s'efforce d'octroyer à ses compatriotes le bien-être et la grandeur, dessein, qui n'est sciemment inégal ni à sa volonté ni à son courage.

N'était-il point dans la destinée de ce Canadien

Tout brillant de savoir, d'esprit et d'éloquence

d'incarner l'âme nationale et de rehausser dans ses traditions et son histoire un peuple qui fut et demeure docile à sa voix?

L'homme qui « a su découvrir, puis entrer en communion avec l'âme obscure du peuple, ce grand courant caché qui s'ignore », ne saurait oublier que le Canada porte au cœur le sentiment jaloux de l'émancipation et que, si le loyalisme prévaut encore dans les événements, l'indépendance fermente dans les esprits et luit dans les cœurs.

« Bûcheron des idées, taillant, dans l'épaisse futaie des préjugés humains, sa route à l'avenir » il faut à ses connaissances étendues, ainsi qu'à ses méditations élevées le large horizon des questions de haute portée intéressant la vie nationale canadienne ou concernant son avenir.

A cette tribune parlementaire qui offre un cadre naturel à la toute-puissance de sa parole, cet esprit de robuste haleine a fait entendre une fascinatrice éloquence qui sonne, au delà des mers, comme un écho de nos joutes oratoires; c'est aux hauts sommets que s'est élevé ce persévérant ouvrier libéral pour attacher le souvenir de son talent et de son patriotisme à ces grands problèmes politiques qui résument tout un passé de saines espérances et de rêves d'affranchissement, à ces questions fondamentales qui dominent l'histoire d'un peuple et modèlent ses destinées.

Sir Wilfrid Laurier est, en toutes circonstances, de ceux qui, « lorsqu'ils ont délibéré pour reconnaître le devoir, ne délibèrent plus lorsqu'il s'agit de l'accomplir ».

Esprit « dans lequel l'art de gouverner est une capacité innée », le Premier Canadien a nettement discerné les intérêts vitaux de la Confédération et a fréquemment fait montre de son courage à les défendre. A l'égal des plus hautes capacités il répond à cette définition du grand politique : « Celui-là seul est homme d'État qui, ayant une idée de gouvernement à lui, l'impose par son savoir-faire au présent et à l'avenir de son pays ».

Éloquence et loyauté, conscience et volonté, voilà ses plus beaux dons ; ils caractérisent les traits distinctifs de cette carrière politique qui prit, jadis, à ses yeux l'attrait du désir pour devenir avec l'âge l'attrait du devoir.

Calme, mais résolue, est sa physionomie ; elle donne l'impression d'un homme maître de lui-même, dont la pensée scrute incessamment l'horizon politique de son pays, dont les discours dénotent la prescience et la perspicacité du diplomate qui a manié et groupé des volontés, bridé des énergies ; de l'homme d'État qui, appartenant à l'histoire, a des droits à la postérité.

Cette grande figure, qui commande l'attention de tous ceux que le Canada intéresse à un degré quelconque, se fait un titre d'honneur d'avoir lié sa vie et ses espérances au prestige et à la prépondérance d'une nationalité libre, où se confondent, dans une même existence et dans une même destinée, les deux races ayant porté jusqu'aux confins du monde accessible une civilisation qui leur est aujourd'hui redevable de ses plus grands espoirs et de ses plus nobles résultats.

Rien de ce qui touche à la grandeur.

Du libre pays, qui fut une autre France[1],

ne saurait échapper à ce cœur ardent, exempt d'indécision et de découragement. Aussi la politique est-elle à ses yeux « une véritable fonction dont l'investiture entraîne beaucoup de dévouement et un désintéressement à toute épreuve ». Il n'est étranger à aucune des aspirations du Canada, dont les ressources, les mœurs et les tendances lui sont choses familières.

C'est sans trêve et sans défaillance qu'il en soutient les droits et les traditions ; c'est avec persévérance et passion qu'il en prépare les destinées ; son existence se mêle intimement à la trame de la nationalité canadienne. Sa passion inspiratrice et dominante, c'est la patriotique ambition de doter la Confédération canadienne d'un régime fécond et fortifiant ; c'est la passion de la grandeur nationale, le fanatisme de sa gloire. Cette passion allume en « lui des inspirations nouvelles, des ambitions généreuses, plus vastes, qui augmentent sa popularité et par là sa puissance ».

Canadiens-Français, — s'écrie-t-il en 1887, — je vous demande une chose, c'est que vous ne perdiez pas de vue que les limites de notre patrie ne sont pas confinées à la province de Québec, mais qu'elles s'étendent à tout le territoire du Canada et que là, est notre patrie, où flotte le drapeau britannique en Amérique.

Ce premier ministre, qui rallie son éloquence, sa droiture et son expérience autour de son patriotisme comme une armée autour de son drapeau, a pris avec le

1. Jules Claretie.

temps un pouvoir étendu et profond sur l'opinion, une prise des plus sérieuses sur ses compatriotes français et anglais.

Sir Wilfrid Laurier est non seulement *populaire*, il est *national*.

Son nom est ancré si profondément dans l'esprit des Canadiens-Français, que, par une prédilection bien naturelle, il est devenu pour eux l'objet d'un véritable culte ; ce nom de Laurier symbolise à leurs yeux le génie de leur race et la première consécration de leur autorité naissante. Pour eux,

> Il est tout à la fois l'égide et la boussole[1].

Il peut dire comme M. Thiers : « Mon pays, je le connais, je connais ses défauts ; je connais aussi ses qualités et j'en jouis profondément ». Son patriotisme est l'aliment de la flamme qui le soutient ; il s'épanche en son œuvre, l'inspire et la domine. Avec ses qualités éminentes de cœur et d'esprit, de désintéressement et de dévouement à toute épreuve, il est bien l'homme de la nation, fidèle aux suggestions de sa charge, l'intègre citoyen de décisive autorité, qui comprend l'étendue de ses devoirs et s'y consacre sans relâche avec autant de conscience que d'élévation.

Il semble qu'il cultive incessamment cette mémorable sentence cicéronienne : « L'art de la politique est le premier devoir de la vie, la plus grande marque de la vertu, le plus magnifique emploi de la sagesse ».

*
* *

A cette variété de dons, force nous est d'en joindre un dernier. Quoique grand, quoique puissant et quelle que

---

1. Fréchette.

soit l'importance du rôle qu'il joue par la parole, par
l'action, par la popularité, il est demeuré modeste. Cette
attitude d'un homme placé au sommet de la hiérarchie
politique, consacre l'élévation de son caractère et ajoute
encore à la liste des mérites qui le distinguent.

Sir Wilfrid Laurier, dont tout un pays s'honore, dont
tout un parti se réclame, appartient à cette peu nombreuse pléiade d'hommes susceptibles d'agir sur les
destinées d'une nation, car « l'intelligence et la volonté
ne suffisent pas, il faut encore qu'une occasion les révèle
et que les circonstances se prêtent à leur activité ».

Ce grand citoyen partage intimement les prévisions
d'un nombre sans cesse croissant de Canadiens aux yeux
desquels l'indépendance reluit depuis longtemps comme
un idéal de moins en moins inaccessible. On n'en parle
pas encore comme une nécessité, mais on la discute déjà
comme une probabilité, si lointaine même, qu'en soit la
perspective.

Je ne pense certainement point — disait en 1889 sir Wilfrid
Laurier — que la Confédération est le dernier mot de la
destinée du Canada. On ne peut la considérer que comme
un état transitoire, mais quand le changement arrivera, ce
changement devra consister à faire un pas en avant et non
un pas en arrière.

Ces paroles éloquentes incitent à penser qu'il considère cette indépendance comme une conclusion obliga-
toire vers laquelle la sagesse commande de graviter
lentement afin d'y parvenir sûrement.

Ce fils de France rend possibles tous nos espoirs, lui
qui, le 4 mars 1891, prononçait les paroles suivantes,
paroles mémorables et révélatrices de son intime pensée :

Quoique Français, j'aime l'Angleterre autant que quiconque. Je l'aime parce qu'elle est la mère de la liberté ; mais

si grand que soit mon amour pour l'Angleterre, j'aime le
Canada davantage ; et si jamais il arrivait que leurs intérêts
vinssent en conflit, ma sympathie irait d'abord au Canada,
mon pays natal.

Chez cet orateur de haute envergure, qui ouvre à
l'esprit de larges horizons, l'honnête homme ne s'est
jamais séparé du grand homme ; le grand citoyen a toujours marché de pair avec le grand politique. Ses facultés
d'homme d'État découlent naturellement de ses vertus
privées. Tel vaut l'homme dont l'ambition s'est déployée patriotique, tel vaut le ministre dont les conceptions ont environné d'éclat un nom déjà digne de
respect.

De quelle épopée est-il la préface, ce Canadien dont
le nom est inscrit à la première page des annales de son
pays ? De quelle aube prochaine est-il l'avant-coureur, ce
citoyen bienfaisant qui s'est donné pour tâche de faire,
de l'intelligence française, l'utile auxiliaire de la prédominance canadienne ?

De quelle évolution impérialiste est-il le présage, ce
patriote éminent qu'on a vu successivement gravir tous
les degrés du pouvoir, se faire reconnaître comme le chef
et l'espoir des libéraux, relever le drapeau de leur
politique, s'imposer par l'ascendant personnel comme le
plus considérable des hommes publics de son pays ?

Le Canada prospère sous l'égide de cet intègre magistrat, oracle des hautes méditations et des hautes conceptions, qui n'apporte dans sa politique que des pensées
de raison et de justice, ne transige jamais sur son devoir
et assure, par une sollicitude et une vigilance sans
bornes, le développement de la grandeur nationale.

Dans l'accomplissement de ses nobles aspirations, il
dirige sa patrie vers la plus belle des œuvres : la fondation d'un gouvernement libre ; il la prépare avec discer-

nement au prestige d'une indépendance lointaine peut-
être, mais que la logique des événements rend certaine
à coup sûr.

Nos regards se tournent respectueux vers celui qui,
dans son austère dignité, apparaît en relief dans l'histoire contemporaine, vers ce Français de sang, vers ce
Canadien de cœur, cet Anglais d'allégeance qui nous
révèle l'avenir d'un peuple né de la grandeur de deux
races. « Sir Wilfrid Laurier devient l'un de ces personnages prédestinés que le sort place aux carrefours de
l'histoire, en avant-garde, pour marquer la route à ses
contemporains, l'homme qu'une nécessité supérieure fit
surgir « au jour qu'il a fallu » [1].

* * *

Dans l'expression libre de sa force intelligente, de son
activité productive, le Canada ne peut manquer de s'assurer bientôt la possession régulière d'une entière liberté
unanimement ambitionnée, car elle se trouve légitimement le terme à la fois logique et prévu d'une brillante
évolution économique et politique.

Le siècle ne sera pas écoulé que, sur l'autre bord de
l'Atlantique, s'épanouira la grandeur d'une nouvelle
France rivalisant sur le terrain des arts et des sciences
avec la patrie de ses aïeux, l'égalant en progrès, en
gloires, en triomphes, incarnant avec honneur sur le
continent américain le rôle grandiose que détient la
France sur le continent européen.

Né pour préparer cette émancipation, que son cœur et
sa raison souhaitent également, la coordonner et la faire
aboutir ; qualifié pour la présider et la diriger d'une main
calme, ferme et sûre, il semble que, personne ici-bas ne

1. Paul Hamelle.

pouvant mentir à sa destinée, le Premier Canadien doive
s'incliner devant les décrets de la Providence.

* * *

Le Canada est une force aux multiples ressorts qui,
d'étape en étape, s'achemine vers l'absolue possession
d'une initiative sans entrave et d'une liberté sans frein;
une nation féconde et résolue dont on voit d'année en
année grandir la fortune et l'espoir; une puissance qui
progresse à pas de géants. Épris de grandeur et de responsabilité, il se prépare à prendre place dans l'arène
internationale.

Rayonnante de légitime ambition, la République
canadienne, sœur de la République française, surgira
bientôt au conseil des puissances.

Quant à nous, Français de la vieille France, nos
espérances et nos vœux sont tous à cet astre qui se lève
à l'horizon, à cette nouvelle France dont l'apothéose illumine enfin le firmament latin.

* * *

Patriote incomparable de prévoyance, de clairvoyance
et d'intuition, sir Wilfrid Laurier

> Est de ceux dont le génie ordonne,
> De ces monarques sans État,
> Qui portent le seul sceptre et la seule couronne
> Que les peuples ne brisent pas [1].

A cet homme d'État aux vastes pensées et aux grandes
initiatives; à ce Canadien, symbole vivant de l'impéris-
sable grandeur de la Race latine, ses compatriotes réservent, lorsque l'aurore de l'indépendance se lèvera pour

---

1. Viennet.

le Canada, un honneur dont il est justement digne, un triomphe auquel il a justement droit.

Les yeux fixés sur le livre du Destin, entr'ouvert aux regards de l'espérance, nous saluons en sir Wilfrid Laurier, le futur Président de la République canadienne.

Sa tâche est noble, car « Demain » est la grande énigme pour le peuple canadien.

In pace concepta firmat tempus.

APPENDICES

I

L'HONORABLE HECTOR FABRE
Commissaire général du Canada en France.

M. Hector Fabre est né à Montréal en 1854. Admis au barreau en 1856, il se consacre peu après au journalisme, devient rédacteur en chef de *l'Ordre* à Montréal, puis du *Canadien* ; en 1867, fonde *l'Événement* à Québec. Nommé sénateur en 1875. En 1882 commissaire général du Canada en France, fonction qu'il remplit actuellement. Officier de la Légion d'honneur, décoré de l'ordre de Saint-Georges et de Saint-Michel à l'exposition indienne et coloniale de Londres en 1886. Membre de la Société royale du Canada. A publié maintes études de biographie, d'histoire, de politique, sans oublier des centaines de chroniques.

Écrivain étincelant, d'une culture toute parisienne ; volontiers ironiste, avec çà et là, une pointe de scepticisme, et le plus fin causeur peut-être qui soit né sur le sol canadien.

* * *

Le pinceau d'un peintre pourrait seul saisir et rendre dans sa vérité l'expression de cette physionomie aux

traits mobiles et fins. Notre modeste crayon, en tentant
cette œuvre, s'exposerait à un échec. Il nous faut absolument recourir aux déductions de l'analyse, aux ressources du langage, pour donner à ce croquis de bio-
graphe quelque vie et quelque couleur.

Avocat, conférencier, homme de lettres, journaliste ;
candidat à la députation, sénateur, M. Fabre a été tout
cela, et il est resté plus et mieux : une personnalité ori-
ginale et libre au sein des partis politiques ; le vulgarisa-
teur charmant des sujets graves et complexes ; une
intelligence ouverte, un esprit élevé, un causeur brillant,
par-dessus tout, un honnête homme.

Si, dans une carrière de vingt-cinq années de luttes
et de polémique, il a vu se former autour de son nom
une atmosphère de jalousies, de rancunes, de calomnies auxquelles échappe rarement un journaliste, nul
ne trouvera dans sa vie privée ou publique une flé-
trissure ou une tache. C'est l'honneur et la délicatesse en personne. D'ailleurs noblesse oblige ! Et la
famille dont il descend est une de celles qui, à Venise
ou à Gênes, aurait vu figurer le nom de son chef,
M. Édouard-Raymond Fabre, dans le Livre d'Or de la
République.

Jeté dans le journalisme, il se faisait, en peu de temps,
connaître et goûter par la manifestation littéraire d'un
esprit d'agréable bon sens et de séduisante polémique.

Il gagnait successivement ses éperons au *Pays*, puis
à *l'Ordre*. Il y marquait son passage par des articles
étincelants d'humour et de verve railleuse.

Le *Canadien* l'appelait ensuite à Québec comme
rédacteur en chef.

Ici encore il sut plaire et charmer, et l'on relit
avec plaisir ces chroniques spirituelles, où l'auteur
esquisse d'une main légère des scènes de mœurs ca-

nadiennes d'un naturel et d'un coloris franchement locaux.

Nous n'avons point en ce lieu à nous occuper de la politique, à prendre parti dans ce conflit d'intérêts et de rivalités incessantes; notre rôle se borne à dégager l'homme de lettres du journaliste.

Chose aussi surprenante que bizarre, sans jamais avoir publié un volume compact ni figuré dans la vitrine d'un libraire en robe couleur lilas ou saumon, l'honorable M. Fabre jouit d'une réputation d'homme de lettres justement méritée. Beaucoup publient assez de livres pour garnir les rayons d'une bibliothèque, et ne sont connus que de leur éditeur; quelques-uns, et M. Fabre compte parmi ces favoris, n'ont qu'à laisser s'envoler quelques pages pour séduire la renommée.

La réputation de M. Fabre ne résulte ni d'un caprice de la mode, ni d'un engouement passager; solide et durable, elle résiste au temps. Une preuve irrécusable de son talent et du prestige de sa personne, c'est que M. Fabre a su se faire pardonner, à Québec, sa qualité de Montréalais. Comment cela? A force d'esprit. Les Québecquois, qui sont loin d'être des sots, devinant, sous la plume alerte et mordante du rédacteur du « Canadien », un talent sérieux, l'adoptèrent comme un des leurs.

A Québec, l'arrivée de l'*Événement* à la maison était, à cette époque, attendue avec impatience; et l'on en goûtait le contenu avec le même plaisir qu'on mettait à siroter la tasse de thé du souper.

Aux jours d'heureuses aubaines pour la presse, dans la rue Saint-Jean, sur la plate-forme, on s'abordait en se demandant : « Avez-vous lu l'article de M. Fabre? — Oui, parfait! délicieux! — Ah! ce Fabre, quel esprit! » — Et chacun de rire et de répéter le mot de la fin.

Et dire que des envieux et des impuissants, sous pré-

texte de frivolité, lui ont reproché son goût et son esprit!
Comme si l'esprit véritable et de bon aloi était autre
chose que la fleur exquise de l'intelligence! Comme si le
sentiment, l'imagination, le jugement ne formaient pas
les termes mêmes de cette équation dont l'esprit se trouve
l'inconnu!

Aussi l'esprit accomplit-il dans le domaine de l'intelligence les effets que l'étincelle électrique produit sur la
matière. Un million d'hommes ne pourraient ébranler un
roc; il suffit de l'éclair d'une batterie pour le jeter en
miettes dans l'espace.

Où sont ses œuvres? demandent quelques jaloux. Nulle
part et partout : ici et là, dans ses conférences, ses
discours, ses chroniques; dans ses articles de journal,
que quinze ans de production ont répandus à tous les
vents de la publicité, et que sa plume élégante a taillés
comme le lapidaire fait des facettes étincelantes d'un
saphir. Son œuvre peut se mesurer au crédit de son
journal qui, entre les mains d'un autre éditeur, conserve
encore, grâce à son ancien titre, son influence et sa vogue
d'autrefois.

En 1875, des combinaisons politiques le portèrent au
Sénat. Quelque peu dépaysé dans cette Chambre
austère où l'effervescence de ses idées se heurtait à la
gravité de ses collègues, il n'y eut jamais ses coudées
franches. La solennité des débats coupait les ailes à sa
verve.

Un beau jour, il envoyait sa démission de père
conscrit.

Les gouvernements fédéral et local, devinant en lui
un auxiliaire, le nommèrent leur représentant respectif
en France, avec le titre de commissaire général du
Canada en France.

Une nouvelle carrière s'ouvrait devant lui, carrière dans laquelle il n'a cessé de mettre son activité,

ses connaissances et ses relations au service de son pays.

Ses efforts n'ont point été vains, mais au contraire couronnés de succès. Grâce à son talent d'écrivain, à la sympathie qu'inspire sa personne, des journaux tels que le *Journal des Débats*, le *Moniteur Universel*, des revues comme *la Revue française de l'Étranger et des Colonies*, lui ont ouvert leurs colonnes et prêté à d'intéressantes études sur l'émigration européenne et la colonisation en Amérique, et particulièrement au Canada, l'appui de leur nom et le secours de leur publicité.

Non content de cela, l'honorable Fabre a donné des conférences fort goûtées devant la Société de Géographie commerciale, l'Institut Polyglotte, la Société des Études commerciales et maritimes, présidée par l'amiral Thomasset.

Ce fut à une des conférences de l'Honorable Fabre que ce brave marin, transporté et ravi par une description du conférencier, adressa à l'auditoire, au sujet du Canada, une allocution dans laquelle il rappelait en termes émus sa navigation dans le golfe Saint-Laurent, et la cordialité des réceptions qui lui avaient été faites, ainsi qu'aux officiers et aux équipages de son escadre, à Québec et à Montréal.

C'est à la suite du retentissement qu'obtinrent ces diverses conférences, que le gouvernement français, désireux de témoigner de son estime pour l'œuvre patriotique du Résident canadien-français lui décerna le ruban de chevalier de la Légion d'honneur le 24 juillet 1884, puis la rosette d'officier, le 17 mai 1887.

Ces distinctions nous dispensent de tous autres éloges.

Au lieu de s'endormir sur ses lauriers, M. Fabre répond à cette récompense par une nouvelle œuvre : la création du *Paris-Canada*, organe des intérêts franco-canadiens, trait d'union entre deux pays ayant ignoré jusqu'ici les avantages de l'échange réciproque des produits de leur sol et de leur industrie.

C'est aussi dans le bureau de notre commissaire général que se signait récemment le contrat pourvoyant à l'établissement d'un service de steamers entre le Havre et le Canada, ligne qui aura pour effet d'augmenter les communications entre les deux contrées et de les rendre plus faciles, partant moins coûteuses.

Par cet aperçu sommaire, on peut juger de l'importance du rôle du commissaire général du Canada en France.

Aux nombreuses raisons d'honorer ce haut fonctionnaire canadien, nous ajouterons la plus respectable entre toutes : son amour sincère pour la patrie de ses ancêtres.

Il se révèle dans ces quelques lignes jaillies du cœur de M. Hector Fabre au lendemain du désastre de Sedan :

« La vieille France a été vaincue par la Prusse nouvelle, c'est-à-dire par la science, par le progrès appliqués à la guerre. Elle qui a si souvent devancé les autres nations, qui tant de fois leur a montré la voie, elle s'est laissé surprendre. Se reposant sur son génie qui lui rend tout facile, sur sa valeur qui met tous les prodiges à sa portée, elle a méprisé les forces qui ont changé la face du monde, sans lesquelles les peuples ne peuvent plus rien, et qui ont rendu les héros inutiles.

« Éclairée par cette brusque catastrophe, la France nouvelle va mesurer la profondeur de l'abîme à laquelle elle échappe. Avec cette sorte d'intuition merveilleuse qu'on lui connaît, elle va apprendre en un jour ce qu'il lui coûta si cher d'ignorer ; et, s'élançant avec cette impétuosité qu'aucune nation n'a possédée au même degré qu'elle, dans les voies où la Prusse ne s'est avancée qu'à force de temps et de patience, elle la rejoindra bientôt, la dépassera et prendra plus tard, dans toutes les sphères à la fois, une de ces éclatantes revanches qui effacent les traces des humiliations et qui portent du coup au sommet.

« Ne désespérons pas, Canadiens-Français. A la tristesse de nos âmes nous sentons que l'épreuve est terrible, la blessure affreuse, la chute épouvantable; mais aussi, nous voyons au fond du cœur comme au fond de l'esprit une lumière qui nous montre la France reprenant sa place dans le monde. »

Voilà de belles et de nobles pensées dites dans un beau et mâle langage. Elles peignent à vif le digne Canadien qui, dans un noble cœur, porte une noble affection pour tout ce que le nom de France représente dans l'Univers.

II

LE LIBÉRALISME POLITIQUE

Jamais, depuis les grands triomphes oratoires de M. Papineau, on n'avait vu un pareil auditoire, un public aussi intelligent, aussi cultivé et éclairé, se précipiter au-devant d'un orateur venant lui parler de libertés politiques et lui exposer la vraie théorie du régime constitutionnel, ce régime aux progrès successifs, mûrement élaborés, lents et sûrs, expression raisonnée, ferme et pacifique de la marche d'un peuple vers des destinées meilleures.

Depuis de longues, oui, de bien longues années, nous avions perdu l'habitude d'entendre un homme public parler d'autre chose que de ses adversaires, des mérites de son parti, des crimes de ceux qui lui font opposition, des mille petites chicanes qui sont la monnaie courante des discoureurs. Il nous manquait la théorie, le sens des principes constitutionnels, la thèse qui établit, qui démontre et qui élucide.

En un seul jour, M. Laurier s'est placé à la hauteur de l'homme d'État et nous a ramenés aux notions saines et viriles qui, d'âge en âge se développant, ont fait du régime constitutionnel le modèle de tous les gouvernements.

L'auditoire semblait avoir été choisi, tant il y avait de

notabilités de tout genre se pressant, se disputant une place pour entendre le chef désormais accrédité des libéraux canadiens, pressentant l'immense portée de ses paroles, et toutes prêtes à les recueillir comme la formule éloquente, comme le code précis, net et lumineux, de nos institutions.

On était venu de toutes parts, de tous les districts environnants, et jusque de Saint-Hyacinthe et de Montréal, pour assister à cette fête unique dont le spectacle a été aussi imposant qu'instructif. Les premiers hommes du pays, appartenant à la magistrature, au barreau, à toutes les professions libérales, au commerce, à l'industrie, aux métiers, — car il n'y avait pas d'exceptions pour ce que l'on considérait comme une grande démonstration nationale, — s'étaient donné rendez-vous pour encombrer la salle où M. Laurier faisait sa conférence et pour mêler leurs applaudissements, sans distinction d'opinions, de partis ou de tendances.

Il y avait plus de deux mille personnes rassemblées dans une salle qui en contient à peine douze cents dans les occasions les plus chères au public ; les gardiens des portes, envahis par un flot montant et grossissant sans cesse, avaient renoncé à recevoir les billets d'entrée ; la foule était trop nombreuse et trop avide pour attendre ; on ne pouvait pas la contenir ni la soumettre aux règlements ordinaires, il a fallu de bonne heure lui laisser libre cours et lui abandonner toutes les issues ; la grande porte centrale elle-même, toujours fermée, même dans les plus attrayantes circonstances, et qui ne mesure pas moins de vingt pieds de largeur, avait dû être laissée toute grande ouverte, et les gradins, qui mènent de cette porte au plancher de la salle, étaient littéralement inondés d'auditeurs qui se prêtaient appui pour tenir le plus profond silence, afin de ne rien perdre des paroles qu'ils venaient entendre.

Il y avait quelque chose de magnifique dans le spectacle de cette foule attentive et en même temps enthousiaste, qui voulait applaudir à chaque phrase de l'orateur et qui se contenait malgré elle, pour ne rien perdre de ce qu'il lui disait, de ce qu'il lui démontrait ; car le discours de M. Laurier a été une démonstration en même temps qu'une harangue ; il a été une exposition éclatante et vivante de ce que sont les véritables principes libéraux, si méconnus, si dénaturés, si calomniés, et que l'on veut assimiler en vain aux élucubrations funestes du libéralisme européen.

On peut dire que ce discours ouvre une ère nouvelle dans notre politique. Il l'affranchit des coteries, de toutes les misérables petitesses qui constituent l'aliment quotidien des partis qui se disputent sur des riens ou pour des satisfactions passagères ; le libéralisme, envisagé à ce point de vue, devient une grande et féconde thèse qui le débarrasse des accusations vexatoires, et qui rend son action salutaire en même temps qu'il l'élève à la hauteur d'une théorie sociale.

L'événement du 26 juin est pour nous surtout, Canadiens-Français, un sujet d'orgueil et de superbe encouragement. On nous a crus jusqu'ici impropres à la vie parlementaire, et l'on a eu trop souvent raison, tant notre éducation est peu de nature à nous donner le tempérament nécessaire, tant notre conduite dans les circonstances politiques trahit cette lacune de l'éducation, et tant notre presse, presque uniquement occupée de querelles secondaires où les personnes sont seules en cause, semble en avoir peu l'intelligence. Mais il ne faut pas confondre une certaine inexpérience avec de l'inaptitude, et les Canadiens-Français ont démontré, dans la soirée désormais mémorable du 26 juin, qu'ils pouvaient, tout aussi bien que leurs concitoyens d'origine anglaise, comprendre le jeu et saisir la portée des institutions représentatives, lorsqu'ils leur sont exposés avec la clarté, la méthode lumineuse, l'argumentation calme autant qu'éloquente, en un mot avec le sens exact qu'a déployé M. Laurier dans tout le cours de sa conférence.

Cette conférence n'a pas été une simple plaidoirie en faveur d'un parti politique, comme on pouvait s'y attendre en toute justice ; elle a été une définition des choses, des choses depuis si longtemps oubliées pour les mots, et nous a ramenés par l'histoire, par l'exemple des libéraux de la Grande-Bretagne, et par l'aperçu de la marche progressive des institutions, au sentiment des principes, guides indispensables dont nous contemplons tristement le naufrage de plus en plus profond dans les chicanes journalières de la vie publique.

C'est de la reconnaissance que ses compatriotes doivent maintenant à M. Laurier, après l'hommage éclatant qu'ils lui ont rendu. Ils lui devront d'avoir soulagé la conscience populaire des accablantes doctrines qu'on veut lui imposer, et qui sont la négation absolue de tout principe constitutionnel ; ils lui devront d'avoir ouvert une voie et montré la route à suivre, bienfait inestimable pour un peuple égaré dans toute espèce de brouillards, en proie à toutes les incertitudes ; ils lui devront, enfin, de les avoir rendus au sain amour du libéralisme, ce glorieux et immortel penchant qui a été le salut des peuples et auquel ses adversaires ont rendu hommage, dans tous les âges, par la concession des réformes nécessaires et par la reconnaissance de droits populaires longtemps combattus et désormais inaliénables.

C'est donc une sorte d'apostolat dont M. Laurier a jeté les premières semences dans la soirée du 26 juin. A nous d'en suivre avec un soin jaloux les développements et de les recueillir au temps de la moisson. A nous de marcher sans crainte et sans hésitation, « le front haut », comme dit l'orateur libéral, et avec l'orgueil de nos principes. Nous savons où nous allons désormais; nous n'allons pas aux cataclysmes révolutionnaires; le libéralisme est dégagé de ses aspects farouches, de son caractère anti-social et anti-religieux, et il ne garde plus que sa physionomie véritable, celle de l'amour des libertés légitimes et nécessaires, des libertés progressives, qui résultent des conditions naturelles du progrès, et non des brusques poussées en avant que veulent imprimer des esprits dangereux.

Voilà la physionomie qu'a le libéralisme canadien, celle que M. Laurier a indiquée, et celle que nous devrons à l'avenir savoir lui conserver.

INDEX

PARIS

TYPOGRAPHIE PLON-NOURRIT ET Cie

8, RUE GARANCIÈRE, 8

www.ingramcontent.com/pod-product-compliance
Lightning Source LLC
LaVergne TN
LVHW020623060726
842526LV00003B/842

leurs, le cœur des pères et des mères du continent n'est pas plus dur, plus indifférent que celui des parents d'outre-mer. Ils voient pourtant leurs enfants tirer au sort à la vingtième année, et ils se résignent ; nous en ferons autant.

6°—Suffrage direct et universel.

Si l'on a bien voulu admettre la justesse, l'évidence des propositions qui précèdent, on sera fatalement conduit à reconnaître que notre régime politique doit être pareil à celui de la mère-patrie et que, sauf les réserves admises par l'Assemblée constituante et la Convention nationale, en faveur des assemblées coloniales, les droits politiques ne peuvent être que les mêmes pour tous ceux qui portent le glorieux titre de citoyen français.

Que de 1833 à 1848 la France n'ait accordé les droits électoraux dans les colonies qu'à ceux qui payaient 200 fr. d'impôts, cela se comprend ; c'était la loi qu'elle imposait aux régnicoles, on ne pouvait lui demander d'être plus libérale aux antipodes que chez elle-même. Mais qu'en 1869 — vingt-et-un ans après que le suffrage direct et uni-

versel fonctionne dans toute la mère-
patrie, dix-huit ans après qu'il a fonc-
tionné aux Antilles et à la Réunion ; —
lorsque la Constitution de 1852 et les
lois et décrets organiques consacrent ce
suffrage et défendent, sous des peines
sévères, d'y porter atteinte ; — lorsque
cette Constitution et ces lois et décrets
ont été promulgués dans les colonies,—
on vienne parler de la mutilation du suffrage universel, de restrictions à apporter à un droit imprescriptible et inalié-
nable, de suffrage à deux degrés, de
cens, de capacités, c'est ce que la postérité aura peine à croire.

La loi est égale pour tous dès qu'elle
est votée, sanctionnée et promulguée
suivant les formes voulues. Elle oblige
l'Empereur, le Sénat, le Corps législatif,
les Ministres, tous les citoyens. Or, la loi
défend de porter atteinte au suffrage
direct et universel ; un PLÉBISCITE seul
pourrait le faire et il n'y pas de danger.
Comment se fait-il qu'on puisse songer
à détruire aux colonies le droit inhérent
à tout Français, âgé de 21 ans, jouissant
de ses droits civils et politiques et dont
un jugement seul peut le priver pour
cause motivée d'indignité? Ne doit-on
pas, en se conduisant ainsi, attirer sur

sa tête tous les foudres de la loi ?

Non, le suffrage direct et universel, tel qu'il est régi par le décret-loi de février 1852, est le seul mode d'élection qui puisse nous être appliqué. Le Chef actuel de la France qui lui doit tout, et sa proscription rapportée en 1848, et la Présidence de la République, et la plus belle couronne du monde, ne peut permettre, ne permettra pas à ses agents et conseillers de porter la main sur l'Arche-Sainte qui a été le Palladium de sa dynastie. En dépit des rétrogrades, des peureux, des égoïstes, des conservateurs-bornes, le suffrage direct et universel sera respecté dans la France d'outre-mer comme dans la France continentale.

Et puis, a-t-on songé à tous les ferments de haines, de troubles, de divisions que jetterait dans le pays l'exclusion des Comices d'une partie de la population ? Croit-on bonnement que tous les CITOYENS FRANÇAIS que l'on aura chassés vont se résigner tranquillement et abandonner sans conteste aux favorisés le droit de voter l'impôt qu'ils paient, la direction des affaires municipales et coloniales qui intéressent toute la communauté ? S'imagine-t-on que nous, les démocrates, amis du droit et de la justice, de la légalité et de la fraternité, nous délaisserons nos frères exclus, nous ne protesterons pas en leur faveur ? Qu'arrivera-t-il ? C'est qu'au lieu de nous occuper des réformes économiques et sociales, si urgentes pour le pays, on sera divisé en deux camps : les amis et les ennemis du suffrage direct et universel, et la bataille ne prendra fin que lorsqu'on aura rendu justice à tout le monde. Ne vaut-il pas mieux prévenir ces luttes et commencer par où l'on finira fatalement tôt ou tard ? Chacun chez soi, chacun son droit, disait feu M. Dupin, et il avait raison.

N'est-il pas, en effet, contraire à toute équité que dans un pays comme le nôtre, où chaque CITOYEN FRANÇAIS paie l'impôt direct de capitation, où le fardeau des impositions indirectes pèse surtout sur les classes pauvres, on s'ingénie à priver des droits électoraux ceux qui ont le plus besoin d'être consultés? Et qu'on ne vienne pas nous parler du suffrage à deux degrés, vieille machine aristocratique reconstruite par la Restauration et que nos pères ont brisée depuis près de quarante ans. Ce serait l'escamotage du droit des électeurs, la création d'une aristocratie bourgeoise, un nouveau fléau à ajouter à tous ceux qui ont désolé le pays. Si l'on veut aux colonies l'ordre, l'apaisement des passions extrêmes, le silence imposé aux factions et aux coteries, il n'y a pas d'autre moyen que le suffrage direct et universel. Lui seul a la force de contenir les minorités ardentes et de répondre à toutes les objections par la seule expression de sa volonté, lui seul peut donner une légitime satisfaction à tous les griefs des colons, lui seul peut rendre — s'il est possible — à nos pays déshérités, le calme et la félicité. S'il commet des erreurs, il ne peut s'en prendre qu'à lui ; mais pareil à la lance d'Achille, il a la propriété de guérir les blessures qu'il a faites ou qu'il s'est faites.

Nous concluons donc à la promulgation pure et simple dans la Colonie de la législation qui régit en France le suffrage direct et universel.

7° — Des communes.

Nos communes n'ayant rien qui les différencie des communes continentales doivent être soumises à la même législation communale qu'en France, sauf à profiter de toutes les libertés que leur rendra sans doute plus tard le pouvoir central. Ainsi nos petites communes: Saint-Philippe, les Deux-Plaines, auraient au moins à élire dix conseillers municipaux, tandis que nos villes principales verraient s'élever à trente-six le chiffre de leurs mandataires. Excellent système pour combattre les coteries, les influences de clocher, les transactions véreuses et bien d'autres abus.

8° — Conseil général ou colonial.

Arrivons au Conseil colonial ou général — peu importe le nom — dont les membres se trouvent forcément investis d'attributions plus étendues que celles des conseils généraux des départements. Elles sont énumérées dans les sénatus-consultes du 3 mai 1854 et du 4 juillet 1866. Pour le moment, on peut s'en contenter, sauf à réclamer plus tard du pouvoir central celles qu'il serait utile ou opportun d'obtenir.

Ce qu'il faut changer, c'est la composition et la discipline intérieure du Conseil colonial.

Le nombre des membres actuels doit être au moins doublé, c'est-à-dire porté

à quarante-huit, et peut-être à cin-
quante-deux, comme dans l'ancienne Assemblée coloniale dissoute en 1803 par
le capitaine-général Decaën. Il importe
que toutes les communes soient représentées en raison du chiffre de leur population *française* et qu'on ne se livre
plus à ces mariages forcés des petites
communes avec les grandes, ainsi que
cela a lieu entre Sainte-Marie et Sainte-
Suzanne ; Saint-Benoit, Sainte-Rose et
la Plaine des Palmistes ; Saint-Joseph et
Saint-Philippe ; Saint-André et Salazie ;
Saint-Louis et Saint-Leu. Il ne faut jamais sacrifier les faibles, et c'est ce qui
arrive quelquefois dans ces accouple-
ments inégaux.

Le doublement des membres actuels
du Conseil général se justifie également
par la nécessité dans un pays aussi petit que le nôtre, où les liens de parenté
et de camaraderie sont puissants, d'annihiler les coteries, de créer des partis
pour éviter les factions, d'avoir, ainsi
que cela a lieu dans toutes les assemblées de valeur, une droite pour représenter l'esprit conservateur, une gauche
pour faire avancer le char social, un centre pour les modérer et les départager.
C'est par la lutte salutaire de ces trois

grandes divisions de l'esprit humain que les progrès peuvent s'opérer sans secousse et avec profit — autant du moins que le permet l'infirmité de notre nature. Aucun conseiller colonial ne peut être fonctionnaire . Celui qui vit du budget et qui est dans la dépendance du pouvoir n'a pas de vote réellement libre, sauf de rares exceptions.

Le conseil colonial doit être partagé en plusieurs bureaux. Car dans les bureaux seuls on travaille réellement et efficacement ; là les membres timides ou privés de la faculté d'élocution, mais souvent pleins de raison et de bon sens, peuvent parler et éclairer leurs collègues, ce qu'ils n'osent ou ne peuvent faire en séance publique. Un des grands vices du conseil général actuel était l'absence des bureaux.

Les séances du conseil doivent être publiques, car sans publicité une assemblée s'étiole bien vite et s'annihile. Cette vérité élémentaire ne se discute plus dans les pays libres. Il en résulte nécessairement que le nom des orateurs doit figurer au procès-verbal et que la ridicule et grotesque appellation « UN MEMBRE » doit disparaître sous le nouveau régime. — La publication des procès-verbaux doit être quotidienne et non renvoyée à 3 et 4 semaines, ainsi que cela a lieu aujourd'hui et alors que tout l'intérêt des séances du conseil s'est éteint. Enfin le scrutin de division ne doit jamais être refusé et le nom des votants doit être inséré au procès-verbal, car les mandataires du peuple sont tenus de délibérer sous ses yeux et ne peuvent décliner la responsabilité de leurs votes, sous peine de forfaiture.

Il serait aussi à désirer que le président de l'assemblée et les membres du bureau fussent élus par elle, comme cela se pratique chez les peuples libres; mais le pouvoir central n'ayant pas encore restitué cette prérogative au Corps législatif et aux conseils généraux des départements, il est peut-être prématuré de la demander.

Reste un point délicat à traiter ; nous voulons parler de la rétribution à accorder aux membres du conseil colonial. Si les finances de la colonie n'étaient pas dans un état aussi déplorable, il ne faudrait pas hésiter à payer les mandataires du peuple comme l'on paie les députés au Corps législatif ; car autrement on bannit des Assemblées des hommes capables et intelligents,

mais qui n'ont pas les moyens nécessaires pour vivre loin de chez eux ou
priver leurs familles du produit de leur
travail. Dans une démocratie, aucune
fonction publique ne doit être gratuite,
et c'est le cas de rappeler le mot de M.
de Talleyrand , à propos de la pairie de
1815 : « La gratuité des fonctions de pair
va coûter bien cher. » — Et l'on ne
vivait pourtant pas sous un régime démocratique ! — Toutefois , eu égard aux
tristes circonstances actuelles, on se demande si cette question ne doit pas
être renvoyée à des temps plus heureux — c'est au peuple à aviser.

9° — De la Représentation directe.

Certes, ce qui importe le plus aux Colonies, c'est de nommer elles-mêmes
leurs conseillers municipaux et généraux, de jouir d'une large autonomie
administrative , d'être les tutrices de-
leurs affaires intérieures. Mais le besoin
d'être représentées au sein des Assemblées nationales, de prendre part à la
discussion des lois qui obligent les Français d'outre-mer comme ceux du continent, de faire entendre leur voix toutes

les fois que des questions d'un grand intérêt général sont à l'ordre du jour, surtout quand il s'agit de paix ou de guerre, de se défendre quand on les attaque, d'éclairer les Représentants de tous les Français et le pouvoir central quand des événements graves se passent dans leur sein, de s'unir plus étroitement au point de vue politique avec la mère-patrie, de fortifier les liens qui les rattachent au pays d'où nous vient la vie, le progrès, la lumière, — ce besoin, disons-nous, ne peut leur être contesté. Aussi, nos grandes Assemblées révolutionnaires de 1789 comme de 1848 n'avaient pas hésité à le satisfaire, et nos Représentants à ces deux époques ont siégé sans difficulté parmi les mandataires du peuple français.

Quel mal en est-il résulté et pour les colonies et pour la mère-patrie ? Quel embarras nos représentants ont-ils causé ? Quelle objection leur présence a-t-elle soulevée ? C'est ce que nous serions curieux de voir établir par les adversaires de la Représentation directe. Aussi, se gardent-ils bien de porter la question sur ce terrain et se bornent-ils à de vagues déclamations sur l'origine des pouvoirs et sur des questions de détails infimes. L'expérience de 1789 et de 1848 fait justice de toutes ces chicanes de mauvais aloi et réduit à néant toutes les objections anti-libérales, anti-démocratiques des adversaires de la Représentation directe des Colonies.

Sans remonter aux temps héroïques de 1792 à 1800, il nous est permis de faire appel aux souvenirs contemporains et de demander si MM. Barbaroux, de Greslan, V. Schœlcher, Perrinon, Louisy Mathieu et autres, députés des Colonies à l'Assemblée Législative de 1849, ont été inférieurs à leurs collègues du continent, ont compromis soit la cause nationale, soit la cause coloniale, n'ont pas prouvé toute l'aptitude des Colons à comprendre le jeu des institutions constitutionnelles et à suivre le drapeau particulier des partis qui divisent la France. Nos députés iront à droite, à gauche ou au centre comme ceux des départements ; ils ne formeront pas au sein du Corps Législatif une faction coloniale dangereuse pour la mère-patrie ou le pouvoir central, mais en revanche ils fourniront sur les pays d'outre-mer des lumières qui font souvent défaut. Combien de fois, en lisant les comptes-rendus des séances du Corps

Législatif depuis 17 ans, n'avons-nous
pas été frappés de l'ignorance où bien
des députés étaient des choses coloniales, des énormités qui se débitaient, des
erreurs profondes où tombaient même
les hommes les plus éminents — M.
Thiers, entr'autres ? — Combien de fois
n'avons-nous pas déploré l'absence de
nos représentants du Corps Législatif ?
Dans des circonstances récentes, si
le très-illustre M. Jules Simon, ému
d'un sentiment de pitié digne de sa grande âme, n'avait pas pris notre défense,
plaidé notre cause, réclamé en notre
faveur, éclairé la France, quelle opinion nos concitoyens du grand pays
auraient-ils conçue de nous ? Ah ! le
droit, la justice, l'expérience acquise
concluent à l'admission de nos représentants dans le parlement national ; espérons que le pouvoir central le recon-
naîtra tôt ou tard et nous débarassera
de cette délégation si vaine, si inutile,
ainsi que l'ont prouvé l'expérience de
1833 à 1848 et celle de 1854 à 1869 ;
de ce comité consultatif siégeant près
du ministre de la Marine et des colonies
au profit seulement de quelques amours-
propres faciles à contenter.

10°—Réforme administrative.

Ce n'est pas tout de doter les colonies de la législation française, du suffrage direct et universel, de la représentation directe, il faut aussi que l'administration intérieure de ces pays éloignés soit conforme à leurs besoins, bien réglée, bien distribuée, puissante pour faire de bonnes choses, impuissante à faire le mal — toujours sous la réserve de la fragilité inhérente à l'humanité. A ce point de vue, la réforme des ordonnances et décrets organiques de 1825 et 1855 est indispensable.

Tout homme expérimenté sait qu'en tout pays, l'Administration a une grande prépondérance sur la majorité des assemblées, que son influence y domine en général, que les majorités sont plutôt conservatrices que progressives ou rétrogrades, qu'à moins d'une évidence bien éclatante, elles se méfient des partis extrêmes, qu'elles ont plutôt confiance dans des hommes rompus aux affaires que dans ceux qui ne les pratiquent pas. Cet aveu dépouillé d'artifice ne nous coûte nullement, à nous qui appartenons par principes et par tempérament à la gauche — d'aucuns disent même à

l'extrême gauche — parce qu'il est conforme à la vérité, à l'étude des faits ;
mais il fallait le faire pour prouver la
justesse des réformes que nous sollici-
tons.

A la Réunion comme aux Antilles, les
attributions des gouverneurs pourraient
demander quelques modifications; mais
il ne faut pas être trop exigeant et jusqu'à nouvel ordre il n'est pas opportun
d'y toucher. En effet, à côté de certains
inconvénients il y aussi de grands avantages. Le temps nous apprendra le reste. Mais il n'en est pas de même des attributions des chefs d'Administration.

Par la plus étrange des aberrations,
on a dépouillé certains de ces fonctionnaires pour écraser le Directeur de l'intérieur, le surcharger de besogne. Il
en est résulté que pendant que le Commandant militaire, l'Ordonnateur et le
Procureur-général n'avaient presque
rien à faire, le Directeur de l'intérieur
succombait à la peine, laissait les affaires s'accumuler, entassait les dossiers,
et alors rien ne marchait ; les abus se
multipliaient, la surveillance était déri-
soire. Il importe de porter un prompt
remède à cet état de choses qui n'a pas

peu contribué depuis douze ans à la ruine générale.

Nous soutenons que les services financiers, savoir : 1° L'Enregistrement et le Timbre ; 2° Les Douanes ; 3° Les Contributions directes et indirectes ; 4° La Poste et les recettes diverses, doivent faire retour à l'Ordonnateur qui deviendra ainsi un véritable ministre des finances, chargé de défendre sa caisse contre les entreprises de ses collègues, chargés de la dépense.

Nous soutenons que l'on établira ainsi une lutte salutaire et profitable aux contribuables entre les chefs d'Administration, tandis qu'aujourd'hui, le Directeur de l'Intérieur qui a le droit d'ouvrir et de fermer la caisse, se laisse aller trop facilement à ce que l'on a nommé parfois l'entraînement du bien. A l'époque où l'ordonnateur avait les services financiers sous ses ordres, on n'entendait parler ni de déficit, ni de vols audacieux dans les caisses publiques ; et notre compatriote, Achille Bédier, a laissé le souvenir d'une des administrations les plus probes, les plus économiques qu'on ait jamais vues. Il faut suivre ses traces et revenir à ses agissements.

Les opérations du recrutement, le service des milices ou des gardes nationales reviennent de droit au commandant militaire, qui devrait reprendre sa place au Conseil privé, ainsi que cela existait autrefois. Quelle nécessité il y a-t-il eu de bannir ce haut fonctionnaire des affaires publiques? On l'a isolé de la population, on l'a désintéressé des choses coloniales, on en a fait un étranger parmi nous et il n'en est résulté que des malheurs. Revenons donc aux anciens errements, car le progrès ne consiste pas à changer les choses et les hommes de place.

Il convient de mettre sous les ordres du Procureur Général le service de l'Immigration, la Police, les Geôles, les Ateliers de discipline. On déchargera d'autant la Direction de l'Intéreur, on rendra à ce ministre de la Justice au petit pied les fonctions qui lui conviennent, on assurera, d'une manière certaine, l'exécution des arrêts de la justice qui est fort souvent négligée ou éludée, et tout le monde s'en trouvera mieux.

Il restera donc au Directeur de l'Intérieur à surveiller et diriger: 1° Les Cultes ; 2° L'Instruction publique ; 3° L'Agriculture, le Commerce , l'Indus-

trie ; 4° Le service !des Eaux et Forêts ;
5° L'Assistance, publique ; 6° Les Hôpi-
taux ; 7° Les Travaux publics ; 8° Le service des Communes et une foule de petits services qui occuperont largement
son temps.

On voit que tout en dépouillant la Direction de l'Intérieur de nombreuses attributions, nous ne lui ménageons pas
la besogne, mais aussi grâce au soulage-
ment qu'elle éprouvera, sa surveillance
deviendra plus active, plus efficace, et
l'on n'entendra plus parler des scandales
déplorables qui ont occupé si vivement
depuis quelque temps l'opinion publique.

Les quatre chefs d'Administration : le
Commandant militaire , l'Ordonnateur,
le Procureur général, le Directeur de l'intérieur, se partageant ainsi tous les services coloniaux, devront assister aux séances du Conseil colonial, y défendre les
propositions du Gouvernement, éclairer
l'assemblée par leurs connaissances pratiques, et au besoin s'adjoindre leurs
chefs de service ou leurs employés pour
donner tous renseignements aux mandataires du peuple colonial. C'est ce qui
a lieu en partie aujourd'hui, mais il faut
généraliser la mesure. Il est bien entendu qu'ils ne pourront pas prendre part

aux délibérations du Conseil colonial.

Par tout ce qui précède, on doit voir combien la refonte de l'ordonnance de 1825 et du décret de 1855 est urgente, combien il est nécessaire de nous doter d'un nouveau décret organique.

11° — Du Conseil privé.

Cette institution serait excellente si le souffle de la liberté venait à la revivifier, si nos Gouverneurs et les Chefs d'Administration, souvent étrangers à la Colonie, étaient entourés d'hommes instruits, éclairés, investis de la confiance publique et en nombre suffisant pour représenter tous les intérêts coloniaux.

Sont membres de droit du Conseil privé les quatre chefs d'Administration et le Contrôleur colonial qui représentent l'élément fonctionnaire. Il convient que l'élément civil soit représenté au sein du Conseil privé par un nombre égal de membres choisis dans la population :

— Un conseiller grand propriétaire.

— Un conseiler petit propriétaire.

— Un conseiller faisant partie du haut commerce.

— Un conseiller faisant partie du petit commerce.

— Un conseiller choisi dans les classes ouvrières et représentant des prolétaires.

Ces conseillers devraient être nommés par le Gouverneur sur des listes *triples* fournies par la Chambre d'Agriculture, élue par l'universalité des propriétaires, par la Chambre de commerce élue par l'universalité des patentés, par les Sociétés ouvrières de Saint-Denis, Saint-Paul et Saint-Pierre.

Le Gouvernement serait ainsi assuré d'avoir auprès de lui, et comme Conseillers intimes, des hommes jouissant de l'estime et de la confiance de leurs concitoyens, intéressés à ne pas le tromper, aussi capables que le pays peut les fournir. Ils feraient contre-poids aux cinq hauts fonctionnaires qui dirigent la colonie sous les ordres du Gouverneur ; et, comme après tout, le Conseil privé n'est que consultatif, le Gouverneur serait toujours à même de passer outre, si dans sa haute sagesse il reconnaissait que ses conseillers se sont trompés. Ce dernier cas est peu à craindre, et d'ailleurs l'usage de tout décider à la majorité des voix s'est, dit-on, implanté depuis longtemps dans le Conseil privé actuel.

Nous en avons fini avec ce long travail qui a peut-être fatigué l'attention de nos lecteurs ; mais le sujet est si intéressant pour l'avenir de la colonie !

Nous n'avons pas la prétention de présenter un projet complet et parfait, à l'abri des critiques et des observations, et nous sommes prêt à rectifier tout ce qu'on nous démontrera être inutile ou impraticable. Si pourtant notre Plan de Réforme coloniale pouvait réunir ici un grand nombre de suffrages, s'il avait surtout la chance de frapper l'esprit de ceux qui bientôt vont décider de notre sort, s'il pouvait faire un peu de bien, nous serions largement payé de la peine que nous avons prise, et ce serait pour nous la plus douce des récompenses.

Quoi qu'il arrive, nous avons fait notre devoir en publiant nos idées sur la réforme coloniale qui se prépare, et nous pouvons répéter sans crainte le vieil adage :

FAIS CE QUE DOIS, ADVIENNE QUE POURRA.

A. LASERVE.

Imp. E. Delval, rue du Barachois, 50.

9 782011 791917

AVERTISSEMENT.

ON doit ce petit Ouvrage au zele d'un honnête Ecclésiaſtique ; & voici l'occaſion qui l'a fait naître. On parloit devant lui des avantages remportés par nos Troupes ſur les Anglois dans l'Amérique ſeptentrionale, & on en auguroit la réduction de ces Pays à l'obéiſſance du Roi. Sur cela quelqu'un s'aviſa de dire qu'en ce cas on ſeroit bien obligé d'accorder aux Proteſtans qui peuplent l'Amérique, cette même tolérance qu'on refuſe à ceux de France ; qu'on ne pourroit pas aſſurément blâmer Sa Majeſté très-Chrétienne, ſi elle permettoit à ces Peuples ſoumis une fois à ſon obéiſ fance, de continuer de vivre fous fon Gouvernement, comme ils vivoient fous celui de leurs anciens Maîtres, c'eft-à-dire felon les lumieres de leur confcience ; qu'il ne croyoit pas qu'aucun Théologien osât décider que le Roi étoit obligé de les perfécuter pour les amener à l'Eglife Catholique , au hafard de perdre par-là tout le fruit de fes conquêtes : à quoi il ajoutoit que s'il étoit permis en confcience à Sa Majefté de tolérer en Amérique la multitude des Sectes qu'on y trouve, il ne voyoit pas pourquoi il lui feroit défendu par la Religion qu'il profeffe de tolérer les Calviniftes en France : d'où il concluoit au dogme affreux de la tolérance civile dans ce Royaume.

A ce propos scandaleux, le zele de ce pieux Eccléfiaftique s'alluma; il s'éleva avec force contre un fyftème auffi irréligieux; & au fortir d'une converfation très-vive, & où il dit les plus belles chofes du monde, il compofa le petit Ecrit qu'on va voir, pour préparer les voies du Seigneur dans ces Pays malheureux où l'Héréfie tient fon empire.

Nous ofons affurer que le Lecteur y trouvera de grandes vûes, beaucoup de juftelle, & fur-tout une extrème modération.

Nous nous croyons obligés d'avertir que cet Ecrivain a beaucoup profité d'un excellent Ouvrage qui vient de paroître, & qui a pour titre, *Mémoire Politico-critique, où*

A iij.

L'on examine s'il eſt de l'interêt de l'Egliſe & de l'Etat d'établir pour les Calviniſtes du Royaume une nouvelle forme de ſe marier, 1756, in-8°. Il en employe ſouvent les raiſonnemens les plus ſolides & les meilleures idées : on verra qu'ils ſuivent l'un & l'autre à-peu-près les mêmes principes.

PETIT ECRIT

SUR UNE MATIERE

INTERESSANTE.

ON apprend de l'Amérique ſepten-
trionale que nos Troupes y rempor-
tent tous les jours de nouveaux avantages
ſur les Anglois. Nous en avons de plus
grands encore à eſpérer : quelques victoires de plus nous ouvriront des Contrées
immenſes, & ſoumettront à notre domination les Colonies les plus floriſſantes de
la Grande Bretagne. Les Politiques, les
enfans du ſiecle, verront dans ces évene-
mens nos Ennemis humiliés, notre Commerce protégé, de grandes Provinces ſou-
miſes à la France, de nouveaux ſujets, de
nouvelles richeſſes. Loin de moi ces petits
objets; la converſion prochaine des Hérétiques doit les faire diſparoître aux yeux
des Saints. Cette malheureuſe Partie du
Monde eſt devenue, depuis la fin du ſiecle

A jv

paffé, le repaire de toutes les Sectes; elle a été le réfuge d'un grand nombre de Pro- teftans fortis de France: mais les progrès de nos armes, & le zele de Sa Majefté très-Chrétienne, permettent de fe flatter qu'enfin ces brebis égarées vont rentrer dans le bercail. En vain des François échappés à nos Miffionnaires & à nos Dra- gons, fe feront-ils exilés dans ces Climats éloignés pour y rendre à Dieu un culte trop fimple de beaucoup; les moyens puif- fans de converfion que Dieu leur avoit offerts en Europe les fuivront dans le nou- veau Continent: ils verront encore une fois leurs biens confifqués, leurs enfans enlevés d'entre leurs bras, leurs Temples démolis, leurs Miniftres roüés, &c.

Que ces efpérances font confolantes pour ceux qui fouhaitent auffi ardemment qu'on doit le faire l'accroiffement de notre fainte Religion. Affurément il n'y a point de bon Catholique qui ne foupire après l'inftant de cette heureufe révolution. Je dis *point de bon Catholique*, car je n'ignore pas que dans ce fiecle corrompu il y a une foule de prétendus Philofophes, de jeunes Théologiens, d'Eccléfiaftiques fufpects, d'Evêques même qui ofent penfer qu'on n'eft pas obligé en confcience d'exiler, d'emprifonner, en un mot de perfécuter les Hérétiques. Mais en bonne foi, peut-on regarder comme Catholiques, comme Chrétiens, des gens livrés à une opinion auffi monftrueufe? Non, non: ils ont beau alléguer des raifons, citer des autorités, en appeller à l'Ecriture, ils ne méritent pas qu'on leur réponde; & cela par une raifon bien fimple : c'eft que ce font tous des incrédules, & qu'il y a à parier cent contre un que ceux qui font ces beaux raifonnemens ne croyent pas en Dieu.

A les entendre, on doit faire je ne fçai quelle diftinction fubtile entre la tolérance eccléfiaftique ou l'indifférence des Religions qu'ils condamnent, & la tolérance civile dont ils ofent faire l'apologie. Ils difent que l'efprit de perfécution n'eft

point du tout l'esprit de J. C. & de l'E-
vangile ; que Tertullien , S. Athanase ,
S. Ambroise , S. Chrisostome , Theophi-
lacte , Lactance , S. Hilaire , Fenelon ,
Fleury , &c. ont condamné la contrainte
pour cause de religion ; que les Princes
abusent de leur autorité , lorsqu'ils veulent dominer sur les consciences ; que la
violence ne fait que des hypocrites , &c.
que sçai-je , cent autres absurdités de cette
force , ausquelles les vrais Fideles doivent
absolument fermer l'oreille , s'ils veulent
se défendre de la séduction , & s'ils font
quelques cas de leur ame & de leur salut
éternel.

En effet , si l'on a quelques sentimens
de religion , comment peut-on borner le
zele ardent dont on doit être consumé
pour sa propagation , au desir de la conversion des Hérétiques ? comme si le desir
sans action étoit bien méritoire ; à de simples prieres ? comme si on devoit attendre
tous les jours le miracle de la conversion
de S. Paul ; enfin à des instructions ? com-

me fi l'expérience ne nous prouvoit pas que ces gens-là font les plus opiniâtres des hommes , & qu'à chacun de nos argumens , ils ont toûjours une réponfe prête. Affurément de cette façon les difputes ne finiroient jamais. Catholiques fans ferveur , j'ai prefque dit fans foi , la violence & les fupplices révoltent ce que vous appellez votre *humanité*. Sçavez-vous ce que c'eft que cette *humanité* prétendue que vous ofez mettre en balance avec la gloire de Dieu ? Je vaisvous l'apprendre ; c'eft un pur mouvement de compaffion machinale , comme celle que les femmes reffentent pour un Poulet qu'on tue. Encore cette derniere eft elle bien plus raifonnable ; car enfin ce Poulet n'a jamais été l'ennemi de Dieu & de nos faints Myfteres. Au fond je ne vois pas dequoi l'on eft fi touché : on aura enlevé la fortune, la liberté, la vie même, je le veux, à quelques-uns de nos concitoyens. Eh bien ! qu'eft-ce que tout cela ? des biens périffables , qu'on devroit facrifier , fi c'étoit les fiens, & qu'il eſt *à plus forte raiſon absurde de regretter lorſque ce ſont ceux des autres.* Hommes de chair & de ſang; voilà pourtant ce que vous oſez préfé-rer à votre religion & aux intérêts de vo-tre Dieu : ſçachez que ce Dieu jaloux re-jette non - ſeulement toute préférence, mais tout partage de nos affections, & qu'il veut qu'on ſoit à lui ſans réſerve. *Per cal-catum perge Patrem.*

La lecture du petit Ecrit qu'on donne ici pourra inſpirer ces pieuſes diſpoſitions. On y expoſe dans un projet de Requête au Roi, 1°. les principales raiſons qui doivent engager Sa Majeſté à forcer ſes nouveaux ſujets dans l'Amérique ſepten-trionale d'embraſſer la Religion Catholi-que. 2°. Les moyens ſimples & honnêtes dont on pourra ſe ſervir pour hâter leur converſion. 3°. On réſout en paſſant les petites difficultés qu'on pourroit oppoſer à ce projet. Nous nous flattons qu'on de-meurera édifié de l'eſprit qui regne dans ce petit morceau.

PROJET DE REQUESTE AU ROI.

SERA très-humblement repréſenté à Sa Majeſté Très-Chrétienne par les bons Catholiques de ſon royaume, Eccléſiaſtiques, Religieux & Séculiers zelés pour la gloire de Dieu & le ſalut des ames.

Que le Dieu des armées n'a donné de ſi grands ſuccès à ſes armes en Amérique, & ne lui ſoumettra ces pays du nouveau monde habités juſqu'à préſent par des Hérétiques, que pour y faire regner la foi catholique.

Que la qualité de Fils aîné de l'Egliſe & de Roi Très-Chrétien impoſe à Sa Majeſté une étroite obligation, non-ſeulement comme le prétendent des gens qui n'ont ni foi ni loi, de maintenir & de protéger dans ſes Etats la Religion catholique, mais encore d'en exclure à jamais toute eſpece d'héréſies, même celles qui conſerveroient la morale & les principaux dogmes de la Religion chrétienne, & qui n'adopteroient aucun principe contraire au bien des sociétés, & particulierement la Religion Proteftante.

Que cette obligation indifpenfable pour Sa Majefté de ne fouffrir dans fes Etats perfonne qui ne penfe comme Elle, ne s'étend pas feulement aux Etats qu'Elle poffède dans le Continent ; que le Chriftianifme de fes peuples n'eft pas attaché à la Glebe, à cette partie de l'Europe qu'on appelle *la France* ; mais encore à toutes les poffeffions qu'Elle a ou qu'Elle pourroit avoir dans les Indes orientales & occidentales ; qu'il feroit ridicule d'imaginer qu'il lui fût permis de fouffrir des Hérétiques dans quelques-uns des pays foumis à fon obéiffance, précifément parce qu'ils feroient fous un autre méridien ; & qu'en un mot les faints Canons ne lui permettent pas plus d'avoir des fujets Proteftans en Amérique qu'en Europe.

Qu'il fuit de-là que Sa Majefté ne peut en aucune confcience devant Dieu & devant les hommes fonger à ranger fous fon

obéiſſance les pays de l'Amérique habités
par des Hérétiques, qu'Elle ne ſe propoſe
en même tems de les convertir au Catho-
liciſme ; qu'il n'y a que cette vûe qui puiſſe rendre ſa conquête légitime ; de ſorte
que quand ces peuples touchés du deſir de
vivre ſous le gouvernement d'un bon Prince, viendroient d'eux-mêmes implorer ſa
protection & ſe ſoumettre à lui, en demandant ſeulement qu'on ne les forçât pas
d'aller à la Meſſe, Sa Majeſté ne pourroit
les recevoir pour ſujets à cette condition ;
ou ſi Elle les avoit reçus ſur ce pied-là,
Elle ne pourroit pas plus en conſcience
leur tenir ſa promeſſe, même en la ſuppo-
ſant confirmée par les ſermens les plus reſ-
pectables, que le feu Roi ne pouvoit tenir celle qui avoit été donnée aux Proteſtans, lorſque l'Edit de Nantes leur fut
accordé.

Qu'il eſt d'autant plus néceſſaire de convertir ces nouveaux ſujets à la Religion
Catholique ; qu'il eſt abſolument impoſſible
qu'ils ſoient fideles au Roi en demeurant

dans la Religion Proteſtante ; par cette raiſon démonſtrative, que comme ils ne veulent pas admettre l'autorité infaillible de l'Egliſe, ils ne peuvent reconnoître aucune ſorte d'autorité ; & que ne reconnoiſſant aucun Juge infaillible des controverſes en matiere de croyance & de religion, par une conſéquence évidente & néceſſaire, ils ne peuvent pas ſe ſoumettre à l'autorité des Magiſtrats, pour régler les limites d'un champ, ou décider des droits ſur un héritage.

D'où nous concluons, que pour rendre légitime la conquête que Sa Majeſté va faire, pour remplir les obligations que lui impoſent ſa conſcience & ſa Religion, & enfin pour tenir les Proteſtans du nouveau monde, ſoumis à l'autorité ſouveraine, il faut les faire aller à la Meſſe.

Or, voici les principaux moyens qu'on peut employer pour faire réuſſir une ſi ſainte entrepriſe.

PREMIER MOYEN. Sa Majeſté donnera inceſſamment une bonne déclaration,

par

par laquelle il sera *enjoint* à tous les habitans des Colonies Angloises , Quakers , Anabaptistes , Luthériens , Calvinistes , Anglicans , &c. de quelque secte , qualité & condition qu'ils puissent être, *de croire la Présence réelle , le Purgatoire , &c. & les autres articles de notre* Catéchisme *dont copie sera jointe à la présente déclaration* , & cela dans un mois , à dater de la publication d'icelle , à faute de quoi ils seront traités comme rébelles , perturbateurs du repos public, & criminels de lèze-majesté.

II. Moyen. Sa Majesté établira un Conseil de conscience qui dirigera toutes les opérations du Ministere & toutes les démarches du Gouvernement relatives à l'Amérique septentrionale, qui les dirigera, dis-je , au grand objet de la conversion des Hérétiques.

Ce Conseil ne se mettra point en peine du commerce, de l'agriculture , de la population & de quelques autres petits objets qu'on doit subordonner à des vûes plus grandes ; & il aura pour maxime fonda-

B

mentale , que le but d'un bon gouvernement n'est pas de travailler au bonheur
& à la tranquillité des peuples en ce monde , mais bien à leur félicité dans l'autre ,
par la raison incontestable qu'il faut pré-
férer un plus grand avantage à un moindre.

Il sera nécessaire d'écarter de cette administration les Magistrats & les Ecclé-
siastiques qui favoriseroient le moins du
monde la tolérance civile ; gens que les
beaux esprits du siecle, que de prétendus
Philosophes appellent mal-à-propos plus instruits & plus modérés que les autres, quoique leur science ne soit qu'erreur , & leur
modération qu'une véritable indifférence ;
ignorans qui prétendent contre toute raison que les Hérétiques, comme hommes &
citoyens, doivent jouir des droits de l'Humanité ; maxime que les enfans du siecle ca-
nonisent , mais détestable aux yeux des
bons Catholiques, c'est-à-dire de ceux qui
sont dans des principes opposés.

Ajoutons que, sans prétendre fixer le

choix fur les perfonnes dont S. M. pourra former cet utile Confeil, il fera bon d'y ap-peller quelques Dominicains Efpagnols ou Portugais, parce qu'ils connoiffent merveil-leufement bien la maniere douce & infi-nuante dont il faut fe conduire dans la con-verfion des hérétiques. On pourroit y join-dre d'autres perfonnages illuftres que nous nous réfervons de faire connoître au Gou-vernement, mais fur-tout & particuliere-ment l'Auteur de la réponfe au Mémoire pour les Proteftans, qui a fi évidemment démontré par de très-beaux calculs que la révocation de l'Edit de Nantes n'a pas fait *Mém. po-litic.critiq. p. 120.* plus de mal au Royaume que les guerres cruelles de la ligue, *que l'hyver de 1709 & la pefte qui vint dix ans après*, & qui a fi cou-rageufement foutenu contre les libertins que l'induftrie, la fortune, & la liberté de 500 mille hommes ne font rien, & *qu'il Pag. 101. 119. n'y a pas là de quoi crier.*

TROISIEME MOYEN. Comme l'exé-cution du beau plan que nous propofons fera principalement confiée au Gouver-

B ij.

neur de ces Colonies , il faudra placer dans
ce poſte important un homme dur , ina-
bordable , intraitable pour les Hérétiques ,
qui ait particulierement à ſe plaindre des
Proteſtans , parce qu'on pourroit compter
davantage ſur l'ardeur de ſon zèle. Il faut
qu'il prenne pour modele Fernand Cortés,
Pizaro , & les autres pieux Capitaines qui
ont dépeuplé l'Amérique méridionale, plû-
tôt que de la voir habitée par des ennemis
de notre ſaiȼte Foi.

Mais ſur toutes choſes , il faut bien ſe
garder de mettre dans cette place un
homme qui auroit quelque goût pour certains principes qu'on s'efforce aujourd'hui
d'introduire dans les différentes parties
de l'adminiſtration. Ce goût trop répandu dans ce fiecle maudit qui fait aimer les
changemens dans la politique & dans les
Arts , tient plus qu'on ne penſe à l'amour
des nouveautés en matiere de Religion.
J'avoue pour moi que j'augure mal des
ſentimens religieux d'un homme qui veut
changer la forme de la charrue, ou qui par-

le de supprimer les réglemens qui contien-
nent l'induſtrie dans ſes juſtes bornes : celui qui veut donner au Fabriquant la liberté d'augmenter ou de diminuer à ſon gré la longueur & la largeur des étoffes, eſt bien près de lui permettre auſſi volontiers d'accourcir ſon *Credo* ; car enfin le principe d'où il part, c'eſt qu'il faut laiſſer chacun juge de ſon interêt ; d'où il conclud qu'une étoffe eſt bonne ſi elle plaît au conſommateur : or il peut de même prétendre qu'il doit être libre à chaque Particulier de ſe choiſir une religion, parce qu'il y eſt ſeul intereſſé, & qu'il s'agit de ſon ſort pendant toute une éternité. Mais c'eſt préciſément cette parfaite parité qui ſert à le confondre ; car il eſt bien plus fâcheux de perdre ſon ame qu'un habit ; d'où il ſuit qu'il eſt plus important de proſcrire les faux dogmes que le mauvais teint. Or les réglemens qui ont proſcrit le mauvais teint, ſont l'ouvrage du grand Colbert, qui valoit bien nos raiſonneurs modernes : donc à plus forte raiſon, &c. Ce qu'il falloit démon-

B iij

...rer. On voit toujours que cette liberté du commerce dont on parle tant dans nos brochures eſt étroitement liée avec la tolérance civile, c'eſt-à-dire qu'elle mene tout droit au plus affreux libertinage en fait de religion. Je le répete en frémiſſant; de l'une à l'autre il n'y a qu'un pas; & ce pas eſt bientôt fait, lorſqu'on a une fois renverſé les bornes qu'ont poſées nos peres, & lorſqu'on a oſé révoquer en doute ce bel axiome, ce grand principe de toute adminiſtration, *ce qui eſt ancien eſt toujours bon.*

QUATRIEME MOYEN. Attendu le bien infini qu'ont fait depuis leur établiſſement, & que font encore tous les jours les Tribunaux de la ſainte Inquiſition, on en établira dans les Villes principales de l'Amérique ſeptentrionale. (*a*)

(*a*) Peut-être même que parmi les perſonnes qui ſont dans les bons principes de l'intolérance catholique, il y en a qui deſapprouveront un pareil établiſſement : mais on les prie de conſidérer 1°. que cette inſtitution eſt une conſéquence naturelle de nos principes; 2°. qu'on peut abſolument s'en paſſer en France, tant parce que nous avons trouvé le moyen d'y ſuppléer par les Lettres de cachet & par d'autres petits arrangemens, que

Les frais de cet établissement ne seront pas considérables pour le Gouvernement ; Messieurs les Inquisiteurs vivront des biens confisqués, ce qui les rendra plus vigilans & plus sévères, & il ne leur faudra dans les commencemens qu'une petite Eglise, & une grande prison.

Cependant on n'adoptera point à ce Tribunal toutes les pratiques des Inquisitions d'Espagne & de Portugal ; par exemple, on ne brûlera point les hérétiques au moins pendant les premieres années. Non pas que cela ne soit très-honnête & très-Chrétien, mais à cause de la délicatesse de ce siecle corrompu, qui ne sauroit s'accoutumer à cette excellente méthode, & qu'il faut toujours ménager un peu. On n'employera donc que les amendes, les prisons, les exils, la confiscation des biens, les dragonnades, l'enlévement des enfans,

parce que le nombre des Protestans y est très-petit ; au lieu que l'Amérique étant peuplée d'Hérétiques, & les moyens de suppléer au Tribunal de l'Inquisition n'y étant pas si faciles, cet établissement y devient d'une nécessité indispensable.

B jv.

la défense de se marier, les Galeres, & les autres voyes de douceur que la charité de Messieurs les Inquisiteurs leur suggérera.

Il faudra pourtant excepter de cette indulgence, & brûler ou rouer sans miséricorde les Ministres & les Sorciers, (car il y en a.)

Quant aux Ministres, il y a une observation assez fine à faire, & qui peut être d'une grande utilité ; c'est qu'il faut expédier *clandestinement* les gens de cette espece capables de haranguer le Peuple, & de montrer une trop grande constance, à moins qu'il ne fût nécessaire de faire un exemple public de sévérité dans quelqu'un de ceux-là même que nous supposons capables d'émouvoir la populace; auquel cas on obviera à cet inconvénient, en les faisant conduire au supplice par des Récollets armés de bons Crucifix de fer, comme ceux qui exhorterent si pathétiquement Urbain Grandier. Au moyen de cette précaution, ils ne harangueront point, chose à laquelle il faut prendre garde, parce que la vûe d'un bûcher rend un homme d'une éloquence dangereuſe. (*a*)

CINQUIEME MOYEN. Les enfans feront autoriſés dès l'âge de 7 ans à ſe fouſtraire à l'autorité paternelle pour embraſſer la religion Catholique (*b*) ; on pourra même permettre ces converſions dès l'âge de 4 ou 5 ans, vû qu'un enfant eſt à peuprès auſſi capable à 4 ans qu'à 7 de faire un bon choix en matiere de religion ; & pour appaiſer les cris déplacés que la nature arrachera aux peres & aux meres , on leur repréſentera avec douceur que la premiere loi naturelle eſt l'obéiſſance à l'Egliſe Catholique.

(*a*) Il n'eſt pas néceſſaire d'avertir, que ſi quelqu'un s'aviſoit d'écrire & de prouver qu'on ne doit pas perſécuter les Hérétiques, il faudroit le punir avec la derniere ſévérité. On ſent de quelle conſéquence il eſt d'empêcher le progrès de ces idées folles. Ainſi comme il n'y a qu'un Athée, ou qui pis eſt, un Proteſtant, qui puiſſe penſer de la ſorte, on réfutera ſon ouvrage en le faiſant brûler lui & ſon Livre, ni plus ni moins qu'un Miniſtre ou un Sorcier. On n'eſt pas tout-à-fait ſi ſévere en France, & c'eſt un grand malheur : mais il faudra établir dans ces pays des maximes un peu plus fermes , parce qu'elles y ſeront plus néceſſaires.

(*b*) Comme il a été réglé pour les Proteſtans de France par l'Arrêt du 17 Juin 1681.

Sixieme Moyen. On déclarera nuls & invalides les mariages contractés sans l'intervention de l'Eglise Catholique ; les enfans issus de ces mariages seront regardés comme bâtards, inhabiles à succeder, & les conjoints punis des peines les plus séveres, parce qu'il est bien clair qu'il n'est pas permis d'écouter la nature, de suivre ses mouvemens, & de se prêter à ses besoins en contractant l'union que Dieu a établie dès le commencement pour la propagation de l'espece, à moins qu'on ne reconnoisse l'autorité du Pape.

Ceci ne regarde pourtant que les Protestans, car il sera permis & loisible aux Turcs, aux Juifs, & aux Sauvages mêmes de se marier à leur guise, & de jouir de tous les droits de Citoyens ; la raison de cette préférence est sensible, & nous ne nous arrêtons pas à la développer.

Septième Moyen. On établira un dépôt d'aumônes pour ceux qui se convertiront sans aucune vûe d'interêt ; mais ce moyen est un peu trop humain ; c'est de l'argent perdu ; il vaudroit tout autant foudoyer un Régiment de plus.

Ier IIe IIIe IVe &c. DERNIER MOYEN. Dix mille hommes de troupes reglées.

Tels font les moyens faciles, équitables & modeftes que nous prenons la liberté de propofer à la Cour, pour réduire en peu de tems tous les fujets de Sa Majefté dans le nouveau Continent à l'obéiffance qu'on doit à l'Eglife, & tous les enfans à n'avoir qu'un même Catéchifme.

Il nous refte à parcourir légerement quelques inconvéniens qui femblent réfulter des principes de conduite que nous venons d'établir ; nous ne voulons pas diffimuler de petites objections contre une théfe auffi-bien prouvée.

PREMIERE OBJECTION. Le projet que nous avons propofé n'eft point aifé à exécuter ; les nouveaux fujets que le Roi va foumettre à fa domination croyent fermement que le Pape eft l'Ante-chrift, & qu'on fe damne dans la Communion Romaine. Les Colonies Angloifes font peuplées de Quakers , d'Anabaptiſtes , de Calviniſtes , de Luthériens , d'Anglicans Epiſcopaux & Presbytériens , &c. qui y vivent fort tranquiles , malgré la diver-ſité de leurs opinions, qui ſont bons peres, bons époux , bons amis , ſoumis au Gou-vernement, à peu-près comme les Catho-liques les plus zélés , & qui trouveront fort mauvais qu'on les maltraite dans la ſociété , pour une croyance qui ne fait aucun tort à la ſociété. Sans doute ils ſe révolteront contre les loix qu'on leur impoſera ; ils ne voudront pas ſouffrir qu'on démoliſſe leurs Temples , qu'on bap-tiſe leurs enfans dans les Egliſes Catholi-ques, qu'on les arrache d'entre leurs bras, &c. Que de troubles vont naître ! Que de combats ! Que de ſang répandu !

Réponſe. On a tout prévû ; il faudra tenir ferme : avec la grace d'en-haut & nos dix mille hommes , on accomplira l'œuvre de Dieu.

D'ailleurs , ſi leur réſiſtance étoit ſi grande que nous ne puſſions pas mettre

dès les premieres années notre pieux deſ-
ſein à exécution, on pourroit uſer de quelques ménagemens, leur accorder *des édits de*
pacification perpétuels, qu'on révoqueroit dans
la ſuite, & leur permettre pour toujours,
c'eſt-à-dire pour un certain nombre d'années, de ſe marier, & de faire baptiſer
leurs enfans, ſelon les lumieres de leur religion & de leur conſcience ; mais on
n'oublieroit jamais que ce n'eſt qu'à main
armée qu'ils ont forcé le Souverain à cette
paix ; & lorſqu'enfin on ſeroit parvenu
au dégré de puiſſance néceſſaire pour pouvoir rompre ces engagemens ſans danger,
on leur donneroit encore une fois à choiſir
entre l'exil, la priſon, les Galeres, la con-
fiſcation des biens, d'une part, & la Meſſe
de l'autre. On voit aſſez qu'il ſeroit ridicule de ſe faire le ſcrupule le plus léger de
révoquer les Edits qui leur ſeroient favorables ; les meilleurs Théologiens ont cent
fois démontré que les ſermens les plus ſa-
crés n'obligent plus, lorſqu'on ne peut les
tenir ſans quelque détriment de la gloire
de Dieu, & du ſalut des ames.

Quant au fang répandu , on ne regrettera ni le leur , parce que ce font des fujets rébelles, ni le nôtre , parce qu'on ne
fçauroit acheter trop cher le bonheur ineftimable de faire penfer , ou du moins parler les autres comme nous.

DEUXIEME OBJECTION. Mais fi
malgré la fupériorité de nos forces , l'horreur pour notre fainte intolérance les animant , ils venoient à bout de nous chaffer
de leurs Colonies , & d'y faire rentrer leurs
anciens maîtres ; quels regrets n'aurionsnous pas de voir fortir d'entre nos mains
de fi belles contrées ? quelle perte pour
notre commerce , pour notre navigation ,
pour l'état entier ?

Réponfe. D'abord , Sa Majefté très
Chrétienne pourra fe confoler de cette
perte , fi ç'en eft une , par la gloire immortelle qui fuivra fon entreprife manquée , par la pureté de fon zèle , par la
droiture de fes intentions , & par le principe qu'il vaut mieux perdre un royaume
que laiffer échapper une feule occafion ,

(31)

ou négliger un seul moyen de convertir
un Hérétique.

Ensuite, quand l'ardeur de notre zele
mettroit des obstacles invincibles à ce que
nous devinssions les maîtres de ces vastes
pays, le mal ne seroit pas si grand & la
perte ne seroit pas considérable : nous n'a-
vons besoin de martre, de morue & de
bois de construction, que parce que *nous
sommes trop sensuels. Il n'est pas nécessaire
que nos Dames ressemblent à des fouines, &
nos petits Messieurs à des Sultans blasés, &c.*
en un mot, cette Amérique septentrionale
est si peu de chose, qu'elle ne vaut guere
la peine que nous nous tourmentions pour
en chasser les Anglois & y défendre nos
possessions.

Au reste nous pouvons raisonnablement
esperer que nous ne serons pas réduits à cette extrémité de voir ces pays soumis une fois
par les armes de S. M. secouer le joug de notre domination par leur horreur pour la persécution. Nous l'avons déja dit, notre cause est bonne, nos moyens sont doux, nous

ferons les plus forts, & nous les ferons bien
rentrer dans le giron de l'Eglise.

IIIᵉ. OBJECTION. Ce pays se dé-
peuplera ; ces gens aimeront mieux s'ex-
patrier & aller vivre avec les Caraïbes,
dans une terre qui dévore ses colons, que
d'habiter avec nous les climats heureux
de la Nouvelle Angleterre , de la Pensyl-
vanie , &c.

REPONSE. Ce qu'on nous fait
craindre là est un bien petit inconvénient. L'Etat n'y perdra que des sujets
rébelles , & il vaut cent fois mieux que
ces pays deviennent déserts ou ne soient
peuplés que d'Iroquois , d'Outaouaks ,
de Chicachas & d'autres honnêtes Sauvages , comme ceux-là , que d'être habités
par des Hérétiques ; parce qu'on ne peut
pas douter que ces Idolâtres ne soient bien
plus agréables à Dieu avec leur morale
horrible & leur culte insensé, que des Hérétiques qui sont les plus détestables de
tous les hommes , par cela même qu'ils
sont Hérétiques.

D'ailleurs

D'ailleurs ils ne s'en iront point, & on les convertira. En effet, ils n'ont aucun droit de respirer un autre air, d'habiter une autre portion du globe & d'offrir à Dieu un autre culte que le nôtre ; on sçaura bien les en empêcher : on pendra tous ceux qu'on attrapera sur la frontiere.

IVᵉ. OBJECTION. Mais ne pourroit-on pas permettre à ces Hérétiques de se marier, & de vivre selon les lumieres de leur conscience & de leur religion, comme on permettra & comme on permet à ces Sauvages de se marier & de vivre sans conscience & sans religion.

RE'PONSE. Cette objection est ridicule. On ne songe pas que ces Sauvages-là ne sont pas Chrétiens & ne l'ont jamais été, & que par cette raison l'Eglise n'a aucune prise sur eux du côté de la religion : cela posé, ils peuvent avoir à leur aise les opinions les plus monstreuses ; l'Eglise & le Gouvernement n'ont rien à y voir. Le Roi n'est pas obligé de réformer leur conscience erronnée, & il n'en a pas

C

le droit. Tout le monde convient de ce principe.

L'erreur dans ces raisonnemens, dit très-bien un habile homme,(a) vient de ce qu'on confond tous les hommes, au lieu de les distinguer ; & comme il seroit ridicule de représenter à une troupe de paysans les élémens d'algebre, ou les figures d'Euclide, quoiqu'on puisse en parler dans une compagnie de Sçavans ; de même, si le Roi avoit appliqué la contrainte à des Payens & à des Mahométans, & qu'il leur eût le bâton à la main, (ce sont ses termes) proposé les vérités Catholiques à embrasser, le raisonnement qu'on a fait, seroit bon ; mais il en est autrement des hérétiques, &c. Ils appartiennent à l'Eglise, parce qu'elle leur a imprimé le sceau de son baptême, & tout ce qui fait la partie orthodoxe de leur Religion lui appartient aussi : ils lui en ont fait un vol, elle est en droit de leur faire restituer ce qu'ils lui ont pris, en les rendant eux-mêmes à elle ; si en sortant de sa

____

(a) Chaussée Ministre converti vers le tems de la révocation, Auteur d'un Livre intitulé *le Réuni de bonne foi.*

Communion, ils lui avoient laissé tout le Christianisme, & qu'ils fussent entrés dans une Communion payenne ou mahométanne, elle n'auroit nul droit sur leur Religion.

Développons cet admirable raisonnement, un Hérétique appartient à l'Eglise, quoiqu'il s'en soit séparé. Il lui a emporté, ou par lui-même ou dans la personne de ses ancêtres, son baptême & une partie de sa doctrine. L'Eglise reprend son bien partout où elle le trouve, & fussiez-vous Nestorien de pere en fils depuis Nestorius, vous êtes brûlable, par cela seul que Nestorius a été Catholique. Votre catholicisme est un bien substitué que vous ne pouvez aliéner ni vous ni vos enfans ; ainsi quoique vous n'apparteniez pas à l'Eglise pour participer aux avantages dont elle fait part à ses enfans, vous lui appartiendrez pour en recevoir les châtimens qu'elle inflige à ses ennemis ; à moins, comme nous l'avons déja dit, que vous ne vous fassiez Payen ou Musulman : ce qui démontre très-clairement que le Roi peut & doit vous proposer *les vérités Catholiques le bâton à la main.*

Au reste votre condition à cet égard est beaucoup meilleure que celle de ces Sauvages dont vous enviez le sort, parce que ces malheureux n'ont d'autres motifs de conversion que les lumieres de la raison naturelle, la beauté de la morale de l'Evangile, les miracles, les prophéties, *&c.* & vous avez par-dessus tout cela la prison, l'exil, les galeres, *&c.*

Nous ne nous arrêterons pas à détailler d'autres mauvaises difficultés qu'on a faites contre nos principes; nous avons rapporté celles qu'on vient de voir, parce qu'elles nous ont paru plus générales & plus relatives à la maniere dont nous avons mis cet objet sous les yeux de la Cour.

Nous osons nous flatter que la simplicité & l'équité des moyens que nous avons proposés, la foiblesse des objections qu'on y oppose, & la force de nos réponses, que toutes ces choses, dis-je, détermineront infailliblement Sa Majesté très-Chré-

tienne & ses Ministres à adopter & à suivre le plan qu'on vient de voir, pour la
conversion des Hérétiques dont les Colonies Angloises sont peuplées.

Nous n'ignorons pas cependant que les
maximes que nous avons proposées n'en-
trent pas dans le système actuel de l'administration ; les Ministres de Sa Majesté sont
un peu trop modérés sur ces articles im-
portans, on ose le dire, & ils pardonne-
ront cette liberté : on a malheureusement
relâché quelque chose en France de la rigueur des Ordonnances contre les Protestans de ce Royaume ; aussi ils ont été assez
hardis pour en augurer quelque adoucisse-
ment à leur sort. Ils ont osé fonder principalement cette espérance sur la bonté naturelle de Sa Majesté, & sur son amour
pour ses peuples. Mais on conjure Sa Majesté par le zele de la Religion, & par tout
ce qu'il y a de plus sacré, de ne point se
livrer à ces dispositions trop favorables,
de dépouiller, pour les Protestans du nouveau Monde aussi bien que pour ceux de

C iij

ce Royaume, cette funeste douceur qui entraîneroit après elle les plus grand maux dans l'Eglise & dans l'Etat ; de s'armer d'une sainte cruauté, de ruiner, d'exiler, d'emprisonner, & de faire mourir, s'il le faut, les peres obstinés, & d'être sourd aux cris de la veuve & de l'orphelin. C'est ainsi qu'elle accomplira l'œuvre de Dieu ; c'est ainsi qu'elle se fera dans ce monde la réputation d'un prince équitable & modéré, & qu'elle méritera dans l'autre la gloire immortelle que Dieu prépare à ceux qui auront écrasé contre la pierre les petits-enfans de la malheureuse Babylone. *Filia Babylonis misera, beatus qui tenebit & allidet parvulos tuos ad petram. Psalm.* 136. Ainsi soit-il.

F I N.